Jornalismo Para leigos

De sentinela da liberdade a verdadeiro alvo vivo da caçada contra a liberdade de expressão, o jornalismo é ofício que exige entrega.

JORNALISMO É:

- **Informar a sociedade corretamente**
- **Apurar as informações antes de publicá-las**
- **Perseguir sempre a isenção e a ética**
- **Descobrir o interesse público das notícias**
- **Presumir o direito de inocência em suspeitos de toda ordem**
- **Tratar as fontes com respeito, mas sem submissão**
- **Não se intimidar com entrevistados poderosos**
- **Ser transparente em opiniões e editoriais**
- **Saber que o limite da informação é a violação dos direitos humanos**

Quando se ESTÁ e já não se É mais jornalista:

Não se *está* jornalista ao fazer **publicidade** ou ***marketing*** de qualquer natureza.

Não se *está* jornalista ao exercer a função de **assessoria de imprensa**.

E, se for eleito uma excelência, deixou de exercer o ofício há muito tempo, mesmo fazendo gosto em ser chamado de jornalista.

AS 10 PRAGAS DO JORNALISMO

1. **Esconder notícia com medo do chefe ou do patrão**
2. **Burocracia e hierarquia são pragas estruturais**
3. **Fazer jornalismo só para manter o emprego é a praga do dia a dia**
4. **A briga diária contra a notícia e o seu desconhecimento**
5. **Noticiar apenas o que agrada ao comercial da empresa**
6. **Tratar com ingenuidade as matérias, sem duvidar dos fatos**
7. **Medo de pôr o emprego em risco quando há conflit**
8. **Escrever sem conhecer o assunto**
9. **Desconhecer o público para o qual faz jornalismo**
10. **Apropriar-se e piratear informações alheias**

Jornalismo Para leigos

... & OS 7 PECADOS

1. Invasão da privacidade
2. Manipulação da notícia
3. Assassinato do personagem
4. Abuso do poder
5. Envenenamento da mente
6. Culto de falsas imagens
7. Exploração do sexo

PROFISSÃO PERIGO

É estarrecedor, mas real: jornalistas são assassinados mundo afora. São alvos das ditaduras, de governos corruptos, da guerra, dos cartéis de drogas. Sim! A **profissão** é de **risco**. De 2002 a 2015, mais de 900 jornalistas foram assassinados, de acordo com levantamento da Organização Não Governamental Repórteres sem Fronteiras (RSF). Média de **1 jornalista morto por semana**. O Brasil é um dos países que lidera a caçada contra os profissionais da imprensa.

Para refletir:

- **Vale tudo pela informação exclusiva? Até onde pode-se ir para consegui-la?**
- **Ao se noticiar um fato, o jornalista pode, deliberadamente, interferir na ação?**
- **O jornalista está no cenário do acontecimento para compreender a situação ou para participar ativamente do que está reportando? Em alguns eventos, sua presença por si só já não é uma interferência?**

JORNALISMO É UM PROCESSO

Ninguém sabe para onde caminham as empresas de comunicação, tampouco como o ecossistema jornalístico vai se sustentar. O desenvolvimento **da inteligência artificial provoca mudanças** profundas no jornalismo. A oferta de empregos encolhe com a automação e as novas conformações do setor. O jornalista de carteira assinada perdeu espaço, muitos se tornaram pessoa jurídica (PJ).

Jornalismo

Para
leigos

Jornalismo
Para leigos

Heródoto Barbeiro
Udo Simons

ALTA BOOKS
EDITORA
Rio de Janeiro, 2019

Jornalismo Para Leigos®
Copyright © 2019 da Starlin Alta Editora e Consultoria Eireli. ISBN: 978-85-508-0334-0

Impresso no Brasil — 2019 — Edição revisada conforme o Acordo Ortográfico da Língua Portuguesa de 2009.

Publique seu livro com a Alta Books. Para mais informações envie um e-mail para autoria@altabooks.com.br

Obra disponível para venda corporativa e/ou personalizada. Para mais informações, fale com projetos@altabooks.com.br

Produção Editorial
Editora Alta Books

Gerência Editorial
Anderson Vieira

Produtor Editorial
Thiê Alves

Assistente Editorial
Juliana de Oliveira

Produtor Editorial (Design)
Aurélio Corrêa

Marketing Editorial
Silas Amaro
marketing@altabooks.com.br

Editor de Aquisição
José Rugeri
j.rugeri@altabooks.com.br

Vendas Atacado e Varejo
Daniele Fonseca
Viviane Paiva
comercial@altabooks.com.br

Ouvidoria
ouvidoria@altabooks.com.br

Equipe Editorial
Adriano Barros
Aline Vieira
Bianca Teodoro
Ian Verçosa
Illysabelle Trajano
Kelry Oliveira
Paulo Gomes
Thales Silva
Viviane Rodrigues

Revisão Gramatical
Carolina Gaio
Jana Araujo

Diagramação
Joyce Matos

Erratas e arquivos de apoio: No site da editora relatamos, com a devida correção, qualquer erro encontrado em nossos livros, bem como disponibilizamos arquivos de apoio se aplicáveis à obra em questão.

Acesse o site www.altabooks.com.br e procure pelo título do livro desejado para ter acesso às erratas, aos arquivos de apoio e/ou a outros conteúdos aplicáveis à obra.

Suporte Técnico: A obra é comercializada na forma em que está, sem direito a suporte técnico ou orientação pessoal/exclusiva ao leitor.

A editora não se responsabiliza pela manutenção, atualização e idioma dos sites referidos pelos autores nesta obra.

Dados Internacionais de Catalogação na Publicação (CIP) de acordo com ISBD

B233j Barbeiro, Heródoto

Jornalismo para leigos / Heródoto Barbeiro, Udo Simons. - Rio de Janeiro, RJ : Alta Books, 2018.
304 p. : il. ; 17cm x 24cm.

Inclui índice e anexo.
ISBN: 978-85-508-0334-0

1. Jornalismo. I. Simons, Udo. II. Título.

2018-1568 CDD 070
CDU 070

Elaborado por Vagner Rodolfo da Silva - CRB-8/9410

Índice para catálogo sistemático:
1. Jornalismo 070
2. Jornalismo 070

ALTA BOOKS EDITORA

Rua Viúva Cláudio, 291 — Bairro Industrial do Jacaré
CEP: 20.970-031 — Rio de Janeiro (RJ)
Tels.: (21) 3278-8069 / 3278-8419
www.altabooks.com.br — altabooks@altabooks.com.br
www.facebook.com/altabooks — www.instagram.com/altabooks

Sobre os Autores

Heródoto Barbeiro, jornalista e escritor. É editor-chefe e âncora do *Jornal da Record News*, transmitido em multiplataformas. Edita, ainda, o *Blog do Heródoto*, no R7.com. Foi apresentador do *Roda Vida*, da TV Cultura (2011) e âncora do *Jornal da CBN* (2012). Trabalhou, também, como professor de história da Universidade de São Paulo, USP (1990). Ao longo de sua trajetória profissional, escreveu diversos livros em economia política, história, jornalismo, budismo e media training. E, pelas longas décadas trabalhadas, Heródoto já conquistou mais de 36 prêmios, como reconhecimento de seu trabalho. Entre eles: Líbero Badaró — Grande Prêmio de Jornalismo (1992), Prêmio Simon Bolívar, Parlamento Latino-americano (1996), Associação Paulista de Críticos de Arte, APCA (1997 e 1998, 1999, 2000, 2002, 2003), Comunique-se (2003, 2005, 2007 e 2008, 2010, 2015). A lista não para por aqui.

Udo Simons, jornalista. É teuto-pernambucano e vive em São Paulo há mais de duas décadas. Adora gente, urbanismo, educação, política e, no jornalismo, trabalha com esses temas, além de prestar serviço na elaboração de conteúdo e estratégia de comunicação para instituições públicas e multinacionais. Ao longo dos anos, trabalhou para a CBN, *Correio Braziliense*, Editora Segmento, retransmissoras do SBT e TV Cultura. Indicado em algumas premiações de jornalismo, em 2000, integrou a equipe de repórteres do *Correio Braziliense* vencedora do Esso.

Dedicatória

Este livro é dedicado a todos os que acreditam que o jornalismo é um dos esteios da democracia. Uma atividade comprometida com a busca da isenção e do interesse público. Tem uma função social importante em ajudar as pessoas a conhecerem melhor a realidade que vivem e formar a própria opinião a respeito de sua comunidade, seu país e sua vida.

Os autores

Sumário Resumido

Sumário

Introdução

O jornalismo é como um sacerdócio. Para exercê-lo, é preciso resiliência, dedicação, compromisso, paciência. Muitas vezes, chegar ao fim de um dia de trabalho é superar um processo de estafa física e mental impelida pela rotina do noticiar.

Quem decide se aventurar pelo espaço da informação se depara com situações limites de qualquer natureza. Onde há vida, e toda a sua complexidade, há espaço para o jornalismo.

O exercício da profissão surge pelo encontro, na relação com o outro, seu contexto e acontecimentos. Se estabelece em um relacionamento sem censura ou prévios julgamentos para com aquilo que se é visto, ouvido, vivido. Essa é uma condição difícil, exige superação de si e observação do diferente, do novo, do inesperado, daquilo que se apresenta na vida. Por isso, é preciso ser interessado, atento, observador, questionador. É preciso ser.

Ao buscar mostrar a vida em suas variáveis, o jornalismo permite a expressão da divergência, do contraditório, do excluído, do malfeito. Nesse sentido, somos as sentinelas da liberdade. E aqui fazemos um recorte desse panorama. Damos uma espiada nessa profissão que um dia nos tomou de assalto e nos faz caminhar pela vida.

Sobre Este Livro

A primeira coisa que pensamos quando fomos convidados para escrever este livro foi sobre seu possível público leitor. Quem se interessaria por lê-lo? Iríamos escrever para quem? Dois questionamentos tão típicos de jornalistas.

Jornalista precisa saber para quem escreve ou fala para definir a forma de sua expressão. Para fazer sua mensagem ser compreendida da melhor maneira.

Quando não se compreende aquilo que se lê ou se ouve, tenha certeza, a comunicação está péssima. Precisa ser mudada. Como diria o Velho Guerreiro: "Quem não se comunica se trumbica." E nós não queremos nos "*trumbicar*".

Pois, muito bem, como não é preciso ser nenhum gênio da física, chegamos a uma resposta consensual, o que até nos surpreendeu. Onde já se viu jornalista concordar facilmente com outro? Por razões óbvias, estudantes de comunicação seriam nosso público. Não os únicos, intuímos, sem nenhuma pretensão em sermos adivinhos.

Em um tempo em que jornalistas são atacados pelas pessoas nas ruas, pichados como sectários em redes sociais e rodas de bares, acusados de fazer parte de uma "mídia golpista", acreditamos não faltarem detratores ou interessados em conhecer um pouco mais sobre como é ser um profissional da informação.

Ainda é preciso diploma? Qual jornalismo deseja a sociedade brasileira? E os textos? A boa escrita ainda é condição básica para ser jornalista? Aliás, o que é escrever bem? Como o setor lida com as novas tecnologias? Os robôs vão substituir as pessoas nas redações? Teriam os jornalistas ética? Essas perguntas e tantas outras terão respostas nas páginas a seguir.

No livro, contamos histórias vividas ao longo de nossas carreiras, relembramos fatos significativos e suas coberturas jornalísticas, refletimos o futuro da profissão.

Talvez, como sociedade, ainda não tenhamos dimensionado a importância de ser jornalista nessa profusão de notícias cotidiana. É praticamente senso comum a afirmação de nunca ter sido tão fácil acessar informação quanto agora. Apenas essa condição, promovida pela tecnologia, propicia o surgimento de uma revolução social. A informação tem o poder de alterar vidas. Daí a relevância de se informar com responsabilidade. Mas, a despeito dessa condição, o que se vê? O surgimento das *fake news*, a sofisticação da mentira e a construção de um mundo fictício, a partir de fatos inventados, declarações falsas, acontecimentos inverídicos. Como debelar essa praga batizada como "pós-verdade"? Temos uma suspeita do que fazer. Convidamos você a pensar conosco sobre esse tema. Você pode discordar da gente, está tudo bem. O convite é para reflexão. Boa leitura!

Convenções Usadas Neste Livro

Estipulamos algumas convenções para escrever este livro. Por exemplo, os estrangeirismos foram grifados em itálico, bem como os jargões da profissão, nomes de programas, jornais e revistas.

Elaboramos os boxes como informações complementares ao assunto em questão. Destacamos características técnicas das atribuições de jornalistas ao definirmos as funções desempenhadas e enumeramos expressões usadas com frequência. São listagens referenciais, introdutórias.

Em alguns trechos, caso haja interesse em saber mais sobre o que está sendo exposto, mostramos, em links, a fonte da informação.

Penso que...

Se você está lendo este livro é porque, talvez, o jornalismo lhe desperte algum interesse. Se esse não for o caso, você pode ter sido atraído até aqui pela notoriedade do nome de Heródoto Barbeiro, HB para quem convive com ele, que estampa a capa; isso não seria de se estranhar. Heródoto é um dos mais prestigiados jornalistas brasileiros. Essa afirmação, claro, é de autoria do seu coautor nesta empreitada, que, por sua vez, está no hall daqueles que têm nome incomum e sempre precisa o soletrar e explicar sua origem. Talvez, a singularidade de se deparar com um nome aparentemente estranho possa, também, ter instigado sua curiosidade e trazido você até esta página.

Seja qual for seu motivo, você já chegou até aqui. Essa é uma oportunidade para saber um pouco mais sobre os meandros dessa profissão cheia de nuances. Aproveite seu entusiasmo e siga lendo.

Escrevemos este livro para aqueles que acreditam que perguntar não ofende, para quem não é dono da verdade ou sabe-tudo; para quem tenta se colocar no lugar do outro e para dizer que, ao fim e ao cabo, jornalistas não são o *bicho-papão* tão apregoado mundo afora. São seres humanos repletos das mais banais imperfeições.

> *Você pode me conhecer também. Eles não falaram de mim ainda; não me importo, eu sempre me convido para falar. Dou minhas opiniões quando bem entendo. Sou uma mulher livre e independente. Sempre fui.*

De fato, Dona Juventina, a autora da frase acima, não foi convidada a se manifestar, mas ela sempre mete seu nariz em tudo o que escrevemos. Ela é uma xereta profissional. Na vida real, ela existiu, e sua xeretice não tinha fim.

Ícones Usados Neste Livro

PAPO DE ESPECIALISTA

Sabe aquele exemplo profissional relatado por quem viveu a situação?! Pois bem, é isso.

LEMBRE-SE

Você está advertido. O assunto em questão é importante.

DICA

Depois não diga que não avisamos.

NOVOS TEMPOS

Exemplos das mudanças no jornalismo. Principalmente, pelo uso da tecnologia.

CUIDADO

Uma situação em que a falta de compreensão pode gerar confusão.

PITADAS DE HISTÓRIA

Este livro é coescrito por um professor de história. Tem várias referências históricas.

De Lá para Cá, Daqui para Lá

Organizamos este livro seguindo preceitos básicos da escrita jornalística, respeitando a importância da clareza, concisão e coerência da informação. E fizemos questão de escrevê-lo em linguagem coloquial para facilitar a compreensão da mensagem, para que seu leitor não tenha a necessidade de fazer inúmeras releituras do texto.

Temos uma trajetória de trabalho em mídias eletrônicas. Acostumamo-nos a escrever textos para serem falados. Se, por algum motivo, percebermos certa dificuldade para a leitura, em voz alta, daquilo que estamos escrevendo, duvidamos da eficácia dessa escrita. É muito chato ouvir uma peroração empolada. É mais envolvente uma fala sem rebuscamentos pretensiosos.

A escrita jornalística, geralmente, estrutura-se em prosa. Ela conduz o leitor a relatos detalhados dos fatos. Por isso, é essencial eliminar ambiguidades de pensamento. Textos coerentes fazem sentido, expressam a mensagem de maneira coesa. Buscamos essa condição ao lançar mão de:

- Eliminação de ideias contraditórias;
- Corte de repetições desnecessárias;
- Destaque para informações relevantes.

Contamos nessa empreitada com uma decisiva aliada. *Dona Juventina*, nosso alter ego. Uma ativa comentarista ao longo do livro.

Nos capítulos, agrupamos assuntos correlatos e os distribuímos entre as partes. Ressaltamos, é desnecessário começar a ler este livro pela Parte 1. Propositalmente, montamos sua estrutura para sua leitura ser iniciada por qualquer ponto.

O jornalismo como saber, atividade profissional ou matéria de estudo é tema vasto. Nesse sentido, optamos por trazer aspectos que consideramos relevantes: a importância da ética profissional, a discussão da liberdade de expressão, o impacto da profissão na sociedade, sua mudança como setor produtivo, o uso das novas tecnologias. Sempre tendo em vista um público jovem ou, de fato, leigo; pessoas não iniciadas nos meandros jornalísticos, por assim dizer, mas interessadas em adquirir um conhecimento específico, mais aprofundado.

1

Senta que Lá Vem a História

NESTA PARTE...

O jornalismo é um ofício que exige dedicação, empenho, persistência. Muitas vezes, o jornalista é vítima de perseguição. Em outras ocasiões, é acusado de agir sob interesses de grupos econômicos, políticos ou sociais. Alguns o acham uma celebridade. Outros acreditam que são "urubus", voando sobre a carniça, à espreita. Nesta parte, explicamos um pouco a dor e a delícia de ser um profissional da informação.

NESTE CAPÍTULO

» Pensando o jornalismo

» O mítico Clark Kent

» Estudar é preciso (e desejável)

» O imbróglio da exigência do diploma para se exercer a profissão

Capítulo 1

Ser (ou Estar) Jornalista

Jornalismo é separar o joio do trigo e publicar o joio.

MARK TWAIN

Muito se fala sobre o jornalismo. Diversas são as opiniões, reflexões, ideias a respeito dessa atividade. A busca da verdade? Uma investigação minuciosa de fatos ocorridos? A revelação de acontecimentos inéditos? Sim. Responder afirmativamente a essas questões é uma maneira possível de descrever, definir, o jornalismo. Mas, não, essa resposta não dá conta da complexidade da profissão. Tampouco as perguntas feitas cobrem a amplitude do jornalismo. Muito menos nesses anos de sua mudança como atividade econômica.

Dos tempos de seu surgimento por essas pradarias, em um Brasil colonial, para a sua prática em um mundo mediado por relações virtuais, o fazer jornalismo tornou-se mutante. Mas não entenda essa mutação como nos filmes da megafranquia de Hollywood dos X-Men. Aqui não há brigas entre o bem e o mal. Inexistem super-heróis ou semideuses. Na seara jornalística, o humano é variável significativa. Um fiel da balança. Quanto mais se ouve o outro, quanto menos se julga previamente e investe-se em conhecer os fatos, mais espaço surge para o fazer jornalístico. Mais informação de qualidade é gerada, e muito mais assuntos são abordados, possibilitando a compreensão do que nos cerca. Mas não pense que isso é algo simples.

PAPO DE ESPECIALISTA

Jornalistas convivem com dilemas cotidianamente. A liberdade de expressão e as diversidades dos meios de informação abrem espaço para que muitos publiquem algo que se pretende verdade. Apurar os fatos é premissa da prática jornalística.

A busca pela verdade é um dilema clássico da profissão. Afinal, o que é a verdade? Essa palavra, há séculos, desafia a compreensão humana. Seu exercício implica em emissão de opinião, comprometer-se com afirmações, com o pensamento, com o outro. Mas o que pode ser verdade para uns, por vezes, é pura falácia para outros. Identificar fatos é mais simples e objetivo do que estabelecer a veracidade deles, pois isso está relacionado com a eliminação de dúvidas. É mais fácil distinguir acontecimentos de ficção do que reconhecer uma mentira bem elaborada, a despeito de suas pernas curtas.

Essas questões aparentemente restritas ao âmbito filosófico são variáveis presentes no dia a dia de quem trabalha com informação; portanto, sempre atuais. Apesar de estarmos longe de sermos Descartes, e a anos-luz de Sócrates, refletir sobre elas é importante, mesmo sem se estabelecer uma resposta imediata.

Afinal, o que É Jornalismo?

Quando o genial escritor norte-americano Mark Twain escreve: *Os jornalistas separam o joio do trigo e publicam o joio*, faz acreditar que o jornalista divulga apenas a má noticia. Isso não é verdade. Também publicamos notícias ruins para aumentar o Ibope, a venda de jornais, #sóquenão. Para Twain, os jornalistas publicam o que a sociedade desconhece, algo inédito e de interesse público.

Todo jornalista, quando sai para trabalhar pela manhã (e como trabalha), está atrás de notícias que nunca foram publicadas; muitas vezes, chega à noite em casa sem ter conseguido nenhuma notícia de relevância. Faz parte da profissão, fazer o quê?

CUIDADO

O jornalista, com ou sem diploma, é operador de uma atividade social importante, contribuindo para o desenvolvimento e a consolidação da democracia. É elogiado e perseguido. Depende do grau de democracia e segurança jurídica do local em que vive.

Jornalismo é:

- Informar a sociedade corretamente.
- Apurar as informações antes de publicá-las.
- Perseguir sempre a isenção e a ética.
- Descobrir o interesse público das notícias.
- Presumir o direito de inocência em suspeitos de toda ordem.
- Tratar as fontes com respeito, mas sem submissão.
- Não se intimidar com entrevistados poderosos.
- Ser transparente em opiniões e editoriais.
- Saber que o limite da informação é a violação dos direitos humanos.

Acima, listamos algumas características do jornalismo, mas há outras maneiras para se definir a profissão. Pedimos licença e registramos a visão de alguns importantes nomes do jornalismo e personalidades que viveram por anos sob o escrutínio da imprensa.

A ética deve acompanhar sempre o jornalismo, como o zumbido acompanha o besouro

GABRIEL GARCÍA MARQUES

Liberdade de imprensa é a possibilidade de um dono de uma determinada empresa divulgar tudo aquilo que quiser

CLÓVIS ROSSI

A imprensa pode provocar mais danos do que a bomba atômica. E deixar cicatrizes no cérebro

NOAM CHOMSKY

A imprensa é feroz. Não perdoa nada. Só dá destaque aos erros. Cada intenção é deturpada; cada gesto, criticado

PRINCESA DIANA

Eu não preciso ler jornais/Mentir sozinho eu sou capaz

RAUL SEIXAS

O mais importante na comunicação é ouvir o que não foi dito

PETER DRUCKER

Deve-se exigir de mim que procure a verdade. Não que a encontre

DIDEROT

O trabalho da imprensa não pode ser confundido com programa de auditório

LUÍS GARCIA

A imprensa não é a água que passa pelo cano; é o próprio cano

GRAMSCI

Jornalismo é oposição, o resto é armazém de secos e molhados

MILLÔR FERNANDES

Jornalismo é o exercício cotidiano da inteligência e a prática diária do caráter

CLÁUDIO ABRAMO

Udo, posso acrescentar uma citação minha?

Pode, HB. Eu sabia que seu ego não iria resistir.

Ah, então, lá vai:

Jornalismo é contar para uma parte da sociedade o que a outra parte está fazendo

HERÓDOTO BARBEIRO

O que É Preciso para Ser Jornalista?

Conformar-se de que só vai ficar rico se casar-se com a filha, ou filho, do dono. Do contrário...

Enriquecer a partir do suado salário mensal da labuta jornalística é feito singular, realidade conquistada por pouquíssimos. Até é possível viver dignamente (ser da classe média, sabe?!), mas se a ideia é comprar aquela casa de praia em um local paradisíaco, morar em uma luxuosa cobertura ou fazer viagens internacionais de classe executiva, esqueça prontamente. É delírio. Não vai acontecer exercendo a profissão no Brasil.

Muitos, talvez, podem se frustrar com essa condição. Mas, antes de comprar gato por lebre, não custa nada reforçar. O fato de os jornalistas terem acesso a ambientes exclusivos, encontrarem pessoas famosas, experimentarem comidas exóticas, serem articulados, não faz deles pessoas economicamente ricas.

CUIDADO

Todo o acesso do jornalista a lugares exclusivos, em certa medida, privilegiados na sociedade, acontece por um só motivo, a busca da informação, a apuração dos fatos para a compreensão dos acontecimentos.

LEMBRE-SE

É preciso dedicação, responsabilidade, capacidade de análise, habilidade para construir narrativas claras e lógicas sobre os episódios do cotidiano, independentemente de onde ocorram. Se na favela ou nos salões nobres dos palácios do poder político.

CUIDADO

"Pau que bate em Chico bate em Francisco." A lei que vale para um vale para todos. O jornalista precisa buscar isenção e exercer sua atividade livre de condições e interesses econômicos, sociais, ideológicos. Não que isso seja fácil. Afinal, somos todos humanos.

DICA

Temos a obrigação de procurar a isenção e o interesse público, mas não de achá-los. Essa sacada é de um filósofo da Revolução Francesa.

Tempos modernos e seus novos paradigmas

Atualmente, qualquer um pode ser, teoricamente, jornalista. Todo cidadão com acesso a um *gadget* de emissão de informação por texto, voz, vídeo, pode ser um difusor de notícia. Pode escrever, falar, filmar, compartilhar o que julgar relevante para a sua comunidade, para seu país. Em outras palavras, para ser jornalista é preciso se fazer ouvido, visto, lido, e saber transformar informação em notícia.

Anos atrás, só se podia fazer tudo isso quando se mantinha vínculo com alguma empresa de comunicação. Quando se fazia parte de uma equipe, da redação. Os tempos atuais quebraram esse paradigma. Facilitaram a transmissão da informação. Portanto, multiplicaram exponencialmente locais e formas de exercer as atividades jornalísticas. A forma industrial de produzir notícias mudou radicalmente com o advento da tecnologia digital.

Com o devido auxílio técnico, transmitir a notícia ficou consideravelmente mais barato, mais acessível. As grandes estruturas de produção e transmissão dos séculos passados tornaram-se obsoletas. Existem ainda, é claro. A produção de telejornais, por exemplo, requer diversas "parafernálias" para colocar o programa no ar. E envolve diversos profissionais. Com o advento do *Skype* e do WhatsApp, tudo ficou mais fácil e barato. É possível se exibir muito mais opiniões divergentes.

Uma equipe de externa tradicional ainda é algo que demanda a obstinada dedicação do núcleo de engenharia. Compreende várias pessoas em sua operação. Afinal, o link precisa ser fechado. Para isso, o carro da externa, um pequeno estúdio com equipamentos, tem de fazer contato com o satélite, ter ilhas de edição, gerador de energia e por aí vai. Isso tudo ainda é extremamente dispendioso. Só grandes empresas têm potencial econômico para garantir a melhor qualidade de todo o material necessário. Mas é bom ficar atento, o caminhão da externa também está a caminho da extinção. Seus dias estão contados. E não precisa ser nenhuma Zora Yonara (colega de rádio e astróloga) para fazer tal previsão.

Ser Jornalista É...

CUIDADO

Ou, melhor, pode não ser. Não se é jornalista. Em nossa opinião, se está jornalista.

Ser jornalista é o profissional que tem carteirinha, diploma, registro na Delegacia Regional do Trabalho, vacina contra sarampo, carteira assinada, *freelancer* (*frila* — no jargão, para ficar mais íntimo), tudo carimbado e com firma reconhecida. E, se tiver cópia, tem de ser autenticada no cartório, ora pois.

Estar jornalista é efêmero, dinâmico, perdura enquanto se estiver a serviço da democracia, do interesse público, quando se persegue a isenção, trabalhando a partir de princípios éticos. Não basta estar vinculado a uma empresa privada ou pública de notícia. Se deixar de lado qualquer dos atributos mencionados, não se está mais jornalista.

- Não se está jornalista ao fazer publicidade ou marketing de qualquer natureza.
- Não se está jornalista ao exercer a função de assessoria de imprensa.
- E, se for eleito uma excelência, deixou de exercer o ofício há muito tempo, mesmo fazendo gosto em ser chamado de jornalista *Fulano de Tal*.

E mais:

- Se está a serviço de alguma outra atividade, como pode conciliar o interesse público com o privado?

MUITO LONGE DO FIM — A QUESTÃO LEGAL DO DIPLOMA DE JORNALISMO

Deliberações legislativas e legalidade de vigência, eis o labirinto para a vigência da validade do diploma de jornalismo.

Não é de hoje que se arrasta nas instâncias mais altas dos poderes Legislativo e Judiciário a discussão da necessidade do diploma para jornalistas. Há um projeto no Congresso que quer restaurar a regulamentação da profissão. Em tempo, nas democracias maduras isso ainda existe? Essa história remonta há algumas décadas.

A exigência de se tornar bacharel em comunicação para garantir assento nas redações brasileiras inexistia até o final da década de 1960. Na época, para ser jornalista, tinha de se demonstrar intimidade com a escrita, fluência, pensamento lógico, objetivo. Ter contato com profissionais do setor para ser informado de oportunidades de emprego, networking, como se chama hoje em dia, mas essa palavra não era parte do vocabulário daquele tempo. Tinha de ter ímpeto investigativo. Essas "facilidades" para se exercer tão celebre ofício, contudo, estavam em vias de ser mudadas. Os incautos estavam desavisados.

A obrigatoriedade de ser jornalista diplomado passaria a vigorar, de maneira bem trôpega, a bem da verdade, nos anos de 1970. A exigência, titubeante em seu começo, vingou. Ganhou força e seguiu firme pelas décadas posteriores.

O século mudou e, com o seu alvorecer, o interesse por tirar as exigidas prerrogativas para desempenhar as atividades jornalísticas voltou à baila. E, em 2009, sua existência teve forte *débâcle*. O Supremo Tribunal Federal (STF), naquele ano, derrubou sua obrigatoriedade. Cenas dos próximos capítulos, porém, estavam prestes a acontecer. A novela estava longe de um *happy end*. Ainda está.

Em 2013, o Senado agiu, alterou nossa Carta Magna. A determinação foi resposta do Congresso, que, desde o posicionamento do STF, em 2009, buscava maneiras para se posicionar frente à decisão da última instância do Judiciário.

Ao proferir sua sentença, o STF considerou o decreto-lei, que prevê sua obrigatoriedade, datado de 1969, incompatível com as determinações da Constituição. Afinal, nossa Carta Magna garante total liberdade de expressão e comunicação.

Quem é contrário a tal entendimento defende a exigência do diploma, bem como do registro profissional nas devidas instâncias, como situações que em nada comprometem o exercício da livre expressão e comunicação. Ou seja, as duas situações podem conviver harmonicamente.

(continua)

(continuação)

Enquanto nossas autoridades não chegam a um veredito, um consenso, a profissão continua existindo. Universidades continuam oferecendo o curso de formação em jornalismo. Empresas empregadoras são simpáticas à ideia de ter profissionais diplomados em seus quadros. A nós, resta aguardar pelos novos capítulos dessa saga.

Julgamos que é bom ter escolas de bom nível para ensinar jornalismo, em que se aprendem a importância e os perigos da profissão e seu comprometimento com o interesse público e a democracia. Mas nada garante que com um diploma na mão tudo isso esteja nele contido.

» É possível ser assessor de imprensa do Corinthians ou do Flamengo pela manhã e jornalista esportivo à tarde? Obviamente, não!!!

» Quando se apresenta um programa sensacionalista, geralmente policial, de grande audiência, aponta bandidos, manda prender, xinga a mãe do suposto bandido, não se está jornalista. Há nessa ironia a intenção de ressaltar o conflito de interesses.

LEMBRE-SE

O verbo *jornalistar* não é fácil de ser conjugado. Portanto, depois de toda nossa peroração, você ainda acha que é preciso diploma para *jornalistar*?

Boas escolas de jornalismo são fundamentais

A despeito da exigência do diploma para exercício profissional, boas escolas de jornalismo são desejáveis. E nós conhecemos várias.

CUIDADO

Bons professores, trabalhos, avaliações, pesquisas de novas mídias, estudo na nova realidade da comunicação global, tudo isso é bom. Ainda melhor é aprender a função social do jornalismo, sua contribuição à democracia, os limites éticos, alguns listados aqui, e aprender a aprender. Os que querem ser jornalistas, independentemente da idade, devem procurar as escolas não porque vão ganhar um "deproma", mas porque vão aprender. E vão gostar. Há histórias interessantes, exemplos inspiradores e personagens extraordinários. Muitos dos professores ainda atuam na mídia tradicional e em novas mídias, e são responsáveis, em grande parte, pela boa prática jornalística no país.

Há diversos rankings e listas indicando as melhores instituições de ensino superior de comunicação social, com habilitação EM jornalismo.

O curso é oferecido em todas as regiões do país, em universidades públicas e particulares. Geralmente, há o ciclo básico de formação, com disciplinas mais genéricas, como português e teoria da comunicação. E há o ciclo específico, em que se abordam técnicas da profissão, como entrevista, redação, edição de texto em todas as plataformas, com destaque para as digitais.

Há, também, as aulas práticas de *webjornalismo*, fotojornalismo, produção de jornais, telejornalismo, rádio. A oferta dessas disciplinas depende do investimento na infraestrutura física dos cursos, na construção dos estúdios e na compra dos equipamentos adequados.

As novas gerações de formandos passaram a ter aulas de jornalismo digital. Ou seja, o entendimento das novas tecnologias, seu uso e composição de conteúdo para esses ambientes passaram a figurar em sala de aula. Aliás, tornaram-se protagonistas da formação. E nem sempre as aulas precisam ser nas escolas, há o ensino a distância.

CUIDADO

Faculdades de comunicação que não abordam os avanços tecnológicos em seus currículos alijam seus graduandos das mudanças de mercado. Tiram deles a possibilidade de melhor se preparar para as demandas de um mundo digital, de uma comunicação digital, seus desafios inerentes e pontes com outras formas de noticiar. Lembramos que nos cursos não se pode admitir trocar o essencial pelo periférico. Por exemplo, aprender a ler *teleprompter* não é mais importante do que debater a independência da profissão. Momento *ególego*, o coautor é professor emérito da ESPM, HB. Esse ego de HB é prodigioso.

DICA

Antes de começar o curso, informe-se, tente conversar com quem já está estudando, com professores, assista a algumas aulas. Tenha certeza de sua escolha.

Como referência, listamos as 10 melhores universidades para se estudar jornalismo no Brasil em 2017. As instituições mencionadas aparecem classificadas em rankings estudantis produzidos pelo *Guia do Estudante* (da Editora Abril) e *Ranking Universitário Folha* (do Grupo Folha).

As 10 melhores universidades de jornalismo no Brasil em 2017

Listagem elaborada pelo *Guia do Estudante*, referente a 2017:[1]

1. **Universidade de Brasília (UnB)**
2. **Universidade de São Paulo (USP)**
3. **Pontifícia Universidade Católica do Rio Grande do Sul (PUC-RS)**
4. **Universidade Federal de Santa Catarina, em Florianópolis (UFSC)**
5. **Universidade Federal da Bahia (UFBA)**

1 https://guiadoestudante.abril.com.br/blog/melhores-faculdades/jornalismo-conheca-as-melhores-universidades-do-curso/

6. **Universidade de Fortaleza (Unifor)**
7. **Universidade Federal do Maranhão, em Imperatriz (UFMA)**
8. **Universidade Federal do Maranhão, em São Luís (UFMA)**
9. **Universidade Federal da Paraíba, em João Pessoa (UFPB)**
10. **Universidade Federal de Pernambuco (UFPE)**

Listagem elaborada pelo *Ranking Universitário Folha*, de 2017:[2]

1. **Universidade de São Paulo (USP)**
2. **Universidade Federal do Rio de Janeiro (UFRJ)**
3. **Universidade Federa do Rio Grande do Sul (UFRGS)**
4. **Universidade Federal de Minas Gerais (UFMG)**
5. **Faculdade Cásper Líbero (FCL, São Paulo)**
6. **Pontifícia Universidade Católica de São Paulo (PUC-SP)**
7. **Universidade de Brasília (UnB)**
8. **Pontifícia Universidade Católica do Rio Grande do Sul (PUC-RS)**
9. **Universidade Federal de São Carlos (UFSC)**
10. **Escola Superior de Propaganda e Marketing (ESPM-SP)**

Formação no exterior

Se seu interesse for fazer alguma pós-graduação, até mesmo graduação, em jornalismo, em algum outro país, lembre-se:

1. **Será exigido excelente nível de comunicação escrita e oral na língua em que o curso será oferecido**
2. **Quase todas as instituições demandam certificado de proficiência de idioma**
3. **Habilidade para entregar trabalhos dentro de prazos determinados**
4. **Boa capacidade para a realização de pesquisas**
5. **Domínio no uso de ferramentas e aplicativos de comunicação e mídia**
6. **Capacidade de identificar pautas inéditas e pertinentes**
7. **Interesse por questões de comunicação**
8. **Geralmente, há entrevistas para as seleções dos cursos (presencial ou online)**

2 http://m.ruf.folha.uol.com.br/2017/ranking-de-cursos/comunicacao/

9. **Há solicitação de redação no processo seletivo de admissão**

10. **Certo grau de familiaridade com a cultura local em que o curso será realizado**

É importante ressaltar: quase todas as instituições de ensino estrangeiras aceitam pessoas com os mais variados históricos acadêmicos e culturais. Elas acreditam que, assim, aumentam a diversidade entre seus alunos, tornando a interação em sala de aula mais diversificada.

Outros detalhes sobre como se tornar um estudante nos Estados Unidos ou em algum dos países membro da União Europeia podem ser obtidas em seus portais de informação oficiais:

- Nos Estados Unidos: USA.gov — `https://www.usa.gov/study-in-us`
- Na União Europeia: `http://ec.europa.eu/education/study-in-europe/`

O Clark Kent

LEMBRE-SE

Geralmente, a central de jornalismo é a redação — a *newsroom* —, independentemente de sua plataforma. Pode ser uma sala em um bairro residencial, um escritório em um movimentado centro comercial, uma tenda armada em meio ao deserto ou em um navio em alto-mar. Não importa onde, a redação é local de contínua recepção e difusão da informação.

FATOS EM APURAÇÃO

No passado, quando não havia toda a parafernália de microequipamentos, era fundamental o trabalho da sala de escuta existente na imprensa, principalmente em rádio e televisão, que precisam ter agilidade para a cobertura dos fatos diários, a *hardnews*. Todo mundo ouvia e via todo mundo.

As salas de escuta são compostas por equipamentos de monitoração eletrônicos, televisões, rádios, telefones e por computadores, desde seu surgimento. Um grupo de jornalistas acompanha a comunicação da polícia, dos bombeiros, dos aeroportos, da defesa civil. Esses profissionais, ao desempenhar essa função, são chamados de rádio-escuta, ou apuradores. A responsabilidade deles aumentou com a profusão das *fake news*. É preciso ficar com os quatro pés atrás.

O exercício dessa função é geralmente de responsabilidade de profissionais recém-formados ou nos últimos anos de sua formação.

(continua)

(continuação)

Por muitos anos, funcionou como entrada para se trabalhar nos grandes veículos de comunicação. Pergunte a um repórter de tevê ou rádio e, muito provavelmente, ele vai lhe dizer que, um dia, foi rádio-escuta.

A escuta mantém as redações atualizadas dos acontecimentos. Elas existem para identificar fatos ocorridos, acompanhar desdobramentos do evento, dar uma espiadinha no trabalho da concorrência. Ela agiliza a informação e facilita a vida para os repórteres de rua. Para que cheguem mais rápido ao local do fato e mais bem informados. Tem função, ainda, de contradizer alguma informação malfalada por uma fonte oficial. É uma função de checagem.

Com o passar dos anos, cresceu a percepção entre os donos do poder sobre a dificuldade em se esconder fatos. Sobretudo aqueles que afetam a vida cotidiana da população nas cidades. Para evitar danos institucionais desproporcionais, órgãos públicos e empresas aprimoraram seus departamentos de comunicação. Contrataram jornalistas, relações-públicas, publicitários e adequaram seu relacionamento com a imprensa.

Se no passado as empresas, públicas ou privadas, tinham poucos canais de comunicação com os jornalistas, ou mantinham um relacionamento desconfiado, difícil e conflituoso, de meados dos anos de 1980, quando começam a surgir as assessorias de imprensa país afora, profissionalizando esse segmento da comunicação, ficou evidente que é melhor se antecipar a cobertura jornalística. Ter o mínimo de controle sobre o repasse da informação. As assessorias, ao invés de esconderem um problema, entenderam que é melhor para as empresas divulgar os detalhes do fato ocorrido e seus desdobramentos antes que os jornalistas descubram o que estavam tentando esconder.

Para quem mora em uma megacidade, como São Paulo, todos saíram ganhando com o desenvolvimento dos departamentos de comunicação, principalmente dos órgãos públicos, prestadores de serviços essenciais à vida em sociedade.

A cidade que nunca dorme pode amanhecer com suas ruas completamente travadas. Milhares de pessoas podem estar literalmente paradas em congestionamentos gigantescos por suas principais avenidas. Tudo por conta de uma batida, um semáforo sem funcionar, a queda de uma árvore.

Quem sai pela manhã de casa precisa saber o que vai encontrar em seu caminho. Para a companhia que administra o metrô, por exemplo, é muito melhor avisar a imprensa de um possível problema para a mídia fazer o devido alerta do que ficar esperando, impávido colosso, as plataformas das estações ficarem abarrotadas de passageiros irritados com a falha no serviço.

Em tempos de comunicação online, os rádio-escuta também monitoram informações publicadas em sites, redes sociais, blogs. Esse monitoramento, contemporâneo, é disseminado por qualquer redação, de meios eletrônicos e impressos.

Nos grandes veículos, elas são amplos salões, sem divisórias, onde todos se comunicam, só faltava não se falarem. Nelas, jornalistas trabalham em computadores, editando reportagens, escrevendo textos, falando ao telefone, mandando mensagens, gravando *offs* e, mais recentemente, com o auxílio da tecnologia, gravando vídeos ou transmitindo informações ao vivo. Ai, que saudade do tempo da máquina de escrever, do telex e dos gravadores de fita k-7, #sóquenão.

Grosso modo, é na redação que trabalha Clark Kent, jornalista do *Planeta Diário*, alter ego do Super-Homem. O mítico homem de aço e seu outro eu, materializado na figura de um bem-comportado repórter, apaixonado por sua colega de trabalho Lois Lane, tornou-se metáfora do jornalista super-herói. Alguém com capacidade para mudar o mundo. Combater injustiças, vilões e malfeitos.

» Mas será a síndrome de Clark Kent verdadeira?

» Seriam os jornalistas seres superiores?

» Será que jornalistas são super-heróis?

DICA

Achamos que não. Para começo de conversa, jornalistas sequer são tão anônimos assim. Sua identidade está diretamente relacionada a suas reportagens, produções realizadas, edições finalizadas. Mesmo sendo essa identidade um pseudônimo, trabalho de jornalista é assinado. E tem mais.

CUIDADO

Jornalistas precisam ser humanos, não pretensamente superiores ou inferiores a tal condição. Jornalistas são cronistas de seu tempo, relatam atividades humanas, ações que tenham impacto para a vida humana, direta ou indiretamente. Dessa forma, como profissionais, precisam ter vivido, ter empatia, interesse, curiosidade pelo outro, seja lá o que for esse outro.

Jornalistas não são super-heróis, tampouco superprofissionais. São profissionais como qualquer outro, com direitos e deveres mediados pela cidadania. Está impedido de dar "carteirada", usar de suas prerrogativas profissionais para obter vantagens; urrar: "Você sabe com quem está falando?"; grunhir: "Eu trabalho para o programa de maior audiência, local, regional, nacional." Tampouco, pode se disfarçar com o intuito de obter informação sem revelar, a quem cruza seu caminho, seu verdadeiro objetivo naquela interação. Invadir lugares sem as devidas autorizações também são ações passíveis de questionamento.

DICA

A prática do jornalismo em democracias, como a brasileira, é assegurada por lei. E a lei vale para todos. Tanto para jornalistas de meia-idade, como Udo, mais velhos, como HB, como para a moçada de tênis, roupa da hora, barba, mochilas enormes, vocabulário atualizado, cabelo vermelho ou azul. Todos têm os mesmos limites e objetivos: informar corretamente, com princípios éticos; muitos deles sugeridos ao longo deste livro.

A necessidade de se calçar as sandálias da humildade

Só existe bom jornalismo em nações democráticas. Isto é premissa. Como disse a ativista comunista alemã Rosa Luxemburgo, democracia é respeitar a opinião do próximo. Mesmo a democracia brasileira sendo muito jovem, o ambiente jornalístico é plural e estabelecido. Opiniões contraditórias, diversas, exóticas são bem-vindas. Quanto mais diversas, aliás, melhor, ainda que ninguém esteja a salvo dos comentários nas redes sociais.

LEMBRE-SE

Governos centralizadores, autoritários, teocráticos criam um contexto desvirtuado para o ambiente da informação. Noticiar requer autorização de dirigentes. De elites governamentais e militares. O debate nesses modelos sociais não é amplo, sequer franco. Nesses locais, está cerceada a liberdade de expressão. Está calada a voz da imprensa livre. Do questionamento, da investigação, do contraditório.

CUIDADO

O jornalista deve saber que sua missão não é fazer a cabeça de quem quer que seja. Seu exercício profissional é apurar corretamente os fatos e publicá-los para o público ter elementos necessários para fazer a própria análise e desenvolver seu espírito crítico, independente.

Nesse caminho, o jornalista precisa ser humilde. É bom reforçar, humildade é fundamental para sua atividade. Aliás, no quesito humildade, é livre e irrestrita a imitação ao nosso fraterno repórter do *Planeta Diário*. Não se furte dessa prerrogativa.

Avesso aos holofotes

Reza a cartilha que jornalistas não são notícia. As escolas ensinam, é preciso ser discreto, ouvir o entrevistado mais do que falar, observar ao invés de ser observado. Na labuta das redações, porém, esse ensinamento, por vezes, é só teoria.

Ao longo da história, temos jornalistas que se tornaram muito conhecidos; Nelson Rodrigues, Paulo Francis, Marília Gabriela são exemplos de colegas que viraram notícia por suas realizações profissionais, seus trabalhos em paralelo, sua personalidade.

No extremo oposto dessa condição, há quem leva ao extremo a discrição como ferramenta para exercício do ofício. Alguns repórteres de tão secretos sequer ousam aparecer em suas redes sociais particulares. Caso de Eduardo Faustini, um dos principais jornalistas do *Fantástico*, da Rede Globo.

Faustini investiga irregularidades, principalmente as públicas, feitas pelos poderes Executivo e Legislativo dos Municípios e Estados. O poder Judiciário é, também, foco de seu trabalho.

Apesar de integrar a equipe de um dos programas de maior audiência da emissora, os telespectadores não conhecem seu rosto. Ele não aparece nas imagens. Ou, melhor, está no vídeo como uma figura sem foco, impossível de ser reconhecida. Seu anonimato lhe garante melhor trânsito para a apuração das notícias.

Em tempos de mídia social, Faustini levou para sua vida privada a discrição. Até em aplicativos como o Instagram ele cobre seu rosto para não ser reconhecido nas fotografias feitas, ou simplesmente prefere não aparecer nas fotos com os amigos. Ele se "blinda" para não ter sua imagem publicada.

Conexão direta com os fatos

O jornalista é um cidadão como outro qualquer, tem os mesmos direitos e deveres constitucionais de todos na Nação. Tem família, time de futebol, preferências, vota, tem escolhas por partidos políticos e tudo o que uma pessoa comum tem. No passado, como dissemos, já sofreu do complexo de Clark Kent. Como o personagem do *Planeta Diário*, trocava de roupas e se transformava no Super-Homem. Mas isso faz parte do passado. É claro, ainda é necessário opinar, comentar, apontar, investigar, apurar e tudo mais.

Ser jornalista é mais ou menos como ser médico. É profissional pelas 24 horas do dia. O paralelo se faz porque o médico, por dever ético, salva vidas, independentemente do seu expediente de trabalho. O jornalista, por sua vez, está conectado com os fatos, atento a seu redor para os acontecimentos. Recolhe notícias 24 horas. É sua obrigação ética.

Jornalismo Está Longe de Ser uma Prática Diabólica

Nas emissoras comerciais os programas são sustentados com publicidade ou assinaturas físicas e virtuais, por isso, sofrem mais pressão do poder econômico, privado ou do governo, que tem grandes verbas publicitárias. Daí a necessidade de fiscalização do público para assegurar a autenticidade do noticiário, comparar o que foi publicado em um veículo com outro e entender que ninguém pode se informar apenas por um único veículo ou site de informação. É preciso pluralidade na oferta e no consumo da notícia.

NOVOS TEMPOS

O financiamento através do *crowdfunding* dá independência para plataformas digitais e ajuda a diversificar o apoio econômico e, com isso, é maior a liberdade para divulgar notícias do interesse da sociedade.

O jornalismo não é uma prática diabólica para fazer a cabeça das pessoas, ou empurrar o público como uma manada de ovelhas. Isso só é possível em regimes ditatoriais, com a comunicação totalmente na mão do Estado, rigorosa censura, perseguição aos jornalistas, aos opositores do regime e outros considerados perigosos.

O século XX assistiu a alguns exemplos marcantes, como o nazismo, o stalinismo, o populismo e todos os seus filhotes. Ainda hoje não se consegue acesso a internet no Irã, na China, tampouco na Coreia do Norte. Até os servidores são censurados, experiência própria dos autores.

O jornalismo não é apenas uma sucessão de nomes e datas. Tem obrigação de contextualizar fatos, ser didático para o entendimento do público, e praticar a reflexão, investigação e acurácia antes da divulgação. Tem obrigação de se esforçar para divulgar diferentes versões e opiniões, e contribuir para o desenvolvimento crítico da sociedade. A sociedade tem diferentes visões do mundo, e o jornalismo deve contemplar todas elas, respeitar a diversidade, ainda que algumas sejam antagônicas.

NESTE CAPÍTULO

» O interesse público afronta poderosos

» Parem as máquinas! Que máquinas, afinal?

» Sempre é hora de se noticiar

Capítulo 2

O Jornalismo Decifra (e Devora)

Conhecer é cortar. É selecionar.

UMBERTO ECO

Notícia não se segura. Até pode ser manipulada, mas aí não é jornalismo. É desinformação, arbitrariedade, jogo de interesses.

LEMBRE-SE

A notícia, quando censurada, encontra no tempo um forte aliado. Se houver resiliência, o esclarecimento parcial pode ser tornar integral. O desentendimento do ocorrido, propagado um dia, pode se dissipar quando se concede o devido espaço aos lados antes oprimidos, apagados das histórias.

No Brasil, no final dos anos de 1960, por toda a década de 1970, até meados dos anos de 1980, a imprensa foi cassada, silenciada, eliminada. A ditadura militar estava instalada, e, com o regime vigente, vigorava uma ação legal de coação contra a informação. Afetou a todos. Diversos jornalistas foram mortos, desapareceram, entraram no exílio. No período, a violação à liberdade de expressão era prática. Isso teve fim ao se restabelecer a democracia.

Mas a censura espreita. Ganha novos rostos e atores. Age de outra maneira. Tenta ganhar novo fôlego. Tal dinâmica é inerente à vida. Há momentos possíveis para se identificar sua ação de forma mais objetiva. Em outras ocasiões, sua ação é difusa, cinza. Seja como for, resistir a sua tentação de poder e confrontá-la são maneiras de se manter a liberdade da informação em circulação.

O Interesse Público

O jornalismo se desenvolve em múltiplas plataformas, desde as tradicionais (jornais, revistas, rádio e televisão), até os espaços abertos pela internet. Com isso, ampliaram-se, de forma gigantesca, os ambientes para sua atuação, o que pode ser feito por uma única pessoa, com seu blog ou site, ou por um grupo em redes sociais, até chegar aos os veículos com grandes redações e poder de audiência.

Não é possível segurar a notícia, como no passado. Mesmo em países não democráticos, a notícia vaza; por vezes, esse vazamento demora, mas a força do fato acaba por encontrar seus caminhos para atingir o público. Com o advento das redes sociais, então, ficou bem mais fácil noticiar o que foi propositalmente esquecido, intencionalmente disfarçado, displicentemente negado. Essa nova dinâmica de se informar colocou em xeque tradicionais modelos das empresas informativas; no jargão, os veículos de comunicação.

LEMBRE-SE

Alguns veículos de comunicação são de natureza privada, outros são públicos ou estatais. E é significativo não confundir os públicos com os estatais. No Brasil, não há nenhum veículo público, todos têm dinheiro do contribuinte manipulado pelo Estado. Um veículo essencialmente público não tem direção nomeada pelo governo, seja ele qual for. Um bom exemplo disso é a BBC (*The British Broadcasting Corporation*). A principal fonte de rendimentos da BBC, um dos maiores conglomerados de comunicação do mundo, é a taxa de licenciamento de televisão, cobrada anualmente por quem possui televisores, seja onde for, em casa, escritório, empresa etc.

CUIDADO

O que o público espera dos espaços jornalísticos, públicos, privados ou individuais, é o comprometimento com o interesse público e a divulgação daquilo que poderosos, de qualquer matiz, não gostariam de ver publicado.

HÁ *TALK SHOW* E HÁ JORNALISMO

É preciso distinguir *talk show* de jornalismo. Este tem suas regras de conduta estabelecidas em códigos de conduta e lidam com fatos. O *talk show*, por objetivo, mistura a emoção com a ficção, muitas vezes recorre ao sensacionalismo. Nada contra. Cada um deve ver, ler, ouvir o que acha que deve, afinal, vale a pena lembrar: uma coisa é uma coisa, e outra coisa é outra coisa, como disse o profeta Vicente Matheus (se não o conhece, veja no Google).

A Casa das Máquinas

Sim, os jornalistas trabalham 24 horas por dia. É parte constante do exercício profissional seu envolvimento na difusão de notícias relevantes, de interesse público, mesmo quando se está fora da redação ou das horas estipuladas de trabalho por um empregador.

Quando se está envolvido com o noticiário diário, convencionalmente chamado de *hard news*, o acordo é tácito, implícito no estar jornalista — todos sabem a hora de começar a jornada de trabalho, mas a previsão de seu término é mera retórica legal. Quase uma necessidade para cumprimento das regras trabalhistas, que perde força quando esbarra no exercício da profissão, na necessidade de informar. Muitos "batem o ponto" e continuam trabalhando! E não por uma obrigação do empregador, mas pela necessidade de se acompanhar o desdobramento dos fatos, de atualizar a informação.

LEMBRE-SE

Na imprevisibilidade da vida, as notícias acontecem a todo momento, desrespeitam roteiros. São teimosas em seguir seu curso. São um fluxo. Quantas vezes o noticiário já não está supostamente pronto e a vida faz questão de lembrar sua presença. Uma barragem se rompe, um navio naufraga, um prédio desaba. Atentados são perpetrados em Nice, Paris, Istambul ou Las Vegas. O resumo da ópera dessas situações é simples, em fração de segundos, algo acontece e tudo fica de pernas para o ar. É o que Nassim Taleb chama, em sua obra *A Lógica do Cisne Negro*, de *coisas que acontecem inesperadamente e que ninguém tem controle sobre elas*, nem mesmo os jornalistas. Situações traduzidas, com precisão, por uma velha e conhecida expressão nas redações: "Parem as máquinas!"

Talvez alguns leitores mais novos não estejam familiarizados com a ideia de "parar as máquinas" como algo excitante ou temido.

Que máquinas?, podem se perguntar.

Parar o quê, afinal?, em tempos de informação pululando por todos os lados? Hoje, o grito deve ser: *Ponham no site!* Depois de checado, é claro.

Antigamente, os jornais eram impressos em grandes impressoras e, quando acontecia alguma coisa nova, extraordinária, que precisava estar na edição, era necessário parar tudo, acrescentar a notícia e voltar a impressão.

A notícia corre nas veias

Enquanto os jornais impressos foram reconhecidos como uma das principais e mais críveis fontes de informação na sociedade, e assim foram vistos no decorrer dos séculos passados, o seu fechamento, jargão jornalístico que indica a finalização de sua edição diária, era um dos momentos mais significativos de todo o trabalho cotidiano.

As notícias tinham sido, ao longo do dia, pautadas, apuradas, redigidas, editadas, diagramadas e estavam, no começo da noite, prontas para serem impressas, para ganhar "vida", para serem transformadas no jornal do dia seguinte. Porém, nesse momento, "do nada", irrompia uma notícia importante o suficiente para interromper todo o processo empreendido até então. Em outras palavras, o resultado de "parar as máquinas" significou (e ainda significa) aumentar os gastos da tiragem do jornal, porque parte do trabalho já impresso perdeu relevância; isso implica em aumento de papel, tinta e eletricidade, para ficar só com três exemplos de custos necessários para se elaborar um jornal impresso.

DICA

Mas "parar as máquinas", por outro lado, reflete a rapidez do jornal em se atualizar com os fatos. Passa maior confiabilidade para o leitor. Demonstra uma equipe de profissionais atenta e ágil para fazer as mudanças necessárias. Em última instância, faz o jornalista se sentir vivo, atuante. É como se o sangue corresse mais rápido pelas veias. Não à toa. Algo de muito importante aconteceu, ou está em curso e, profissionalmente, o jornalista está inserido nesse evento com a responsabilidade de noticiar o fato da maneira mais adequada possível, em um exíguo espaço de tempo. Mas isso tudo, de certa forma, já era. É bom lembrar, com as novas tecnologias, não é possível gritar: "Parem os bits e bytes!"

DICA

A lógica de alterar o noticiário programado não tem feudos ou fronteiras, vale para qualquer meio de comunicação com compromisso jornalístico. Claro, respeitando sempre as exigências pertinentes a seu formato. Atualmente, com o avanço em terabytes, ou em outras unidades de medidas maiores de transmissão de dados, a comunicação virtual e online modificou a forma de se entrar em contato com a ocorrência de um fato, assim como a maneira de modificar os noticiários estabelecidos, de "parar as máquinas".

Graças às novas tecnologias, não há mais fechamento possível nas mídias sociais. São consultados celulares, tablets, computadores a todo o momento. Portanto, a informação precisa ser atualizada em igual período. Como se faz isso? Com turnos de jornalistas trabalhando para cobrir a extensão das 24 horas.

Não é barato manter profissionais em atividade a todo instante. Sim, custa dinheiro. Mas a essência do trabalho jornalístico pede isso. Exige a cobertura *in loco*, a apuração detalhada do ocorrido, a ligação para fontes, entre outros.

Nem sempre é possível ter redações com profissionais suficientes para essas tarefas; aliás, as redações ficam cada vez mais enxutas, mas a construção do noticiário independentemente de crises financeiras demanda investimento pessoal e financeiro. São vários os exemplos dessa condição da profissão.

Em 2017, o ataque de um atirador em Las Vegas, Estados Unidos, e, em 2015, um atentado terrorista em Paris, mobilizaram, em minutos, jornalistas por todo o mundo. Irrompeu como força catalisadora de atenção.

Com a globalização das notícias, fusos horários deixaram de existir. Sempre é hora de se noticiar, apurar, comunicar, não importa se lá fora está escuro ou, claro, se chove ou neva. Nesse sentido, jornalista é como médico, não pode se omitir de atuar, ainda que não tenha feito o juramento de Hipócrates.

NESTE CAPÍTULO

» **Erros cometidos pelos jornalistas**

» **Mentiras são um mal a ser cortado pela raiz na produção jornalística**

» **O que evitar na cobertura informativa**

Capítulo 3

Pragas e Pecados

O rumor é a mais veloz das pragas.

VIRGÍLIO.

"Quem conta um conto aumenta um ponto", é um velho ditado brasileiro. É usado para dizer que há algo de errado na história narrada. Aumentar um ponto, nesse caso, no bom e velho português, significa mentir, inventar, criar algo novo ou de interesse para ser associado ao relato em questão. Para confundir. Dona Juventina, nosso alter ego, aumenta logo um ponto e vírgula.

Romances, na literatura, mas principalmente os da vida real, estão cheios de pontos aumentados. Quando o assunto é infidelidade, ou a possibilidade de ser infiel, a mente humana é engenhosa. O flagra de uma animada conversa entre duas pessoas pode ser a evidência derradeira para a constatação de que "desse mato vai sair coelho". Afinal, quem já viu homem ser amigo de mulher? Existem outros interesses, está na cara. Pelo menos, é assim que pensa Dona Juventina — nosso alter ego no decorrer do livro.

> "Afinal, quem já viu homem ser amigo de mulher? Tá na cara que tem outros interesses", dispara Dona Juventina.

CUIDADO

Não precisa de muito para um fato ser distorcido. Basta se chegar a uma conclusão sobre o que se vê sem se conversar com os envolvidos, sem apurar o que acontece. Basta ser maledicente. Ter a intenção de difamar ou a irresponsabilidade de falar da vida dos outros ou de acontecimentos sem o menor cuidado. Criar histórias está longe de ser prerrogativa de poucos. É humano. É em momentos assim que o jornalismo faz a diferença. É vital à sociedade para a difusão da informação e do conhecimento. Está aí o imenso trabalho dos repórteres do noticiário político para exemplificar.

Requer fôlego, persistência e dedicação acompanhar as reviravoltas e os fatos que surgem da política brasileira. Diuturnamente, para ficar apenas com um aspecto dessa cobertura jornalística, os profissionais enfrentam extenuantes horas de trabalho para informar, com precisão, a enxurrada de histórias contadas nas diversas delações sobre malfeitos de políticos, empresários, executivos envolvidos em escândalos de corrupção apurados pela justiça.

É preciso ler páginas e mais páginas de depoimentos, ouvir horas a fio de áudios gravados, decupar imagens em vídeos, conversar com fontes. Tudo para dar sentido às informações, verificar se as histórias contadas são críveis, eliminar incertezas dos relatos.

Muitas histórias carecem de provas factíveis. E, para pôr fim ao disse me disse, é preciso apurar. Do contrário, os mencionados não tardam a se defender, lançando mão de um questionamento comum: "Onde estão as provas?" O que falam de mim é mentira, completam, com uma frase que lembra letra de bolero.

É procedente a crítica, feita por muitos, que nem sempre a manchete ou chamada de uma notícia condiz com o texto da reportagem. Muita gente lê apenas a manchete e sai por aí reproduzindo e reforçando uma distorção.

Jornalistas procuram destacar na manchete algo para chamar a atenção do público. Mas, insistimos, não se pode inventar na manchete uma situação contraditória ou parcial ao conteúdo da reportagem. Isso é uma malandragem tanto para o público como para os personagens da história.

É preciso ler o texto ou ver e ouvir o áudio com atenção e com o espírito crítico, armados com uma ferramenta essencial: a dúvida.

> *Meus filhos, duvidem sempre!*, repete Dona Juventina, com sua voz esganiçada pela idade.

Mentira Tem Pernas Curtas

Em fevereiro de 2015, uma das mais influentes personalidades do jornalismo da televisão norte-americana, Brian Williams, foi suspenso por seis meses da emissora na qual trabalhava à época, a NBC (*National Broadcasting Company*), uma das mais importantes redes de comunicação dos Estados Unidos. O motivo da suspensão? Ele mentiu ao relatar um ataque que teria sofrido durante a guerra dos Estados Unidos contra o Iraque, em 2003.

Segundo seus relatos, o helicóptero militar em que estava teria sido atingido por disparos de um lança-granadas feitos pelas tropas iraquianas. Williams manteve essa versão dos fatos até ser contestado publicamente pelo jornal militar *Star and Stripes*. O jornal fez matérias com militares que teriam estado com Williams durante a invasão do Iraque. Eles disseram que o jornalista sequer esteve perto do helicóptero atingido por iraquianos.

Em entrevista ao *Star and Stripes*, ele ressaltou o "medo" vivido durante a invasão como fator para ter se confundido no relato dos acontecimentos.

Suas justificativas não foram suficientes como resposta para sua audiência, na casa dos milhares de norte-americanos. Antes de sua história ter sido desmascarada, ele era considerado uma das 25 personalidades mais críveis dos Estados Unidos. Aliás, executivos de sua emissora o chamavam de "o jornalista mais confiável de nossos tempos". O público simplesmente passou a vê-lo com desconfiança. Portanto, tudo que noticiava passou a ter uma aura de mentira. Jornalista sem credibilidade perde o essencial no relacionamento com seu público.

Pela audiência

Há casos também no Brasil. Apesar de não ser jornalístico, o *Domingo Legal*, programa dominical veiculado pelo SBT, em 2003, fez uma entrevista com supostos líderes de uma facção criminosa, o PCC — Primeiro Comando da Capital, que atacou bases policiais e pôs a cidade de São Paulo em polvorosa.

Ao levar para o programa o depoimento de quem se identificava como criminoso, o *Domingo Legal*, um programa de variedades, abriu espaço para informar jornalisticamente seus telespectadores. Naquela circunstância, seria um relato inédito. Mas os executores da ideia desrespeitaram o básico do jornalismo, faltaram com a verdade na informação. Enganaram os telespectadores.

Após a entrevista ser veiculada, descobriu-se que os ditos "criminosos entrevistados" eram atores travestidos de bandidos. O impacto na credibilidade foi fulminante para a emissora e para os responsáveis pela condução do programa.

CUIDADO

Com a facilidade com que os programas sensacionalistas recebem imagens e áudios, captados por celular, falta espaço para tanto conteúdo, flagrantes do cotidiano. E como não têm compromisso jornalístico, podem repetir à exaustão as cenas mais impactantes e escabrosas. Ficam com um olho no público e outro na medição minuto a minuto, principalmente quando retransmitidos em um canal de televisão aberto de grande audiência.

O caso Jayson Blair

Outra situação de grande repercussão internacional sobre jornalistas e mentiras aconteceu no *New York Times*, considerado um dos melhores, se não o melhor, jornais do mundo. A fama centenária desse baluarte da imprensa, porém, não foi suficiente para mantê-lo imune a desvios de condutas profissionais de um membro de sua equipe de repórteres.

Em 2003, a direção do jornal foi alertada sobre similaridades de conteúdo de uma matéria feita por Jayson Blair (jovem jornalista detentor de uma carreira considerada, até então, brilhante), quando comparada a outro texto publicado em um jornal local de San Antonio, cidade no Texas.

A denuncia serviu de alerta para a condução de uma investigação interna sobre o trabalho de Blair. O jornal encontrou diversas reportagens de anos anteriores assinadas por ele, que teriam sido plagiadas. O requinte da invencionice foi tanto que, em alguns momentos, ele alegava viagens para apuração de fatos, quando, na verdade, nunca saíra de Nova York, cidade sede do jornal.

Como resultado, o *New York Times*, além de afastá-lo de suas funções, publicou em sua primeira página um texto de esclarecimento sobre o fato, as medidas tomadas e identificou o ocorrido como um dos piores momentos da história do jornal.

Na imprensa brasileira, conferir a visibilidade, como feito pelo NYT, ainda é uma prática tímida. Mas a vigilância sobre a veracidade dos fatos aumentou significativamente com o advento das redes sociais, que apresentam outras versões e críticas à produção jornalística. Isso é bem-vindo. Abre espaço ao contraditório. Mune a sociedade com detalhes e visões não mencionadas. Gera condição para se aproximar, de forma objetiva, do encadeamento das situações vividas.

> *Até o simpático, carismático e comedido Donald Trump tem o direito de ser retratado com isenção*, assegura Dona Juventina, fã do loiraço.

CAÇA AO PLÁGIO

Com o passar dos anos, tornou-se muito mais difícil se tornar um Jayson Blair. Interessados em roubar escritos alheios ou preguiçosos de plantão, que não conseguem expressar seus pensamentos em palavras e usam de subterfúgios para escrever, devem ficar de orelhas em pé. Com os anos, foram sendo criadas ferramentas para identificação de textos plagiados. Pela internet, é fácil identificar algum produto para aquisição. Tem de tudo, de softwares pagos ou gratuitos a sites que auxiliam essa verificação. Muitas dessas ferramentas de averiguação foram desenvolvidas pela grande incidência de fraude em trabalhos acadêmicos. Alunos, nas diversas fases do ensino, para a elaboração de seus trabalhos, habituaram-se a se apropriar, indevidamente, de conteúdo intelectual escrito. Essa prática se estende ao mundo corporativo e jornalístico, obviamente.

Apesar de não sermos experts no uso dessas tecnologias, listamos alguns sites, softwares e ferramentas de busca como referência. Não indicamos um em específico. O mais popular, contudo, é a busca do Google:

1. Copyscape
2. DupliChecker
3. Ephorus
4. Google
5. PaperRater
6. Plagiarisma
7. PlagiarismChecker
8. Plagium
9. PlagTracker
10. SeeSources

Somos incansáveis nesta repetição. Ao se usar parte ou a íntegra de textos de terceiros, é preciso creditar a autoria desse conteúdo. Isso é uma atitude ética, como insistimos neste alfarrábio.

> *No meu tempo, dizia-se que copiar de muitos é pesquisa. De um só é plágio,* diz a atenta Dona Juventina.

NESTE CAPÍTULO

» **Jornalistas mortos pelo mundo**

» **A América Latina é violenta para jornalistas**

» **À bala, calam a imprensa no Brasil**

» **Todos somos *Netizens***

Capítulo 4

Profissão Perigo

Nenhum jornalista, em nenhum lugar, deve ter de arriscar a vida para divulgar informações. Devemos defender os jornalistas e lutar por justiça.

BAN KI-MOON, SECRETÁRIO-GERAL DA ORGANIZAÇÃO DAS NAÇÕES UNIDAS ENTRE 2007 E 2017

Mais de 900 jornalistas foram mortos entre 2002 e 2015, de acordo com levantamentos da Organização Não Governamental Repórteres sem Fronteiras (RSF), que trabalha para defender a liberdade de imprensa pelo mundo. Esse alto número de baixas entre os profissionais da informação representa, em média, um jornalista assassinado a cada semana. É uma quantidade estarrecedora. Pior, de acordo com a Unesco, em relatório sobre as *Tendências Mundiais em Liberdade de Expressão e Desenvolvimento da Mídia*, "a cada dez casos de violência contra profissionais de mídia, nove permanecem impunes".

Diversas entidades internacionais e nacionais acompanham de perto os atentados contra jornalistas. O site da ONU[1] reúne informações sobre essa prática. A Organização, inclusive, declarou o dia 2 de novembro como *Dia Internacional pelo Fim da Impunidade dos Crimes contra Jornalistas*. A entidade elaborou o que chama de Plano de Ação da ONU para a Segurança de Jornalistas e a Questão da Impunidade. A ideia, com a ação, é estabelecer ambientes seguros de trabalho, em qualquer circunstância.

---

1 `http://www.unesco.org/new/en/communication-and-information/freedom-of-expression/safety-of-journalists/` (conteúdo em inglês)

Flerte com a Morte

CUIDADO

Abuso de poder de autoridades locais, leniência da justiça, corrupção, baixos salários, guerras, conflitos urbanos são alguns dos cenários que propiciam a morte de centenas de jornalistas ao longo dos anos em todo o mundo.

Quando as instituições legalmente constituídas dos Estados são incapazes de assegurar o exercício jornalístico, a insegurança torna-se companheira de profissão do jornalista, que passa a viver sob constante ameaça ao buscar excelência no desempenho de seu trabalho em apurar fatos, esclarecer dúvidas, levar precisão aos acontecimentos, denunciar malfeitos.

Por anos, o Brasil foi considerado, por entidades de acompanhamento da violência contra a imprensa, o país mais perigoso para jornalistas nas Américas. O país continua com indicadores negativos, mas circunstâncias mais graves que aconteceram em outros países, como em 2015, no México, tiram o título brasileiro de nação mais perigosa para o jornalista nas Américas.

Como, ano após ano, recrudesce o ataque a jornalistas, é preciso consultar as entidades de acompanhamento desse cenário para se atualizar sobre o número de vítimas fatais, de mortos. Essa é uma triste constatação que vivemos como profissionais. Aqui, juntamos em um período as estatísticas para dimensionar a tragédia. Não custa esperar pelo dia em que possamos escrever sobre o tema sem termos de apontar cadáveres por todos os lados. Esse cenário pode ser utópico, mas desejá-lo reforça a esperança pela segurança da prática profissional.

LEMBRE-SE

Quando morre um jornalista, todos na sociedade perdem. A liberdade de pensamento, de expressão, fica mais restrita; a informação, cerceada.

TABELA 4-1 Jornalistas Mortos no Mundo entre 2010 e 2015

Ano	Jornalistas Assassinados
2015	110
2014	71
2013	79
2012	87
2011	67
2010	58
Total	472

Fonte: ONG Repórteres sem Fronteiras

"Temo pelos meus Companheiros. Temo por mim"

Em Veracruz, os meios de comunicação estão a serviço do dinheiro da corrupção. Estamos falando de uma prostituição da informação, que prejudica toda a sociedade.

RUBÉN ESPINOSA

Em 31 de julho de 2015, o fotojornalista mexicano Rubén Espinosa deixou de ser uma voz ativa contra a violência desferida junto à liberdade de imprensa em seu país, tornando-se estatística em uma verdadeira história de terror que se abateu sobre os jornalistas no México.

Em 1º de agosto de 2015, seu corpo foi encontrado em um apartamento na Cidade do México junto a outras quatro pessoas, todas assassinadas. Sua morte causou comoção internacional. Foi considerada um divisor de águas, por que não dizer de sangue, nas estatísticas de assassinatos contra jornalistas naquele país.

Entre janeiro e junho de 2015, a literal caçada por profissionais de comunicação por lá foi intensa. Como resultado, seis foram mortos. Ou seja, um assassinato por mês, pelas estatísticas da Organização Não Governamental norte-americana Freedom House, que trabalha pela defesa dos direitos humanos e do *International Center for Journalism* (ICFJ).

Em 2014, o México já figurava entre os países com maior quantidade de jornalistas assassinados (3), e um dos mais perigosos para se exercer a profissão em todo o mundo, de acordo com os levantamentos anuais da ONG RSF. Ainda pelos registros do governo federal mexicano, entre 2000 e 2015, mais de 100 jornalistas foram assassinados no país.

Corrupção, um mal ativo

Assassinatos, sequestros, ataques físicos e verbais, entre outras, são práticas desferidas cotidianamente contra o trabalho da imprensa mexicana. A corrupção gerada pelo contrabando de drogas é apontada como um dos motivos causadores da perseguição à imprensa livre.

Políticos locais, oficiais do governo em âmbito do Executivo e da Justiça também são apontados pela perseguição. Como se esse contexto não bastasse, ainda há os baixos salários, que obrigam jornadas de trabalho duplas, por vezes triplas, e expõem os profissionais à pressão de corruptores, oferecendo vultosas somas de dinheiro para "comprar" seus serviços nos meios de comunicação.

O MÉXICO É APENAS UM EXEMPLO

Por mais trágica que seja a situação vivida pelos mexicanos, ela não é exclusiva. Dos 110 profissionais de comunicação assassinados no mundo, em 2015, a maior parte foi vítima em "países pacíficos", de acordo com os relatos da ONG RSF. Entre as nações mais perigosas para se trabalhar, o Iraque lidera a lista. Por lá, houve 11 assassinatos. A Síria vinha em seguida, com dez mortos, e a França apareceu em terceiro lugar, com oito vítimas fatais.

Aos poucos, os frequentes ataques contra a integridade física de quem trabalha pela apuração das notícias acabam com a pluralidade da cobertura jornalística. E mais, além dos jornalistas serem intimidados, são negadas novas concessões para abertura de emissoras de rádio, como forma de pressionar a cobertura dos fatos. Resultado: em 2015, o México contabilizou 67 profissionais da informação assassinados.

Grito Internacional contra a Violência

Uma das reações da comunidade internacional à situação de mortandade de jornalistas mexicanos após a morte de Espinosa veio pela elaboração de uma carta, assinada por 500 personalidades internacionais, entre jornalistas, escritores e artistas, e destinada, à época, ao presidente do país, Eduardo Pieña Nieto.

"Quando se ataca um jornalista, está-se violando o direito à informação de toda a sociedade", afirma um dos trechos da carta, que, entre outros, foi assinada pelos jornalistas da mídia brasileira, Caco Barcelos, Dorrit Harazim e Clóvis Rossi.

Outro trecho da carta lembrou que Veracuz é um dos estados mais perigosos para se trabalhar como jornalistas no México. Espinosa cobria movimentos sociais e era ativista contra as agressões a seus colegas de profissão na região. Pelo seu trabalho, foi perseguido por grupos locais e, ao se sentir pressionado, decidiu mudar-se para a capital do país, quando passou a trabalhar como *freelancer* para uma revista e agência de notícia.

Sua mudança, contudo, não o protegeu do assassinato pelo qual havia sido ameaçado. Antes de morrer, lembrou: *Eu não confio em nenhuma instituição do Estado [do México], não confio no governo, temo pelos meus companheiros. Temo por mim.*

As Vozes Caladas pelo Brasil

A fama de cordial e amistoso do brasileiro não passa de mero ditado retórico quando se observa o trato dado à imprensa no país. Entre 2010 e 2015, 19 jornalistas foram assassinados; uma média de 3,8 mortes por ano, pelo levantamento da ONG RSF. A perseguição à liberdade de imprensa foi um dos principais motivos pelos crimes cometidos. Outro aspecto significativo desses assassinatos é o fato de grande parte ter acontecido entre jornalistas trabalhando em rádios de cidades do interior do país. Ou seja, a imprensa teve sua voz literalmente silenciada nas cidades brasileiras de médio e pequeno porte.

Esses números colocaram o Brasil entre os mais perigosos para se exercer a profissão no Ocidente. Disparado o mais inóspito na América do Sul de acordo com a ONG, que destaca também a concentração da propriedade dos meios de comunicação nas mãos de poucos como "um grande problema". Ressalta, ainda, a participação das autoridades locais no cerceamento do exercício jornalístico e a respectiva impunidade por seus atos praticados.

O caso Tim Lopes

O jornalista da Rede Globo, Tim Lopes, aos 51 anos, foi brutalmente assassinado no Rio de Janeiro, na favela de Vila Cruzeiro, em 2002.

Ele foi atacado por traficantes quando fazia uma reportagem investigativa sobre o envolvimento financeiro do tráfico com bailes *funks* no Complexo do Alemão, outra localidade da capital fluminense.

Sua morte foi ordenada pelo traficante Elias Maluco, um dos líderes da facção Comando Vermelho. Maluco e seis homens foram condenados por envolvimento no crime. Abaixo, trecho de como o *Jornal Nacional* noticiou seu assassinato. O texto foi extraído do site *Memória da Globo | Jornal Nacional.*

> *Na madrugada do dia 2 de junho de 2002, o jornalista Tim Lopes foi morto enquanto realizava uma reportagem sobre abuso sexual entre menores e tráfico de drogas em um baile funk na favela da Vila Cruzeiro, no bairro da Penha, Rio de Janeiro. O repórter foi sequestrado, torturado e executado por traficantes liderados por Elias Pereira da Silva, o "Elias Maluco". O crime chocou a população e foi encarado como um cerceamento à liberdade de imprensa. Tim Lopes decidiu fazer a reportagem depois de receber denúncias de moradores da região. Os pais diziam que as filhas eram obrigadas por traficantes a participar de bailes funks. No ano anterior, o jornalista havia feito uma reportagem em favelas cariocas para denunciar a ação do tráfico de drogas nas comunidades (...)*[2].

2 http://memoriaglobo.globo.com/mobile/programas/jornalismo/telejornais/jornal-nacional/o-caso-tim-lopes.htm

A sangue-frio

No interior do Ceará, quem perseguia o radialista Gleydson Carvalho foi bem objetivo na ação contra a vida dele. Eram 12h35 do dia 6 de agosto de 2015 quando dois homens invadiram os estúdios da Rádio Liberdade e disparam, ao menos, quatro tiros à queima-roupa contra ele, no momento em que apresentava o programa *Liberdade em Revista*. Uma das balas atingiu sua cabeça. Gleydson foi socorrido, mas não resistiu aos ferimentos e morreu após sua entrada no hospital local.

A Rádio Liberdade é uma das quatro emissoras de Camocim, cidade com 62 mil habitantes no litoral do noroeste cearense, distante 347 quilômetros da capital do estado, Fortaleza. Após o crime, colegas de trabalho de Gleydson declararam à imprensa que o radialista recebia constantemente ameaças contra sua vida pelas denúncias que fazia sobre políticos da região.

A polícia, também em declarações a jornalistas, logo após a execução de Gleydson, indicou motivação política para o crime. Segundo investigadores do caso, as características de seu assassinato eram de "execução". Porém, algumas semanas após seu assassinato, cinco suspeitos foram presos e as investigações foram consideradas "elucidadas", sem haver menção a nenhum político.

Conhecido como "O Amigão" pela população, além de ser apresentador, Gleydson era o diretor da Rádio Liberdade FM. Frequentemente em seus programas, dizia que estava sofrendo ameaças, mas que não tinha medo delas.

TABELA 4-2 Jornalistas Assassinados no Brasil

2015 (3)
6 de agosto de 2015 — Gleydson Carvalho — Radio Liberdade 90.3 FM (CE)
22 de maio de 2015 — Djalma Santos da Conceição — RCA FM (BA)
4 de março de 2015 — Gerardo Ceferino Servían Coronel — Radio Ciudad Nueva (MS)
2014 (2)
13 de fevereiro de 2014 — Pedro Palma — Panorama Regional (RJ)
10 de fevereiro de 2014 — Santiago Ilídio Andrade — Bandeirantes (RJ)
2013 (5)
12 de outubro de 2013 — Cláudio Moleiro de Souza — Rádio Meridional (RO)
11 de junho de 2013 — José Roberto Ornelas de Lemos — Hora H (RJ)
14 de abril de 2013 — Walgney Assis Carvalho — Vale do Aço (MG)
8 de março de 2013 — Rodrigo Neto de Faria — Rádio Vangarda AM/Vale do Aço (MG)
22 de fevereiro de 2013 — Mafaldo Bezerra Goes — FM Rio Jaguaribe (CE)

2012 (5)
21 de novembro de 2012 — Eduardo Carvalho — Redator-chefe Última Hora News (MS)
5 de julho de 2012 — Valério Luiz de Oliveira — Rádio Jornal 820 AM (GO)
23 de abril de 2012 — Décio Sá — O Estado do Maranhão / Blog do Décio (MA)
12 de fevereiro de 2012 — Paulo Roberto Cardoso Rodrigues — Jornal da Praça (MS)
9 de fevereiro de 2012 — Mário Randolfo Marques Lopes — Vassouras na Net (RJ)
2011 (3)
6 de novembro de 2011 — Gelson Domingos — TV Bandeirantes (RJ)
1º de setembro de 2011 — Valderlei Canuto Leandro — Radio Frontera (AM)
15 de junho de 2011 — Ednaldo Figueira — Blog Serra do Mel (RN)
2010 (1)
18 de outubro de 2010 — Francisco Gomes de Medeiros — Rádio Cáico (PB)

(Fonte: ONG Repórteres sem Fronteiras)

Cobertura sem Cobertura

A cobertura internacional na busca de notícias para a opinião pública mundial tem custado, para muitos correspondentes de guerra, morte, prisão, sequestro e tortura. Quando o jornalista é feito prisioneiro, a primeira suspeita é a de que ele é um espião, que está a serviço do inimigo.

As barbaridades perpetradas pelo Estado Islâmico são exemplos dessa violência nas primeiras décadas do século XXI. Esse grupo formado por *jihadistas sunitas* constituiu um sistema de governo chamado de Califado, em territórios do Iraque e da Síria. Na região, destruíram cidades, monumentos históricos da humanidade, cometeram inúmeros crimes. Várias de suas ações foram amplamente filmadas e divulgadas pela internet em redes sociais.

Jornalistas foram alvos comuns entre os assassinatos praticados por eles, em um verdadeiro show de horror, exibindo, espetacularmente, diversas formas perversas de assassinato. Mas a perseguição violenta à mídia espalha-se indiscriminadamente. Ocorreu em Myanmar contra os islâmicos *hohigasn*, quando vários jornalistas foram encarcerados. Há exemplos no Irã, na Coreia do Norte, entre outros locais com governos centralizadores e ditatoriais ao longo da história das sociedades. Inclusive no Brasil.

Pelas *terras brasilis,* há vários jornalistas, cinegrafistas e fotógrafos brasileiros com bons trabalhos na cobertura de conflitos internacionais. William Waack é um deles. Na Guerra do Golfo, em 1991, trabalhando como correspondente internacional para o jornal *O Estado de S. Paulo*, Waack foi sequestrado na cidade de Barsa por oito dias, com outros 20 jornalistas, por tropas do ditador Saddam Husseim. Hélio Campos de Melo, também correspondente do *Estadão* à época, foi detido nesse sequestro. Ao serem libertados, eles foram entregues à Cruz Vermelha na cidade de Amã. No acervo digital do *Estadão*[3], os dois relatam essa passagem em suas vidas.

Pedro Bial também tem histórias para contar de seu trabalho em conflitos armados. Ele foi outro que, pela Rede Globo de Televisão, acompanhou *in loco* a Guerra do Golfo. José Hamilton Ribeiro, por sua vez, perdeu uma perna quando, no final da década de 1960, foi atingido pela explosão de uma mina terrestre. Ele estava na Guerra do Vietnã fazendo reportagens para a *Revista Realidade* (publicação existente entre 1966 e 1976).

Alguns ganharam prêmios, caso do fotógrafo André Liohn. Paulista de Botucatu, ele recebeu, por sua cobertura fotográfica na Guerra Civil da Líbia, uma das mais importantes premiações da fotografia mundial, o *Robert Capa Gold Medal.*

Sua premiação, concedida em 2012, foi o resultado de suas imagens feitas na cidade de Misrata, uma das mais atingidas pelo exército do ditador Muamar Kadafi, durante os conflitos em 2011. Nessa ocasião, André teve significativas perdas. Dois colegas seus de profissão, amigos, Chris Hondros, dos Estados Unidos, e Tim Hetherington, do Reino Unido, foram atingidos por um tiro de morteiro e morreram no local das batalhas. Foi de André o esforço para conseguir retirar os corpos do campo de batalha.

O Alvo Agora São os *Netizens*

Talvez você desconheça o significado dessa palavra em inglês, *Netizen*. Talvez ninguém nunca tenha dito a você que, apesar desse desconhecimento, você também é um *Netizen*. É parte desse grupo, mesmo que sua atuação seja pouca, ou quase nenhuma. Não importa, direta ou indiretamente, hoje em dia todos fazemos parte dessa grande comunidade.

NOVOS TEMPOS

Essa palavra, na verdade um neologismo, surgiu pela união de dois conceitos *Net* (rede, em inglês) e *Citizen* (cidadão, na língua do Bardo). Seu autor foi o norte-americano Michael Hauben (1973-2001), considerado um dos primeiros

3 http://tv.estadao.com.br/geral,helio-campos-mello-relembra--sequestro-no-iraque,209159

pesquisadores sobre as mudanças no comportamento humano a partir da evolução da internet, e a consequente interação das pessoas com a tecnologia.

Em 1992, pela primeira vez, ele mencionou em um texto acadêmico a palavra *Netizen*. No artigo, intitulado *The net and netizens: The impact the net has on people's lives* (A rede e os cidadãos digitais: O impacto da internet na vida das pessoas, em tradução livre), Michael escreveu:

> *Bem-vindo ao século XXI. Você é um Netizen (um cidadão digital), e existe como cidadão no mundo graças à conectividade global que a internet proporciona. Você considera todos como seus compatriotas. Fisicamente, você vive num país, mas está em contato com o mundo pela existência da rede mundial de computadores. Virtualmente, você vive ao lado de qualquer outro cidadão digital no mundo. A separação geográfica é substituída pela existência de um espaço virtual.*

Com esse pensamento, ele definiu, em 1992, antes da existência de conexões rápidas, *smartphones*, *tablets*, enfim, da popularidade e presença da tecnologia na vida das pessoas, o papel do "novo cidadão" e sua interação com o mundo.

Pois bem, algumas décadas se passaram, a tecnologia tornou-se virtualmente presente na vida das sociedades, 24 horas ao dia, mas alguns aspectos da realidade pré-tecnológica, como a violência, ganharam espaço e relação com os cidadãos digitais. Ou seja, a mesma violência praticada contra os jornalistas atingiu em cheio os *Netizens*. Atualmente, essa violência contra cidadãos digitais, considerados difusores de informação, é também quantificada pela ONG Repórteres sem Fronteiras em suas estatísticas. E os números dos ataques crescem.

Em 2010, de acordo com a ONG, não havia nenhum crime contra o cidadão digital. Pelo menos, não registrado por eles. Em contrapartida, em 2013, foram 55 cidadãos digitais assassinados.

TABELA 4-3 **Baixas entre os *Netizens***

Ano	Jornalistas
2015	9 *Netizens* assassinados *(até agosto)*
2014	21 *Netizens* assassinados
2013	55 *Netizens* assassinados
2012	49 *Netizens* assassinados
2011	10 *Netizens* assassinados
2010	0 *Netizens* assassinados

(Fonte: ONG Repórteres sem Fronteiras)

Você Sabe com Quem Está Falando?

Há inúmeros casos de perseguição a jornalistas através de ações judiciais, que exigem altas somas de indenização como forma de atemorizar o veículo ou a plataforma da notícia. Um grupo de juízes do Paraná, em 2016, entrou com um conjunto de ações contra o jornal *A Gazeta do Povo.*

O que fizeram de tão grave os cinco jornalistas processados? Informaram ao distinto público quanto efetivamente recebiam os juízes e membros do ministério público. Resultado: houve uma enxurrada de processos abertos em 36 cidades diferentes do estado.

Como a denúncia foi feita no Tribunal de Pequenas Causas, o Juizado Especial, os cinco jornalistas em questão foram obrigados a comparecer em todas as audiências para não serem condenados à revelia. Eles contaram aos patrões dos funcionários, ou seja, aos contribuintes, que estavam pagando para os referidos juízes salários acima do teto máximo permitido por lei, através do que ficou conhecido carinhosamente de "penduricalhos". Em outras palavras, vantagens acima do salário máximo.

Associações de Magistrados e do Ministério Público reagiram à forma como essas ações foram protocoladas. Esse exemplo se encaixa bem no modelo do jornalismo que publica aquilo que alguém não gostaria que fosse publicado.

Vocês não estão acima da lei, diz nosso alter ego, Dona Juventina.

Tem de ter moderação. Vocês são muito afoitos.

2

Artilharia da Liberdade

NESTA PARTE...

A importância da prática jornalística como processo em constante formação. Algumas atividades de chefia são decisivas para o desenvolvimento da profissão e o significado daqueles jornalistas que dedicam seu tempo para ouvir reclamações dos leitores. Qual jornalismo deseja a sociedade brasileira?

NESTE CAPÍTULO

» A exclusividade da matéria e suas contradições

» Churchill tinha um dilema em mãos

» A História nos ensina

» Livros-reportagem

» *New Journalism*

Capítulo 5

Tenho uma Informação Exclusiva. E Agora?

O cisco em teu olho é a melhor lente de aumento.

THEODOR ADORNO

Jornalista que é jornalista não gosta de levar furo. É muito ruim ser "furado". São várias as sensações decorrentes. Incompetência, descaso com o trabalho, pouca informação. A lista de cobranças na hora em que ele acontece é bem longa, e nenhum sentimento, para quem foi "furado", é lá auspicioso.

Furo é um jargão. Acontece quando um concorrente publica antes uma notícia, algo inédito. Uma fala, uma foto, uma declaração, um *off* (*outro jargão, que significa fala*). O "furo", para os jornalistas, é uma informação conseguida e publicada antes de todo mundo.

No dia a dia, é muito comum acontecerem furos. Ao mesmo tempo em que ele causa dores de cabeça para quem foi "furado", é muito prazeroso para quem "furou", para quem saiu em primeira mão. Vem o orgulho, o sentimento de estar acompanhando o fato a contento, de agilidade, de esforço no trabalho.

CUIDADO

Não é tão simples, muitas vezes, ser capaz de consegui-lo. Em alguns casos, há o forte envolvimento de dilemas morais e éticos.

» Vale tudo pela informação exclusiva?

» Até onde se pode ir para consegui-la?

Com o advento das redes sociais, um furo não dura mais do que 24 horas. Caiu na rede, em pouquíssimo tempo a notícia se espalha em plataformas de empresas privadas, públicas ou espaços pessoais. Ainda assim, a boa conduta manda apurá-lo antes de ser compartilhado.

O Dilema Cotidiano na Apuração dos Fatos

PITADAS DE HISTÓRIA

Durante a Segunda Guerra Mundial, os nazistas desenvolveram sofisticadas maneiras de comunicação. Publicamente, construíram uma eficiente estrutura publicitária de difusão de seus valores e, internamente, em suas comunicações militares, estabeleceram processos que garantiram o avanço de suas tropas, por mar, terra e ar, na conquista dos territórios em conflito.

Uma das técnicas utilizadas em sua comunicação, que criava códigos secretos, tornou-se mundialmente conhecida como Código Enigma, nome derivado do instrumento utilizado para a formulação de suas mensagens. Algo de aparência similar a uma robusta máquina de escrever, mas com capacidade para gerar trilhões de combinações.

Por meio do Código Enigma, os nazistas estipulavam, entre outras ações, o ir e vir de sua poderosa *Kriegsmarine* (marinha de guerra, em tradução livre, denominação pela qual a marinha alemã foi chamada entre 1935 e 1945). Garantiam o posicionamento de seus navios no Atlântico e no Mediterrâneo, o suprimento das tropas, em terra, e controlavam seus submarinos para efetuar os ataques, passando informações detalhadas sobre a localização dos navios inimigos. Afundaram, assim, boa parte da frota inglesa envolvida nos combates.

Mas a supremacia nazista, em termos de estratégia, caiu por terra quando o matemático inglês Alan Turing (1912-1954) conseguiu decifrar a comunicação que haviam desenvolvido. Durante anos, ele liderou uma equipe de trabalho dedicada a compreender a composição das mensagens.

A quebra desse sistema de código foi um feito decisivo para o rumo do conflito. Abreviou a duração da Segunda Guerra. Afinal, aquela era, até então, a forma militar mais segura de se comunicar. Era vista como indecifrável.

O feito de Turing foi parar nas mãos do primeiro-ministro britânico Winston Churchill (1874-1965). Com os códigos decifrados, ele detinha informações de absoluta importância estratégica. Os planos nazistas, finalmente, eram antecipados.

Na prática, a partir das primeiras mensagens decifradas, sabia-se, entre outras iniciativas, a respeito da preparação da *Kriegsmarine* para afundar um grande comboio naval a caminho do Reino Unido. Sabia-se exatamente a forma e o período planejado pelos nazistas para utilização de sua frota de *U-Boots* (abreviatura da palavra alemã *Unterseeboot*; submarino, em português) para realizar o ataque. Com a informação, Churchill poderia salvar muitas vidas.

Porém, dada à complexidade das ações envolvidas em um conflito da magnitude da Segunda Guerra Mundial, se os alemães soubessem que seus códigos militares haviam sido decifrados, teriam a chance de modificar suas estratégias de ataque, e até substituir o uso do Código Enigma, quem sabe aprimorá-lo, a fim de evitar novas violações de sua comunicação. Churchill se viu diante de um dilema moral:

> *Deveria ele salvar os marinheiros do comboio ou continuar espionando as ações do inimigo, se preparando para salvar a vida de muito mais gente? Quem sabe até colocar ponto final à guerra?*

DICA

Se gosta do personagem, não deixe de ver o filme *O Destino de uma Nação*, com Garry Oldman. Ou assistir à interpretação do ator norte-americano John Lithgow do primeiro-ministro britânico na primeira temporada da série *The Crown*, exibida pela Netflix.

CUIDADO

No dia a dia do trabalho dos jornalistas, situações semelhantes deixam-nos em dilemas éticos.

Exemplo, um jornalista tem uma fonte que lhe passou um documento comprovadamente autêntico sobre o processo de corrupção na compra de uma plataforma de petróleo. Um negócio de mais de um bilhão de dólares e que rendeu milhões em propinas para empreiteiros e políticos. Contudo, a fonte garantiu que teria condições, em algumas semanas, de obter outras provas sobre o fato para municiar o jornalista de mais documentos. Haveria, inclusive, o registro de conversa entre os acusados dos malfeitos. Com isso, o jornalista teria a seu dispor um material de apuração mais rico, mais informações para facilitar a redação final do trabalho de sua reportagem.

O que fazer, então?

1. **Garantir a exclusividade da matéria, o conhecido furo jornalístico, e o próprio emprego?**
2. **Correr o risco de ser "furado" por um concorrente?**
3. **Confiar em uma fonte que deve ser algum desafeto dos acusados e pode mudar de opinião?**
4. **Informar o seu chefe do dilema ou manter em segredo a exclusividade?**
5. **Esperar para obter mais documentos e publicar uma reportagem que poderia decidir a sorte de corruptos que se locupletariam do dinheiro que falta no posto de saúde, na escola ou no transporte público?**

Se você fosse o jornalista, o que faria?

PITADAS DE HISTÓRIA

Em tempo, Churchill optou por manter o sigilo da descoberta da decodificação do Código Enigma. Apenas na década de 1970 é que se tornou público o trabalho da equipe de Turing em desvendá-lo. Churchill conduziu suas ações militares sem chamar a atenção dos nazistas. Por um longo período da guerra, eles não suspeitaram da violação feita pelo exército Aliado em sua comunicação.

> *Pera um minutinho só. Essa história de apurar os fatos, como vocês jornalistas falam, porque na verdade vocês tudo vivem é xeretando a vida dos outros, é negócio muito sério! Tem de fazer o dever de casa, mesmo. Enfiar o nariz em tudo quanto é lugar para se informar. Conversar com um bocado de gente, ver de perto o que está acontecendo. É, por assim dizer, uma bisbilhotice profissional, né não?! Dia desses, deu em tudo que foi canto a notícia de uma juíza cabra da peste. Espia só.*

Dever de investigar

A revista *Veja*, publicação da Editora Abril, foi condenada, em novembro de 2017, a pagar indenização por danos morais à família do ex-ministro Luiz Gushiken.

A 3ª Turma do Superior Tribunal de Justiça (STJ) manteve a decisão do Tribunal de Justiça de São Paulo (TJ/SP), que havia concedido ganho de causa à família Gushiken contra a Abril. Para a Justiça, em 2006, a revista publicara matéria caluniosa sobre o ex-ministro.

A relatora do recurso impetrado pela Editora no STJ, Ministra Nancy Andrighi, destacou: *(...) o veículo de comunicação somente se exime de culpa quando busca fontes fidedignas, exercendo atividade investigativa, ouvindo as diversas partes interessadas e afastando quaisquer dúvidas sérias quanto à verossimilhança do que divulgará (...).* Isso não teria acontecido no caso em questão, de acordo com seu entendimento.

Em seu parecer, a ministra ressaltou, ainda, uma das prerrogativas para a prática do jornalismo: *(...) o jornalista tem dever de investigar os fatos que deseja publicar (...).* Disse mais: *(...) a falsidade dos dados divulgados manipula, em vez de formar a opinião pública (...).*

No processo, a *Veja* foi acusada de publicar matéria falsa. A reportagem teria deixado de checar fatos, sequer procurou Gushiken para ouvir sua versão acerca das acusações contra ele.

Ele fora acusado, de acordo com a matéria, de ter sido chantageado pelo empresário Daniel Dantas, que garantia haver contas ilícitas de Gushiken fora do Brasil. Mas, em troca de seu silêncio, como publicado pela revista, exigia ao então ministro o atendimento de seus pleitos junto ao governo federal. As alegadas contas, porém, nunca foram descobertas. Em bom português, não existiam.

Luiz Gushiken morreu aos 63 anos, em setembro de 2013, vítima de câncer no estômago, como informou sua família à época de seu falecimento.

Ele foi ministro da Secretaria de Comunicação do governo Luiz Inácio Lula da Silva e exerceu três mandatos de deputado federal pelo Partido dos Trabalhadores (PT).

De acordo com o noticiário sobre a decisão do STJ, em sua defesa, a *Veja* afirma que a reportagem em questão *não comete qualquer ilegalidade nem ofende ninguém, apenas relata fatos.*

> *É uma danada essa ministra. É das minhas. Matou a cobra, mostra o pau*, jacta-se Dona Juventina.

Livros-reportagem

Há uma ideia de que todo interessado em jornalismo se aproxima da profissão pela vontade de escrever. Até certa medida, esse pensamento é verdadeiro. No passado, quando só se era possível exercer o ofício em jornais impressos, essa afirmação era inegável. Mas, depois do surgimento dos meios eletrônicos, é possível relativizar esse pensamento. Outros atributos, como a fala e a imagem, entraram em cena e têm sua importância de atração para as pessoas.

Contudo, escrever continua sendo fundamental à profissão. Se "bem", melhor ainda. Mas esse "escrever bem" não se refere, necessariamente, à elaboração de longos textos. Um produtor, por exemplo, de rádio, televisão, produtora, precisa "escrever bem" para conseguir realizar seu trabalho com eficácia.

> » Quanto melhor o profissional se expressar ao escrever, com clareza, coerência e concisão, mais chances de conseguir uma comunicação efetiva ele terá. Isso é regra para desempenhar qualquer atribuição no jornalismo.

Aqui, você pode estar se perguntando, mas o que tudo isso tem a ver com o intertítulo desta parte do livro? Tudo. Livros-reportagem surgem do interesse profissional por se escrever. E vão além, escrever sem os limites impostos pelo jornalismo diário, também conhecido como *hardnews*.

No cotidiano das redações, somos limitados pelos desenhos gráficos das páginas dos jornais, das revistas, ou pelo tempo dos programas de rádio ou de televisão (abordaremos esses limites nos veículos online em outra parte).

Há um tamanho específico disponível para se contar a história apurada. Para alguns, por vezes, isso é enlouquecedor. Alega-se falta de espaço para toda a informação da matéria. É muito comum ver repórteres brigando com chefes e colegas por mais espaço para seu trabalho.

Outro fator relevante nessa equação é o tempo. Quando há de se lidar com *deadlines*, tempo limite para entrega da matéria, em algumas ocasiões, escrever se torna uma corrida de obstáculos. É preciso colocar as informações mais relevantes na página, e o tique-taque do relógio não para. O tempo, então, torna-se, de fato, o senhor da urgência na escrita.

Daí, pense como é prazeroso para alguém que gosta de escrever aliar espaço e tempo para realizar seu trabalho. Para dar vazão a esse prazer, entram em cena os livros-reportagem, gênero de escrita com um pé na literatura e outro no jornalismo. Nele, é possível detalhar, o quanto se conseguir, a história pretendida a ser contada. De forma mais informal, para quem gosta de escrever, esses produtos se assemelham ao paraíso.

Sua produção dá trabalho? Sim, muito! Mas esse trabalho é o exercício profissional intenso de apuração, entrevista, pesquisa, investigação daquilo que faz o jornalismo existir. Não se produz um livro-reportagem de uma hora para outra. Leva tempo e, muitas vezes, o repórter/escritor descobre fatos novos ao longo de sua apuração e muda o sentido original da obra.

Muitos surgem como reportagens especiais, "reportagens de fôlego", que têm relevância e podem ser transformadas em livros. Em outras ocasiões, originam-se de ideias de reportagem que precisam de tempo para serem apuradas. Reportagens que, por terem interesse, mas apresentarem alto grau de complexidade para sua apuração, são pensadas inicialmente para serem transformadas em livros, porque a dinâmica dos veículos diários não comportaria sua publicação.

No Brasil, temos bons exemplos de livros-reportagem. Veja três exemplos.

» **De Daniela Arbex, *Todo dia a mesma noite, a história não contada da boate Kiss*.** Nessa obra, a jornalista relata a história do incêndio ocorrido na noite de 27 de janeiro de 2013 na Boate Kiss, em Santa Maria, interior do Rio Grande do Sul, em que 242 pessoas, em sua maioria jovens, morreram.

Para escrever seu livro, Daniela entrevistou pessoas envolvidas direta e indiretamente na situação. Ouviu familiares, bombeiros que estiveram no resgate das vítimas, enfermeiros, médicos, entre outros profissionais, atuando para debelar o caos em que o incêndio jogou a cidade de aproximadamente 300 mil habitantes.

Foram mais de dois anos de trabalho, centenas de horas de entrevistas e várias viagens a Santa Maria para finalizar seu levantamento. Ao final de seus esforços, ela produziu um relato considerado por críticos como uma reportagem definitiva sobre a tragédia.

Daniela é de Juiz de Fora, interior de Minhas Gerais. Como jornalista, atua há mais de duas décadas e, nesse período, seu trabalho foi reconhecido por mais de 20 prêmios nacionais e internacionais.

» **De Elvira Lobato, *Antenas da floresta — A saga das TVs na Amazônia*.** Nesse relato, Elvira mostra o uso das televisões por grupos políticos e religiosos na região amazônica. Entre 2015 e 2016, a repórter viajou por Mato Grosso, Maranhão, Tocantins e Pará para identificar essa prática conhecida como "*coronelismo eletrônico*".

Ao descrever o livro, a Editora Objetiva chama a atenção para a existência nesses locais de pequenas emissoras de tevê, que, por algumas horas do dia, exibem as próprias produções. *(...) Os protagonistas desta história são os repórteres, apresentadores e cinegrafistas que, diariamente, abastecem seu público com notícias de um Brasil que não aparece nas telas das grandes redes.*

Por mais de 40 anos, Elvira dedicou-se à realização de reportagens especiais para jornais de grande circulação. Na *Folha de S.Paulo*, trabalhou por 25 anos. Em parte desse tempo, teve a atuação do setor das telecomunicações como um de seus principais temas de matéria.

À época do lançamento de *Antenas na Floresta*, em entrevista com Elvira, a *Folha* destacou o parágrafo final escrito por ela no livro. *A jornalista que começou este livro não é a mesma que o concluiu. A experiência modificou positivamente meu olhar sobre o exercício da profissão.*

» **De Vladimir Netto, *Lava Jato — O juiz Sérgio Moro e os bastidores da operação que abalou o Brasil*.** Nesse livro, seu autor relata o início da operação lava-jato, em março de 2014. De acordo com análise publicada pelo jornal *O Globo*, o livro, produzido em 17 meses, foi escrito em *linguagem que se aproxima de um thriller policial* e *dá ao público oportunidade de entender a gênese, os principais personagens dessa ação de combate à corrupção.*

O jornalista usa o juiz Sérgio Moro como fio condutor da história, e traz informações de bastidores ao falar sobre outros personagens envolvidos na operação, entre investigados e investigadores.

Vladimir é de uma família de jornalistas. Filho de Marcelo Netto e Miriam Leitão, irmão de Matheus Leitão e marido de Giselly Siqueira, todos companheiros de profissão. Ele mora em Brasília e trabalha como repórter para a TV Globo.

New Journalism

A origem dos livros-reportagem remonta aos Estados Unidos das décadas de 1950 e 1960. Foram os norte-americanos quem formataram essa prática jornalística e literária. A ideia deles, basicamente, consistiu em misturar fatos reais e ficção, jornalismo com literatura ficcional.

A *Encyclopedia Britannica*[1] classifica o *New Journalism* como um "movimento literário americano". E aponta, como pioneiros nesse estilo de escrever:

» Tom Wolfe

» Truman Capote

» Gay Talese

Norma Mailer é outro jornalista fundamental nesse movimento. Era considerado um romancista que trabalhava como jornalista. A revista *New Yorker* o identifica como *the greatest novelist of the second half of the American century*[2] (o maior romancista da segunda metade do século [XX] nos Estados Unidos, em tradução livre).

1 Leia a íntegra do artigo sobre Norman Mailer, publicado pela *New Yorker*, em `https://www.newyorker.com/news/george-packer/mailer-the-novelist-as-journalist` (conteúdo em inglês)

2 Leia a íntegra do artigo sobre New Journalism na *Encyclopedia Britannica*, em `https://www.britannica.com/topic/New-Journalism` (conteúdo em inglês)

A *Britannica* ressalta, ainda, em seu descritivo sobre o tema, o fato de esse movimento ter expandido a definição de jornalismo e legitimado novas técnicas para se investigar e escrever reportagens.

Ao implementar o que chamam de "novelas não ficcionais" ou "técnicas de narrativa de ficção", os pioneiros desse movimento iniciam o debate de até onde uma matéria pode ser redigida, seguindo um formato mais literário, até ultrapassar as características necessárias para a elaboração de um relato jornalístico comprometido com a verdade e os fatos.

> *Meninos, vocês esqueceram um clássico da língua portuguesa nesse negócio de livro e reportagem. Como não mencionaram o senhor Euclides da Cunha? Vou puxar a orelha de vocês*, ameaça Dona Juventina.

Os Sertões

Publicado pela primeira vez em 1902, o livro *Os Sertões*, de Euclides da Cunha, foi elaborado a partir de reportagens feitas pelo seu autor, quando fora enviado como repórter especial pelo jornal *O Estado de S. Paulo* ao Arraial de Canudos, localidade no interior da Bahia.

Euclides transformou o que seria uma cobertura jornalística em um dos clássicos da literatura em língua portuguesa. Nas páginas da obra (que, a depender da edição, pode passar de 800 páginas), ele relata a Guerra de Canudos (1896 e 1897), conflito entre o movimento popular, liderado por Antônio Conselheiro, contra as forças do exército, enviado pelo Governo Federal à localidade para detê-los. Esses embates foram sangrentos, com expressivo número de mortes nos dois lados da contenda.

De acordo com a crítica literária, *Os Sertões* traz, pela primeira vez na literatura brasileira, uma linguagem realista e científica, contrapondo o ufanismo da época com a realidade constatada por ele no país.

Esse texto tornou-se de domínio público, e diversas edições do livro podem ser encontradas em livrarias e sebos. Há, também, versões digitais e gratuitas da obra. O portal `www.dominiopublico.gov`, do Governo Federal, disponibiliza uma dessas versões, inclusive, com uma nota de atualização feita por Euclides em 1901.

Transcrevemos aqui o primeiro parágrafo desse impressionante trabalho.

> *O Planalto Central do Brasil desce, nos litorais do Sul, em escarpas inteiriças, altas e abruptas. Assoberba os mares; e desata-se em chapadões nivelados pelos visos das cordilheiras marítimas, distendidas do Rio Grande a Minas. Mas ao derivar para as terras setentrionais diminui gradualmente de altitude, ao mesmo tempo que descamba para a costa oriental em andares, ou repetidos socalcos, que o despem da primitiva grandeza afastando-o consideravelmente para o interior (...)*

NESTE CAPÍTULO

» **O trabalho pode levar à loucura**

» **O impasse da ação diante dos fatos**

Capítulo **6**

Olhar para a Vida. O Click sobre a Morte

Os dilemas éticos no jornalismo não param no momento da apuração dos fatos. Estão presentes por todo o exercício profissional, desde os tempos de formação em sala de aula, indiferentemente à obrigatoriedade legal da graduação, e persistem até o gozo da aposentadoria. Se bem que, na era do crescimento da comunicação virtual, aposentar-se é algo completamente optativo. Como não é mais preciso estar em uma redação para exercer o ofício, só aqueles que querem, ou têm algum motivo de foro pessoal, deixam de fazer jornalismo. Do contrário, a tecnologia disponível dá sobrevida a quem deseja informar.

No contexto da notícia, os cenários dos fatos são diversos. São vivos e incontroláveis. Por isso, questionar-se é saudável.

DICA

Poderíamos mencionar uma lista imensa de perguntas em relação à procura do jornalista pela notícia. Não é o caso. Mas é preciso destacar que, ao se buscar definições de maneira única para os dilemas, há grande chance de se comprometer o exercício profissional. Corre-se o risco da limitação.

Ao se noticiar um fato, o jornalista pode, deliberadamente, interferir na ação?

O jornalista está no cenário do acontecimento para compreender a situação ou para participar ativamente do que está reportando?

Em alguns eventos, será que sua presença não é por si uma interferência?

Sob o olhar de uma ave de rapina

DICA

No início dos anos de 1990, o trabalho do fotojornalista sul-africano Kevin Carter tomou de assalto o mundo quando ele fotografou uma cena que fez as pessoas se questionarem sobre qual é a participação efetiva do jornalista no transcorrer da vida; no relato dos fatos e suas implicações para com a história. Principalmente em situações de conflito extremo, guerras, períodos de fome, atentados, desastres naturais. Acontecimentos em que a interferência humana pode ser decisiva para salvar a vida de outro ser.

Em viagem de trabalho ao Sudão, ele registrou uma imagem que mudaria sua vida para sempre.

Em 1993, o país tentava se reorganizar após anos de uma extensa guerra civil. Toda a infraestrutura urbana das cidades havia sido destruída, milhares de pessoas foram mortas, o acesso aos alimentos era inexistente. A população passava fome.

Inserido nesse contexto, com sua máquina em punho, ele realizava seu trabalho: fotografar o entorno. Seu olhar construiu uma narrativa da tragédia vivida pelos sudaneses. Uma de suas fotos, porém, chocou pela cena retratada. Uma criança, subnutrida, em posição quase fetal, com o rosto voltado para o chão de terra, era observada por uma ave de rapina, e, pelo ângulo fotografado, poderia estar prestes a ser atacada.

Pela imagem, a criança seria vítima da ave, fosse por assassiná-la ou por se tornar sua presa no momento em que se aproximasse para comer seus restos mortais. É uma imagem perturbadora.

A fotografia de Carter chegou até os jornais mais prestigiados do mundo e foi publicada. O *New York Times*, ao utilizá-la, deu à imagem projeção global, sendo veiculada em outras grandes publicações internacionais.

Logo em seguida, em 1994, ele foi agraciado com um dos mais significativos prêmios jornalísticos, o Pulitzer de Fotografia.

A história que poderia render a ele o reconhecimento incontestável sobre sua capacidade profissional teve um desfecho fatal, por ter provocado uma veemente comoção pública em relação a sua postura.

Quando questionado a respeito do que fizera após ter feito a fotografia, ele respondia: "Nada." Teria partido sem ajudar o menino. Tal resposta foi determinante para ele ser visto como um "segundo abutre" na situação. A opinião pública o condenou, e ele sucumbiu. Cometeu suicídio aos 33 anos, em julho de 1994. Tornou-se desequilibrado pela comoção geral negativa contra sua postura, além de ter ficado atormentado por diversos outros fatos trágicos, em que, como fotojornalista, esteve envolvido.

Há controvérsia sobre o que teria acontecido, de fato, à criança. Existem relatos de sua sobrevivência. Há reportagens mostrando-o adulto. Ele teria se transformado em um sobrevivente de sua realidade. Contudo, existem outras investigações jornalísticas, publicadas pela imprensa da Europa, relatando sua morte em 2007, quando ainda seria adolescente.

Se você fosse Carter, o que faria?

DICA

Em 2010, foi lançado o filme *Repórteres de Guerra*, do cineasta Steven Silver, baseado no livro *The Bang-Bang Club: Snapshots from a Hidden War*, dos fotojornalistas João Silva e Greg Marinovich. O filme conta a história de João, Greg, Ken Oosterbroek e Kevin Carter na cobertura dos conflitos políticos vividos na África do Sul com o fim do *Apartheid*. Mostra o trabalho deles ao retratar os conflitos vividos no país em decorrência das mudanças políticas.

A vida não para. Às vezes, quase se repete

Outra imagem, também envolvendo uma criança, provocou discussão mundial sobre os limites de cobertura da imprensa e a interferência dos jornalistas.

Em setembro de 2015, o corpo de Aylan Kurdi, criança síria de três anos, foi encontrado em uma das praias do balneário turco de Bodrum. Aylan foi vítima de um naufrágio no Mar Egeu, quando seus pais tentavam, junto com ele e seu irmão, chegar ao Canadá. Eles fugiam da Síria devido aos ataques do grupo terrorista Estado Islâmico. Apenas o pai de Aylan sobreviveu ao desastre.

A fotógrafa Nilüfer Demir, trabalhando para a agência de notícias turca Dogan, foi quem fez a imagem, que se tornou símbolo da crise migratória entre Oriente Médio, África e Europa.

Em entrevistas sobre seu trabalho, Nilüfer, especialista na cobertura da migração para a Europa, disse ter ficado "petrificada" ao ver o corpo de Aylan na praia. Mas não hesitou. Para ela, fazer a foto era tornar público "o clamor" de sua história; revelar ao mundo a realidade sobre a condição dos migrantes que tentam chegar ao continente europeu ou passar por ele como rota para outras localidades.

Em tempos de rede social, a imagem de Nilüfer viralizou, tornou-se síntese da tragédia. Foi usada por diversos jornais e replicada incontáveis vezes pela internet. Foi considerada marco para a política migratória elaborada pelos países europeus. Fez diversas autoridades se posicionarem sobre o fluxo de pessoas que buscam segurança e liberdade na Europa. Sem contar com vários editoriais publicados dimensionando os aspectos políticos, humanos e econômicos do tema.

A migração do Oriente Médio e da África para a Europa é considerada pela Anistia Internacional e Comissão Europeia como a pior crise humanitária, envolvendo refugiados, vivida no continente desde o fim da Segunda Guerra Mundial. Suas estatísticas são extremamente significativas. Mais de 350 mil migrantes haviam atravessado o Mediterrâneo de janeiro a meados de setembro de 2015. Pelas contas da IOM (*International Organization for Migration*), morreram nesse período, na tentativa da travessia, 2.643 pessoas.

Por isso, cabe perguntar mais uma vez: Se você fosse jornalista, o que faria diante de tal cenário?

É Possível Deixar a Emoção em Casa?

O jornalista é um ser humano como outro qualquer. É preciso preparo psicológico para acompanhar uma guerra genocida como a da Síria. Testemunhar o desespero de crianças morrendo, ataques a hospitais, execuções sumárias são situações limites às quais os jornalistas estão expostos em guerras. Como, então, impedir a emoção, a indignação e a revolta de quem quer que seja ao se ver frente a frente com situações dessa magnitude? É possível ficar frio e impassível diante de situações tão limite?

O público é testemunha das mais diversas emoções retratadas por jornalistas, e elas acontecem em todos os lugares, sem data ou horário previstos. Afinal, fatos jornalísticos são situações da vida. São acontecimentos reais, não ficção. Algumas vezes, envolvem parentes, amigos, familiares dos jornalistas que ali estão para noticiar o ocorrido.

Em 1997, e essas são lembranças da prodigiosa memória de HB, um dos repórteres de uma emissora de televisão destacados para acompanhar a queda do avião da TAM no bairro do Jabaquara, zona sul da capital paulista, deparou-se com um de seus parentes morto, vítima da tragédia ocorrida. Sua reação imediata foi largar o microfone da tevê e começar a chorar. Sua cobertura terminou ali. Em outros momentos, o choro do repórter fez parte de sua matéria.

Já vimos, no início da década de 1980, um repórter se emocionar com a miséria no interior do Nordeste. Durante a matéria que fazia em uma casa muito pobre, ele vê uma criança brincando no chão batido com ossinhos imitando bois e vacas. Ao entrevistar o menino, o repórter não deu mais continuidade às perguntas, parou e chorou.

Algo semelhante aconteceu na cobertura da desocupação dos sem-teto da comunidade Pinheiros, em São José dos Campos, em 2012. Um repórter da Record News não conteve sua emoção ao narrar a situação de uma criança que estava sentada em um tijolo, olhando confusa os acontecimentos a seu redor, a ação das máquinas de terraplanagem e o movimento policial. Ele parou sua fala, saiu de quadro e chorou. Seu câmera, atento, acompanhou seu movimento, registrando seu choro.

Nesses dois últimos exemplos, os repórteres presenciaram a experiência, para eles, forte e desconcertante. Frente a elas, se emocionaram, exemplificando que jornalismo é feito por seres humanos, não por autômatos.

NESTE CAPÍTULO

» A certeza da notícia

» A urgência da apuração

» Carandiru, uma das maiores tragédias na mídia brasileira

Capítulo 7

Lado a Lado dos Direitos Civis

Quando perdemos a capacidade de nos indignarmos ante atrocidades sofridas por outros, perdemos também o direito de nos consideramos seres humanos civilizados.

VLADIMIR HERZOG

Ao longo das décadas, alguns jornalistas transformaram o seu trabalho, a sua vida, em valor singular para a sociedade em que vivem. Entraram para a história de seus países por defender, acima de tudo, a liberdade.

No Brasil, um desses profissionais, que transcendeu seu tempo de vida, foi Vladimir Herzog.

Vlado, como era conhecido, foi assassinado em 25 de outubro de 1975 por militares, que comandavam o país em um governo de exceção.

Seu corpo foi encontrado pendurado por um pedaço de pano enrolado em seu pescoço em uma das salas em que funcionava, na capital paulista, o DOI-Codi (Destacamento de Operações de Informações, do Departamento do Centro de Operações de Defesa Interna).

Por anos, os militares sustentaram o suicídio como a causa de sua morte. A versão nunca foi aceita por sua família ou amigos. A verdade sobre seu assassinato foi sendo revelada na medida em que a ditadura caminhava para seu fim. Antes de seu ocaso, porém, em 1978, por ideia de outra grande referência da mídia brasileira, Perseu Abramo, o nome de Vlado foi indicado e aceito para batizar o principal prêmio brasileiro com objetivo de incentivar jornalistas a tratarem do tema da Anistia e dos Direitos Humanos em seu trabalho.

Surgia aí o Prêmio Vladimir Herzog, que, desde sua criação, entre outras conquistas, estimulou a luta pela democracia, ajudou a chegada da anistia e a mobilização pelas eleições diretas para a presidência da República. Sobretudo, reconhece o trabalho de jornalistas na defesa e promoção da democracia, da cidadania e dos direitos humanos e sociais.

Minha História com o Carandiru, *flashback pelo coautor HB*

Em 1992, no dia da eleição para prefeito de São Paulo, cheguei, como de costume, à redação de jornalismo do Sistema Globo de Rádio, em São Paulo, na rua das Palmeiras, região central da cidade, às 5h30. O jornal da Excelsior, uma das empresas do grupo, entrava no ar às 6h.

Os jornalistas que trabalhavam à noite acompanharam os desdobramentos da operação no Carandiru, que seria uma das notícias do dia. Mas não se sabia, naquele momento, o tamanho do acontecido. Previa-se o primeiro turno das eleições municipais, em 3 de outubro de 1992, como o principal assunto do dia.

O governador Fleury estava fortemente interessado em eleger seu aliado, Aloysio Nunes Ferreira, ambos do PMDB. Até então, esse fato seria destaque do jornal. Porém, tudo estava prestes a mudar com a chegada à redação do então repórter da madrugada, o jornalista Cid Barbosa.

Excitado, olhos assustados e absolutamente convicto, disse a mim, na época gerente de jornalismo e âncora do jornal: "Morreram mais de cem pessoas no Carandiru!"

A informação caiu como uma bomba na redação. A *Folha de S.Paulo* e *O Estado de S. Paulo* divergiam, entre oito e 12 mortos. Mas Cid insistia. Eram muitos mais. Ele assegurava a quantidade imensa de vítimas fatais. E não ia voltar atrás. Entraria no ar com sua informação assim que o jornal começasse.

Disse a ele que não podia divulgar um número estarrecedor sem checar com fontes oficiais, ou sem ele ter visto os cadáveres.

Cid disse que não conseguira entrar no Instituto Médico Legal (IML); mas, de onde estava, viu o vai e vem sem parar do transporte de cadáveres.

Isso não era suficiente, contestei. A notícia era muito grave. Mas Cid não recuava. Eu lhe disse o risco que corria. Poderia ser demitido caso o fato não se confirmasse. Sua resposta: "Jogo meu emprego!"

CUIDADO

Com isso, calou-me. Ele estava convicto. Sua certeza lhe era suficiente. Por ela, não hesitou em colocar seu emprego em xeque. Jornalista sempre se arrisca pela notícia.

Cid Barbosa, o repórter

A notícia foi ao ar no Jornal da Excelsior por volta das 6h10. Os telefones da redação, então, explodiram. Outros veículos que faziam a *escuta* do jornal queriam saber onde tal informação fora apurada.

Por volta das 6h20, HB ligou para uma fonte da Polícia Militar. O coronel estava dormindo, mas lhe atendeu. Quando perguntou a ele quantos tinham morrido no Carandiru, o coronel respondeu: "Dezenas." Quis saber se 20, 30, 40... Em *off*, ele disse a HB: "Mais de cem."

Imediatamente, HB pediu para Cid retornar ao IML central. Outros repórteres foram encaminhados para distintas unidades do Instituto espalhadas pela cidade. Todos passaram a informar a existência de mortos.

Uma repórter foi enviada à porta da casa do Secretário de Segurança Pública, Pedro Campos Filho, para buscar explicações. Por volta das 7h, ele saiu rapidamente, entrou em um prédio ao lado de sua residência e partiu em um voo de helicóptero. Alegou não poder falar com a repórter porque iria votar no interior do estado. Seu silêncio não fora suficiente.

Enquanto o caso tomava conta da mídia e da cidade, as autoridades desapareciam. Mas o sumiço não se estenderia por muito tempo. O governador e o secretariado marcaram uma entrevista coletiva às 15h, talvez para não prejudicar a eleição em andamento.

CUIDADO

No cenário de incertezas, de busca pela informação, de autoridades se esquivando, foi Cid Barbosa quem primeiro deu a dimensão da tragédia. Ao confiar em sua certeza de repórter, não esmoreceu. Cumpriu seu papel de informar. Teve a primazia de divulgar antes de todos, no jornal da Excelsior, uma das coberturas jornalísticas mais sangrentas do Brasil.

Divisor de águas na história brasileira e marco na mídia

São Paulo, 2 de outubro de 1992, zona norte, bairro do Carandiru. Nessa data e local, a mídia brasileira viveu uma das mais marcantes coberturas jornalísticas da segunda metade do século XX.

Presos do Pavilhão 9, da então Casa de Detenção de São Paulo, iniciaram uma briga no começo da tarde. O confronto físico, que poderia ter sido só mais um desentendimento entre detentos, resultou em um motim.

Aos poucos, a confusão se alastrou pelo pavilhão. Tomou conta de todo o local. Os corredores foram bloqueados. Colchões, incendiados. Celas, depredadas. Agentes penitenciários, impedidos de circular. Em pouco tempo, a situação saiu completamente do controle da administração. Mas o caos estava só começando.

Acuada, a direção da Casa de Detenção acionou a polícia. A essa altura, a ronda das redações já havia identificado o tumulto e também despachava para o local suas equipes de repórteres, cinegrafistas e fotógrafos.

Outro Tempo de Cobertura Jornalística

No começo dos anos de 1990, a cobertura de eventos como o Massacre do Carandiru era distinta da de hoje em dia. Era preciso, na época, sobretudo, garantir presença no local do acontecimento do fato para conseguir a informação.

O rádio era o veículo de comunicação mais ágil. Seus repórteres conseguiam trazer a notícia utilizando orelhões ou por meio de rádios-comunicadores instalados nos carros das emissoras. Nas duas formas, o jornalista entrava em contato com a área técnica de sua respectiva emissora, que os conectava à programação, ao vivo, para que pudesse entrar no ar com a informação do momento. Ainda hoje essa é a dinâmica desse veículo; mas, depois do surgimento dos celulares, tudo ficou muito mais simples.

É bom lembrar, até as tevês a cabo inexistiam no país naquele período. As primeiras concessões de tevê por assinatura, no Brasil, começaram em julho de 1990; mas, até meados daquela década, essas concessões não tinham penetração nacional, nem havia entre elas produção de conteúdo informativo por 24 horas, a exemplo do que acontece atualmente.

A GloboNews, a mais significativa emissora por assinatura de conteúdo informativo no país, só entrou no ar em 1996, quatro anos após a tragédia do Carandiru.

Por sua vez, a profusão de veículos online, realidade deste século, sequer era prevista. Celulares, então, um dos principias dispositivos de informação da atualidade, eram objetos de ficção científica. Só era possível imaginá-los pelo desenho dos *Jetsons*. Dadas às circunstâncias do cenário, restava a agilidade do rádio e as emissoras de televisões. E essas, por sua vez, encontravam dificuldade para montagem de sua estrutura técnica necessária e retransmissão de sinal para realizar seu trabalho.

E não havia na grade de programação das televisões programas de acompanhamento da notícia, a exemplo do *Cidade Alerta* (Record) e *Brasil Urgente* (Band). O surgimento de programas desse gênero é posterior a 1995.

> *Meus filhos, era mais fácil apelar para os sinais de fumaça para se fazer comunicar*, ironiza Dona Juventina.

A urgência da apuração

Uma vez que o repórter está no local do fato, amplia-se a apuração do ocorrido. Fala-se com possíveis testemunhas, busca-se entrevistas com as autoridades presentes, descreve-se o cenário que se vê. Isso era assim no passado e continua sendo assim hoje. Paciência, persistência e agilidade são fundamentais para conseguir a informação nessas ocasiões.

Mas, como a estrutura da mídia em 1992, o levantamento do conteúdo naquele tempo também acontecia de maneira diferente. Antigamente, havia uma urgência bem maior em se ouvirem as pessoas que detêm informações sobre o fato, as *fontes*. Voltar para a redação com poucas entrevistas, com informações imprecisas, ineficazes ou incompletas para se dimensionar a extensão do ocorrido, era indicativo de péssimo trabalho. Ainda mais se, no dia seguinte, no caso dos jornais, ao se abrir as páginas da concorrência, a história estivesse bem contada por lá.

> *Já ouviu falar de guilhotina? Ou de colocar a cabeça a prêmio? Era isso que acontecia*, ilustra uma astuta Dona Juventina

A urgência da apuração decorria por ser mais limitado o contato com as *fontes*. Eram poucos os meios de comunicação existentes. Ou bem acontecia por telefone fixo ou pessoalmente. Era como uma situação de caçada. Nesse caso, *caçada às fontes*. Ou bem se ia até endereços conhecidos delas, como escritórios, residência, casa de amantes; ou se conseguia abordá-las, muitas vezes por sorte, quando apareciam nos locais da notícia. O surgimento da tecnologia mudou a dinâmica de apuração.

No caso do Carandiru, especificamente, os repórteres se depararam, na porta da Casa de Detenção, com o Grupo de Ações Táticas Especiais (GATE) e o Comando de Operações Especiais (COE). Eram essas as forças policiais destacadas pelo governo do estado para conter os tumultos. Foram mobilizados mais de 300 homens para debelar a revolta.

Era preciso perguntar aos porta-vozes da polícia os detalhes da operação. Por mais que isso pareça óbvio, a prática dessa afirmação tem suas dificuldades.

- Primeiro, o porta-voz tem de ser de confiança e oficial para que aquilo que falou, suas *aspas*, possa ser usado nas matérias; ou sua voz e imagem, no caso dos veículos eletrônicos, sejam gravadas e posteriormente utilizadas;
- Segundo, há um número limitado de porta-vozes, quando não apenas um. Então, imagine, é uma pessoa para atender a mais de 20 veículos de comunicação, por todo o tempo. E jornalista é insistente, quer sempre saber mais. Daí, em algum momento, essa pessoa cansa, perde a paciência, pode ser displicente ou se negar a falar.

CUIDADO

Reside aí uma das angústias de todo repórter, conseguir que sua *fonte* fale, se possível, exclusivamente, e que sempre tenha informação relevante.

Nos dias do Massacre do Carandiru, a *fonte* prioritária era o Coronel Ubiratan Guimarães. Era ele o chefe do Comando de Policiamento Metropolitano, que comandava a operação. Ele estava, literalmente, no *front* dos acontecimentos. Sabia da situação de momento da rebelião e a reportava a seus superiores. Consequentemente, recebia os comandos a serem executados. Por ter essa atribuição, ficou conhecido como *Coronel Carandiru*. Soube-se depois que ele detestava tal alcunha.

No topo da cadeia de autoridades estava o então governador de São Paulo, Luiz Antônio Fleury Filho, responsável pela autorização para invasão policial. Esse, por sua vez, muito mais difícil de ser entrevistado. Falava do Palácio dos Bandeirantes, sede do governo de São Paulo.

Tragédia Anunciada por Todos os Meios de Comunicação

Era quase lusco-fusco de 2 de outubro quando os policiais destruíram as barricadas montadas pelos presidiários e irromperam, fortemente armados, pelo pátio e corredores da Casa de Detenção. Em poucas horas, a confusão que se desenrolava por toda a tarde havia sido contida. O resultado de tudo, porém, é o que entra para a história como o Massacre do Carandiru.

- **Mortos:** 111 presos (número oficial). Detentos, à época, insistiam em mais de 200 vítimas fatais. Nenhum policial morreu na ação.
- **Feridos:** 130 presos, 23 policiais.

A imprensa deu ampla cobertura. As fotos dos corpos enfileirados em caixões, espalhados pelo chão, desfigurados, envoltos em poças de sangue, ganharam as primeiras páginas dos jornais por todo o país. A mídia internacional também destacou a tragédia.

A Mídia acompanha os desdobramentos: Parque da Juventude

O Massacre do Carandiru é um típico caso de assunto que permanecerá como notícia na imprensa por longos anos. Talvez, para a vida toda. Por ter sido um fato de tamanha repercussão quando ocorreu, por ter impactado tantas pessoas direta e indiretamente e, acima de tudo, por ter chocado a população pelos fortes relatos dos presos, seus familiares e policias envolvidos na ação, além das imagens aterrorizantes, o assunto permanece como pauta da imprensa.

Há a produção de cadernos especiais em datas simbólicas para a tragédia, como os seus 10, 15 ou 20 anos. E isso não se esgota. Haverá outras publicações, entrevistas e reportagens especiais no período que a tragédia completar seus 30, 40, 50 anos, e assim por diante. Isso acontece pela dimensão do tema. Há outros exemplos, nacionais e internacionais, de assuntos com permanente acompanhamento jornalístico.

- Acidente aéreo da TAM, em 1997
- Queda das Torres Gêmeas de Nova York, em 2001
- Estouro da barragem de Mariana, em 2015
- Fim da Segunda Guerra Mundial, em 1945
- Morte de Ayrton Senna, em 1994

Quando esses eventos aconteceram, repercutiram na vida das pessoas de alguma maneira. Ou tiveram impacto decisivo para mudanças no local em que ocorreram, caso da morte de Senna, que, além de ter colocado todo o

Brasil de luto, obrigou a Fórmula 1 a mudar as regras de seguranças para seus pilotos.

LEMBRE-SE

Quando algo de repercussão, de grande dimensão, acontece, seja onde for, a imprensa tem o tema como uma pauta de longa duração. Sempre será feito um trabalho jornalístico para lembrar o ocorrido e atualizar suas informações.

O Massacre do Carandiru é um desses casos. A justiça levou mais de duas décadas para proferir uma sentença. A mídia deu ampla cobertura nesse período.

A despeito de todos os envolvidos, só o Coronel Ubiratan foi efetivamente condenado, a mais de 600 anos de cadeia. Porém, essa sentença foi anulada pelo Tribunal de Justiça de São Paulo, em fevereiro de 2006. Outra informação jornalística de repercussão.

Em uma das reviravoltas da vida, Coronel Ubiratan foi encontrado morto, em 2006, no seu apartamento. Sua namorada foi acusada pelo crime; mas logo inocentada. Outros 73 policiais militares indiciados pelos crimes recorrem em liberdade das sentenças a eles imputadas. A imprensa continuou a noticiar esses fatos como desdobramentos do Massacre.

O Carandiru não existe mais. Foi implodido em 2002. No seu lugar foi construído o complexo cultural, esportivo e recreativo Parque da Juventude, inaugurado em 2003 e concluído em 2007. É comum, ao se fazer alguma matéria no Parque, lembrar que aquele lugar já foi um cenário de horror.

O Sistema Prisional Brasileiro, uma Pauta Constante

As prisões brasileiras nos remetem à Idade Média. A condição de vida dos detidos, em sua grande maioria, viola os princípios básicos dos direitos humanos. As celas são superlotadas, as instalações para a higiene pessoal são precárias, ou inexistentes. Isso já acontecia no Carandiru e acontece hoje em diversas outras Casas de Detenção espalhadas no Território Federal.

A realidade desse sistema é estarrecedora, e isso é pauta da mídia no Brasil. Ao longo de todo o século XX, foram inúmeras as matérias de âmbito local, regional e nacional sobre o tema. A cobertura desse assunto, aliás, extrapola nossas fronteiras. Frequentemente, o noticiário internacional o menciona em reportagens com um tom estarrecedor pelo tratamento desumano dado aos encarcerados.

Estatísticas oficiais apontam a necessidade de revisão imediata de toda a estrutura desse sistema. De acordo com levantamentos do Ministério da Justiça, em 2014, o Brasil tinha a quarta maior população carcerária do mundo. Eram 607.700 presos.

Os Estados Unidos lideravam esse ranking, com 2,2 milhões de detidos. A China vinha logo em seguida, com 1,6 milhão; e a Rússia ocupava a terceira posição, 673.800.

Os números utilizados aqui são meramente referenciais. Mas revelam a irrestrita falência histórica da política pública brasileira para encontrar alguma solução para tal cenário de escárnio e são elementos para ilustrar o uso de estatísticas, pesquisas, fontes primárias, como uma das técnicas empregadas por jornalistas para contar suas histórias, na cobertura de qualquer assunto.

CUIDADO

O uso de resultados mensurados, indicadores sociais, entre outros, pode e deve ser utilizado por jornalistas desde que haja a clara menção à sua fonte de origem. É necessário creditar a autoria da informação. Nesse caso, em específico, estamos escrevendo a partir da compilação dos dados do Ministério da Justiça, como já mencionado.

Estatísticas Ajudam a Notícia

DICA

Quem lida com informação precisa estar sempre atento às atualizações estatísticas. Ao utilizá-las, é recomendado lançar mão de referências para dimensionar sua importância. Isso, implicitamente, explica o porquê de sua relevância como elemento da notícia. Tomem-se como exemplo as estatísticas relacionadas à segurança pública e violência.

De acordo com levantamento da Organização de Sociedade Civil Mexicana Segurança, Justiça e Paz, em 2017, Natal, a capital do Rio Grande do Norte, foi a cidade brasileira que mais teve homicídios por 100 mil habitantes. Foram 102,56. O ponto de corte dessa informação são os 100 mil habitantes. Os resultados são elaborados a partir dessa referência. Ao seguir essa metodologia, Fortaleza (CE) vem em segundo lugar, com 83,48; Belém (PA), com 71,38 e Vitória da Conquista (BA), com 70,26.

Sendo assim, as duas maiores cidades brasileiras, São Paulo e Rio de Janeiro, apresentam taxas menores de homicídio por 100 mil habitantes, já que a população de moradores nessas duas localidades é bem maior. Em número absoluto de homicídios, essas duas capitais têm maior quantidade, mas, para efeito estatístico, levando-se em consideração 100 mil habitantes como base de cálculo, as taxas caem nessas duas metrópoles. São Paulo tem 8,02 por 100 mil e o Rio de Janeiro, 32 por 100 mil.

O resultado da pesquisa da Organização de Sociedade Civil Mexicana Segurança, Justiça e Paz foi amplamente divulgado pela mídia à época e apontou o Brasil como o país no mundo com a maior quantidade de áreas urbanas violentas. Seu ranking listou 17 cidades brasileiras entre as 50 mais violentas.

Além das já citadas, figuraram também:

- Maceió (AL), com 63,94
- Aracaju (SE), com 58,88
- Feira de Santana (BA), com 58,81
- Recife (PE), com 54,96
- Salvador (BA), com 51,58
- João Pessoa (PB), com 49,17
- Manaus (AM), com 48,07
- Porto Alegre (RS), com 40,96
- Macapá (AP), com 40,24
- Campos dos Goycatazes (RJ), com 37,53
- Campina Grande (PB), com 37,29
- Teresina (PI), com 37,05
- Vitória (ES), com 36,07

A frieza dos números não revela a dor humana; o jornalismo, sim

O controle dos números do sistema penitenciário brasileiro é feito pelo InfoPen, um software de coleta de dados utilizado para a integração dos órgãos de administração penitenciária do país. Esses dados são divulgados anualmente e refletem a quantidade de detidos no sistema.

Em 2014, o Infopen informava haver 300 presos para cada 100 mil habitantes no país. Esse indicador encobre uma das características nefastas do sistema, a superlotação.

O Brasil disponibilizava 377 mil vagas para presos quando da divulgação do levantamento. Em relação ao número de detidos, o *deficit* totalizava 231.062 vagas. A taxa de ocupação média era de 161%. Ou seja, um espaço apto a comportar 10 pessoas abrigava 16.

E a taxa de encarceramento brasileiro só cresce. O mesmo estudo do Infopen, utilizando o ano de 2014 como ponto de corte, indicava crescimento de 61,8% em 10 anos, entre 2004 e 2014. Eram 185,2 presos para cada grupo de 100 mil habitantes em 2004. Em 2014, essa quantidade saltou para 300 presos por 100 mil moradores em Território Federal.

CUIDADO

Esses são apenas números frios. A nuance da realidade é bem mais chocante. Nesse sentido, o trabalho do jornalista é imprescindível para garantir visibilidade a essa condição.

Rendição, suspeita de tortura e humilhação

Uma das situações de indignação para familiares e entidades de defesa dos direitos humanos no Massacre do Carandiru se deu pelo fato de corpos terem sido encontrados em posição de rendição. Com as mãos sobre a cabeça. Alguns estavam até algemados. E as imagens e os relatos feitos na cobertura do fato tiveram muito mais força do que os números.

O Carandiru era uma penitenciária superlotada. Abrigava mais de 7 mil detentos, quando na prática sua capacidade era de 3 mil. Só o Pavilhão 9 tinha mais de 2.500 encarcerados. Familiares denunciavam maus-tratos, humilhações, nos dias de visitas. Havia, inclusive, denúncia de espancamento de presos com barras de ferro. A mídia, de forma geral, deu ampla ênfase a esses aspectos do Massacre.

Quando a Morte Se Torna Mais Atraente

A lista de atrocidades praticadas entre presos é vasta. De uma verdadeira criatividade macabra. Diversas são as punições infligidas entre eles. Canibalismo, esquartejamento, estupro, empalamento, decapitação são alguns dos itens nesse cardápio de barbárie. E, mais uma vez, é o filtro jornalístico que vai dar visibilidade a essas situações.

CUIDADO

É preciso garantir a veiculação dessa dor, dessas atrocidades, mas isso não deve ser feito como elemento sensacionalista, apenas para chocar ou como maneira de subir a audiência. Como fatos ocorridos, eles devem ser noticiados em um contexto equilibrado, abrindo espaço para o contraditório, tentando a isenção informativa, por mais difícil que seja.

A situação de detenção carcerária no Brasil é tão fora de controle que, em 2012, o então ministro da Justiça, José Eduardo Cardozo, categoricamente, afirmou: *Se fosse para cumprir muitos anos na prisão, em alguns dos nossos presídios, eu preferiria morrer.* A resposta foi dada por ele ao falar sobre questões relacionadas à pena de morte e prisão perpétua, durante um seminário para empresários.

Sua fala ganhou destaque pela mídia e gerou polêmica. Quando jornalistas o questionaram sobre sua afirmação, ele novamente foi assertivo. *Entre passar anos em um presídio brasileiro e perder a vida, eu talvez preferisse perder a vida.*

O limite da dignidade humana no noticiário

Presídios são controlados por gangues. Constantemente, são alvos de rebelião, pelos mais variados motivos. São vários os exemplos de degredo humano vivido no cárcere. O presídio de Pedrinhas, localizado no Maranhão, no município de mesmo nome, a 30 quilômetros da capital do estado de São Luís, é um deles.

A opinião pública brasileira ficou em choque ao saber que presos eram degolados por seus rivais. Como se tal situação não fosse suficiente, as mulheres de detentos eram submetidas à prostituição na penitenciária para assegurar a vida de seus companheiros encarcerados.

O CASO PEDRINHAS

Violação Continuada: Dois anos da crise em Pedrinhas é um relatório elaborado pelo acompanhamento do Complexo Penitenciário de Pedrinhas, realizado pela Conectas Direitos Humanos, Justiça Global, OAB-MA (Ordem dos Advogados do Brasil — seção Maranhão) e SMDH (Sociedade Maranhense de Direitos Humanos).

O estudo levou dois anos para ser concluído e aqui é mencionado para exemplificar como informações produzidas por atividades desse gênero são essenciais para o fazer jornalístico, ao fornecer depoimentos, resultados mensurados, estudos de caso.

O texto retrata as condições carcerárias de Pedrinhas e traz fortes relatos. A íntegra do relatório pode ser acessada em: `http://www.global.org.br/wp-content/uploads/2016/03/relatorio_pedrinhas.pdf`

> "De outubro de 2013 a janeiro de 2014, uma série de rebeliões no complexo resultou em 22 presos mortos, alguns decapitados. Entre janeiro de 2013 e janeiro de 2014, Pedrinhas contabilizou 63 mortes."

"Os militares ocuparam Pedrinhas de outubro de 2013 a fevereiro de 2014. O Governo Federal decretou situação de emergência por 180 dias e enviou a Força Nacional de Segurança à localidade. Após novas mortes, o governo do Maranhão inseriu o Grupo de Escolta e Operações Penitenciárias da Polícia Militar no complexo."

"Eles jogam bomba aqui dentro da cela. Não tem oxigênio para sair para lugar nenhum. Aí, a gente fica aqui, pedindo socorro. Quanto mais a gente grita, mais eles jogam" — relato de preso do Centro de Detenção Provisória em Pedrinhas.

A organização não governamental de direitos humanos Justiça Global, que trabalha com a proteção e promoção dos direitos humanos e o fortalecimento da sociedade civil e da democracia, organizou, em conjunto com outras entidades, um extenso relatório sobre a condição desumana vivida pelos detentos de Pedrinhas.

Segundo o grande humanista Josef Stalin, a morte de uma pessoa é uma tragédia, quando morrem muitos é apenas uma estatística, lembra, aturdida, Dona Juventina.

Mundo Afora

A história do Carandiru, assim como a do presídio de Pedrinhas, é exemplo da ineficiência do sistema carcerário nacional. Mas os problemas nesse setor não são exclusividade brasileira, espalham-se por outros países.

Os Estados Unidos, por exemplo, mantêm acalorados debates sobre a condução do sistema prisional por lá. Uma história desconcertante e que mostra com detalhes a falha da justiça norte-americana sobre esse tema pode ser vista no documentário *Time: The Kalief Browder Story.*

O filme relata a história de um adolescente de 16 anos, Kalief Browder, acusado de um roubo que não cometera, sendo condenado e passando três anos em um dos mais violentos complexos prisionais norte-americanos, o *Rikers Islands*, em Nova York.

Lá, ele viveu situações limites com outros encarcerados e agentes penitenciários. Sua detenção se assemelha a um exercício cotidiano de tortura, está longe de ser uma reclusão para ressocialização. Ele é submetido a situações extremas, entre elas, ter ficado por um período equivalente a dois anos em solitária, durante sua detenção. O documentário é repleto de situações desconcertantes.

Pouco tempo depois de ser posto em liberdade, Kalief se suicidou. Sucumbiu frente a todas as situações traumáticas às quais foi submetido e à forte depressão que o acometeu em decorrência da carceragem.

Livros e filmes sobre o Massacre do Carandiru

É expressiva a quantidade de material disponível para pesquisa sobre o Massacre do Carandiru. O interesse pelo assunto, de tempos em tempos, ganha nova intensidade.

Por isso, se houver vontade de se aprofundar sobre o tema, reproduzimos abaixo uma lista de cinco significativos livros, extraída do blog *Livros e Opinião*; e de cinco filmes, disponíveis no *YouTube*, feita pela *Revista Fórum*, em uma de suas menções sobre a tragédia.

Para ler[1]:

» **Carandiru, Um Depoimento Póstumo** (Lachâtre, 2008), de Renato Castelani, o livro relata a história de um dos presos executados na Casa de Detenção, em 2 de outubro de 1992. É uma obra espírita e narra a história de Zeca, um garoto pobre, sem esperança, que viveu na Zona Norte da cidade de São Paulo.

» **Carcereiros** (Companhia da Letras, 2012), do médico oncologista Dráuzio Varella. Nessa obra, ele narra o cotidiano profissional dos agentes penitenciários da cadeia. Relata as dificuldades enfrentadas por eles, seus problemas familiares, como decorrência de seu trabalho e os atos de corrupção praticados pelos carcereiros em conjunto com os detentos. O livro foi adaptado para a televisão e virou série.

» **Estação Carandiru** (Companhia das Letras, 1999), outra obra do médico oncologista Dráuzio Varella, o livro conta a história de presos que conviveram com ele por dez anos, período em que, voluntariamente, fez atendimentos na Casa de Detenção. A obra tornou-se um dos maiores best-sellers do mercado editorial brasileiro. Mais de 460 mil exemplares foram vendidos. Foi adaptado para o cinema e ganhou o Prêmio Jabuti de Livro do Ano de Não Ficção, em 2000.

» **Pavilhão 9, Paixão e Morte no Carandiru** (Geração Editorial, 2001), publicado sob autoria do médico e presidiário Hosmany Ramos, o livro traz contos, com violentas histórias, sobre o cotidiano dos presos no Carandiru. Acredita-se, contudo, que Pavilhão 9 teria sido escrito por outro

1 http://www.livroseopiniao.com.br/

preso e Hosmany aguardara sua morte para publicar o texto. Nos anos de 1970, Hosmany foi um destacado médico no Rio de Janeiro. Porém, foi acusado e condenado a mais de 40 anos de prisão por tráfico de drogas, contrabando, entre outros crimes. Cumpriu sua pena por 35 anos e, uma vez fora da cadeia, recuperou, em 2016, autorização para a prática da medicina.

» **Vidas do Carandiru** (Geração, 2002) é o relato de Humberto Rodrigues, jornalista preso injustamente em 2000. Ele passou um ano e meio no Carandiru até a Justiça reconhecer sua inocência. A obra relata sua experiência na cadeia e a de outros 12 detentos.

Para assistir[2]**:**

» **Entre a Luz e a Sombra**: Dirigido por Luciana Burlamaqui, o documentário investiga a violência e a natureza humana a partir da história de três personagens que tiveram seus destinos cruzados no complexo Carandiru. Uma atriz que dedica sua vida dando aulas de teatro para os presos, a dupla de rap 509-E, formada por Dexter e Afro-X dentro do Carandiru e um juiz que acredita em um meio de ressocialização para os encarcerados.

» **Deus e o Diabo em Cima da Muralha**: O filme mostra o funcionamento do presídio sob a ótica dos poucos funcionários que trabalhavam no Carandiru. O delicado equilíbrio das relações com os presos, as afinidades entre os empregados, momentos de tensão e até de felicidade: são histórias relatadas por ex-funcionários.

» **Carandiru — O filme**: Dirigido pelo cineasta Hector Babenco, o filme traz em seu elenco atores como Rodrigo Santoro, Lázaro Ramos, Wagner Moura, Gero Camilo, Caio Blat, entre outros. Baseado no livro *Estação Carandiru*, de Dráuzio Varella, conta a história do presídio antes e depois do Massacre de 1992.

» **Prisioneiro da Grade de Ferro**: É um documentário brasileiro de 2003 dirigido por Paulo Sacramento. O diretor colocou nas mãos dos detidos câmeras de filmagem e fez com que registrassem seu cotidiano. O filme recebeu prêmios de Melhor filme do Festival Internacional de Documentários É Tudo Verdade e o Prêmio da Crítica no Festival de Gramado, em 2003.

» **Sobreviventes**: Documentário produzido por alunos do curso de jornalismo da Pontifícia Universidade Católica (PUC — Campinas) que conta a história de ex-presidiários, sobreviventes do Massacre de 1992.

---

2 https://www.revistaforum.com.br/

NESTE CAPÍTULO

» O *ombudsman* nas redações brasileiras

» A concentração de poder e o jornalismo

» Os fatos transparentes e exatos

» Informação e ativismo

Capítulo **8**

O Pensamento É Livre

Sempre que você se encontrar do lado da maioria é tempo de parar e refletir.

MARK TWAIN

Como setor profissional, o jornalismo passa por significativas modificações estruturais, como a ampliação da tecnologia da informação como mediadora de nossas relações, que impactou para sempre o jeito de ser e estar do jornalismo.

Apesar das transformações, algumas antigas questões persistem:

» Tem quem mande na comunicação?

» O jornalismo público é uma contradição?

» Todo jornalismo, em tese, não deveria ser público?

» E o que surge do encontro entre o ativismo e o jornalismo, difundido pelas redes sociais, pelos meios digitais?

No meio de tantas incertezas, ainda há jornalistas destacados para ser ouvidos, olhos e vozes das pessoas nas estruturas da mídia. Profissionais para tirar dúvidas e apontar saídas quando necessário.

O "Orelhão" do Leitor

Data de 1989 a criação do cargo de *ombudsman* na imprensa brasileira. O Brasil, aliás, foi o primeiro país na América do Sul a ter essa função em sua mídia.

Vivíamos um momento de redemocratização. O regime militar tinha chegado a seu fim. Havia um ano que o país promulgara sua nova Constituição, em 1988, conhecida como Constituição Cidadã.

As instituições públicas e particulares se reorganizavam. Nesse contexto, a figura do *ombudsman* aportou nas redações brasileiras. O primeiro a ocupar essa função foi Caio Túlio Costa, na *Folha de S.Paulo*.

Representante do povo

O *ombudsman* é uma espécie de SAC do consumidor de notícias. É também conhecido como "Orelhão", pelo fato de receber e analisar as queixas do público sobre as notícias veiculadas em uma plataforma.

Pode responder pessoalmente, mas o mais comum é ter um espaço para chamar de seu, em que aponta os erros e incorreções do noticiário veiculado.

Ele tem mandato predeterminado para garantir autonomia em seu trabalho, estando alheio a pressões. Pode e deve apresentar todas as críticas julgadas por ele procedentes, *duela a quem duela*. Ninguém escapa de suas afiadas garras, seja um jovem jornalista ou um monstro sagrado.

Tece, ainda, comentários e críticas à postura editorial do veículo ou da plataforma. Para fazer isso, precisa ter independência, coragem e bom conhecimento dos assuntos abordados.

É contratado entre os jornalistas do veículo ou de fora. Publica análises internas do dia a dia e avalia cada produto divulgado.

Cria-se o costume de se ler diariamente suas observações, publicadas na intranet da empresa. Isso promove o aprimoramento do noticiário.

By the way, *ombudsman* é uma palavra de origem escandinava. Significa o representante do público.

ORIENTAÇÕES DA *ORGANIZATION OF NEWS OMBUDSMEN*

Aperfeiçoar a equidade, exatidão e responsabilidade do veículo ou plataforma;

Empenhar-se em melhorar a qualidade e aumentar a credibilidade do veículo de comunicação;

Ser crítico interno do veículo de comunicação no qual trabalha;

Representar o público em suas reclamações;

Alertar a direção de todas as queixas;

Dispor de espaço regular para publicação de seus textos;

Divulgar memorandos internos e fazer reuniões com equipes.

Exemplo vivo: O caso Datafolha

Em julho de 2016, a *Folha de S.Paulo* se viu em uma grande controvérsia, para dizer o mínimo. No dia 17 daquele mês, um domingo, o jornal trouxe a seguinte manchete: "Cresce otimismo com a economia, diz Datafolha".

O assunto foi destaque na primeira página e no caderno "Poder", a editoria de política do jornal.

O texto de abertura da reportagem, ou seja, a matéria principal, assinada pelo jornalista Fenando Canzian, tinha o seguinte título: *Otimismo com economia tem melhor patamar desde 2014, diz Datafolha.*

Como primeira informação, um gráfico acerca de um "índice de confiança", demonstrando a expectativa econômica dos entrevistados e a perspectiva sobre o país.

No *lead*, Canzian relatava:

> *As expectativas dos brasileiros sobre o futuro da economia do país e em relação à sua situação pessoal deram um salto nos últimos meses e atingiram o maior patamar desde dezembro de 2014 (...)*

Ele informava, também, que, no levantamento feito nos dias 14 e 15 de julho, os brasileiros estariam "mais confiantes em relação à queda da inflação, à diminuição do risco de ficar desempregados e ao aumento do poder de compra".

Até aqui, nada demais. Nada a se suspeitar. Afinal, é praxe a mídia fazer matérias a partir de levantamentos estatísticos.

O assunto continuou por outras páginas da editoria em uma segunda matéria, também assinada por Canzian; a visão da recuperação econômica evidenciava-se por seu título: *Cresce otimismo com a economia.*

A reportagem ressaltava:

> *Entre a volta da presidente afastada Dilma Rousseff (PT) ao poder e a permanência do interino Michel Temer (PMDB), 50% dos brasileiros avaliam que, para o Brasil, seria melhor que o peemedebista continuasse no cargo até 2018. Apenas 32% achariam melhor que Dilma retornasse ao Palácio do Planalto (...)*

O resumo da informação destacada pelo jornal foi: "Para 50% dos brasileiros, Temer deve ficar; 32% pedem volta de Dilma." A partir daqui, a cobertura jornalística tornou-se controversa.

A *ombudsman* dá voz aos descontentes

(...) Desde que assumi o mandato, nenhum assunto mobilizou tanto os leitores. Do total de mensagens recebidas desde quarta-feira, 62% foram críticas e acusações ao jornal (...), escreveu Paula Cesarino Mota em sua coluna como *ombudsman* da *Folha* à época (Paula assumiu o cargo em 25 de abril de 2016).

O problema apontado pelos leitores foi objetivo: manipulação das informações. Omissão de dados. Favorecimento a um grupo político.

O Datafolha foi fundado em 1983 e é o instituto de pesquisa do Grupo Folha, empresa que comanda o jornal. É considerado pelo mercado um dos mais acreditados institutos de pesquisa do país.

Mas o fato foi: ao publicar o resultado da pesquisa, o jornal omitiu parte dos números. Como pontuou Paula em sua coluna:

> *(...) A questão central está na acusação de o jornal ter omitido, deliberadamente, que a maioria dos entrevistados (62%) pelo Datafolha se disseram favoráveis a novas eleições presidenciais, em cenário provocado pela renúncia de Dilma Rousseff e Michel Temer. Optou por destacar que 50% preferiam a permanência de Temer à volta de Dilma, em questão que, mesmo sem haver essa hipótese, 3% disseram defender novas eleições (...).*

Essa omissão foi estopim para a enxurrada de acusações. Sites informativos de jornalistas como Glenn Greenwald (*The Intercept*) e Fernando Brito (*Tijolaço*) falavam em "fraude jornalística".

Cortando a Própria Carne

As mensagens dos leitores avolumavam-se para Paula, que, ao exercer sua função, resumiu-as para o editor-executivo, Sérgio Dávila, em busca de um posicionamento oficial. Ela escreveu:

> *(...) Reveladas as omissões e estabelecida a confusão, o editor-executivo do jornal, Sérgio Dávila, disse que o resultado da questão sobre a dupla renúncia de Dilma e Temer não pareceu especialmente noticioso, por repetir uma tendência, além de o jornal considerar tratar-se de cenário político pouco provável (...) Faz parte da boa prática jornalística não publicar o que é pouco relevante (...)*

Com a confusão armada, a *Folha* disponibilizou o link para a íntegra da pesquisa. Mas, em resposta aos leitores, Paula ainda se manifestou:

> *(...) Na crítica que circula diariamente na Redação, questionei a abordagem da pesquisa, feita pelo jornal, subaproveitando temas políticos, ao destacar em manchete o otimismo com a economia. Reveladas as omissões, lamentei a forma como o jornal enfrentou a polêmica. Sugeri que reconhecesse seu erro editorial e destacasse os números ausentes da pesquisa em nova reportagem.*
>
> *A meu ver, o jornal cometeu um grave erro de avaliação. Não se preocupou em explorar os diversos pontos de vista que o material permitia, de modo a manter postura jornalística equidistante das paixões políticas. Tendo a chance de reparar o erro, encastelou-se na lógica da praxe e da suposta falta de apelo noticioso (...)*

E ela termina seu texto, publicado no domingo, 24 de julho de 2016, como se segue:

> *(...) A reação pouco transparente, lenta e de quase desprezo às falhas e omissões apontadas maculou a imagem da Folha e de seu instituto de pesquisas. A Folha errou e persistiu no erro.*

E A OPINIÃO PÚBLICA, O QUE É?

Há uma briga dos diabos entre os cientistas políticos para definir opinião pública. Há até quem defenda sua inexistência. Mas, para o jornalismo, nossa praia, opinião pública refere-se a uma parte da população, um grupo determinado de pessoas que acompanha as divulgações dos veículos de comunicação. É comum ouvir esse termo sendo usado no noticiário político. Comentaristas, repórteres, referem-se à opinião pública como elemento da notícia, em que há uma determinada posição a respeito de algum ato do governo, ou de um político, ou de um movimento social. Mas quando se fala em opinião pública, é importante salientar, ninguém, nem mesmo os regimes totalitários, consegue formar uma visão única, absoluta. Por mais que se tente, sempre haverá discordantes.

Ao emitir sua opinião, de forma clara e objetiva, Paula cumpre sua função como *ombudsman*, de analisar os atos cometidos pelo jornal e conceder a seu público resposta aos assuntos considerados de condução suspeita, pouco ética. Paula Cesarino Mota foi a 12ª jornalista a ocupar o posto de *ombudsman* na *Folha de S.Paulo.*

Quem Manda na Comunicação

No Brasil, há décadas, transcorre um constante debate social sobre a propriedade dos veículos de comunicação. Críticos ao modelo vigente apontam a existência de grandes conglomerados midiáticos, reunindo tevês, sistemas de rádios, jornais, revistas e, mais recentemente, plataformas na internet, como um desfavor à democracia, à evolução social e econômica.

Esse cenário acirra opiniões sobre o mercado da comunicação. O motivo das inflamadas paixões ao se discorrer sobre o tema é simples: concentração de poder. Formação de oligopólios.

A lógica formal aponta: com os veículos de comunicação concentrados nas mãos de poucos, é maior a chance de se conduzir a difusão de notícias para se contemplar interesses particulares ou de grupos, manipulando, assim, a opinião pública.

Mudar esse contexto é confrontar, literalmente, o *establishment.* É necessário influenciar os senhores e senhoras legisladores no Congresso Nacional. Muitos deles, inclusive, donos de veículos de comunicação em seus estados de origem. É preciso conseguir uma postura objetiva do chefe do Executivo a fim de se elaborar uma política de Estado apartidária sobre o assunto.

São vários os exemplos internacionais de países que solucionaram essa questão. Os Estados Unidos são um deles. Na terra do Tio Sam, a legislação norte-americana impede a concentração dos veículos de comunicação nas mãos de poucas empresas. O cinema retratou bem isso no filme *Cidadão Kane.*

Com o advento das mídias sociais, essa discussão tornou-se anacrônica. Sobram espaços informativos, opinativos e interpretativos na web. Nunca tantos informaram para tantos.

Nesse cenário, oligopólios da comunicação tendem a se esfarelar. Em algumas circunstâncias e lugares, já inexistem. É virtualmente impossível resistir aos "ataques" dos batalhões ninjas armados de bits e bytes. Por essa nova dinâmica em se informar, é possível buscar mais de uma fonte informativa, da tendência que o internauta desejar. Dos antagonistas do Brasil, 247 têm sites, blogs, vlogs, para todos os gostos, estilos e preferências. A escolha é do freguês.

Pelo jeito, não dá mais mesmo para segurar a notícia, vaticina Dona Juventina.

ROSEBUD

Dirigido e estrelado por Orson Welles, *Cidadão Kane* (*Citizen Kane*, em seu título original) é considerado uma das obras-primas do cinema norte-americano.

O filme conta a história de Charles Foster Kane, uma criança pobre, que, no decorrer de sua vida, transformou-se em um dos homens mais ricos do mundo. Apesar de sua fortuna, Kane é um personagem infeliz.

A história do filme se desenvolve pela ação de Jerry Thompson, jornalista, incumbido de investigar a vida de Kane, que morre logo no começo do filme e, em seus últimos suspiros, balbucia a palavra *Rosebud*. Thompson tenta descobrir o significado dessa palavra.

O filme foi lançado em 1941, inovando na utilização da música, fotografia e estrutura narrativa. Supostamente, Welles teria se inspirado na vida de um dos principais magnatas norte-americanos de jornalismo, entre o final do século XIX e início do século XX, William Randolph Hearst. Ele foi um dos homens mais influentes dos Estados Unidos ao ter construído um verdadeiro império editorial à época. Ele detinha uma rede nacional de jornais e revistas. Por sua vez, Welles sempre negou a semelhança ou inspiração entre seu personagem e Hearst.

As Vozes Oficiais

A imprensa, quando a serviço de uma causa, por exemplo, o nacionalismo exacerbado, empurra muita gente para a morte. A "imprensa marrom" pontificou na Europa no início do século XX. Ganhou grande importância com a ascensão de regimes totalitários, como os da Alemanha, Japão, Itália, União Soviética e muitos outros.

Nasceram, aí, os serviços estatais, inicialmente no rádio, que se espalharam pelo mundo, como a *Voz da Rússia*, *Voz de Pequim*, *Voz da América*, *Voz da Alemanha* e muitos outros.

Ditadores impunham censura e veículos estatais controlados rigidamente por seus asseclas. Nem o Brasil escapou disso.

Durante a Ditadura Vargas (1937-1945), impôs-se a *Voz do Brasil* em cadeia nacional de rádio; e o DIP — Departamento de Imprensa e Propaganda, órgão incumbido de listar o que podia ser publicado.

O panorama era ou o controle do Estado, ou dos grandes grupos de comunicação capitalistas. Havia muito pouco, ou nenhum, espaço para qualquer tipo de mídia alternativa.

Depois, o avanço foi contra a televisão. Toda essa realidade, reforçamos, modifica-se com a evolução das plataformas de comunicação na internet, com a consolidação de serviços de *streaming*, com o surgimento de novas tecnologias, como a Realidade Virtual, e suas possibilidades de se noticiar de forma completamente distinta.

Miríades de emissores ocupam o espaço cibernético, e os canais estatais perderam sua importância.

> *Eu gosto da* Voz do Brasil. *Me lembra a época que minha família se reunia em volta do rádio para ouvir Getúlio Vargas dizer em alto e bom som "trabalhadores do Brasil"*, fala, saudosista, Dona Juventina.

Com a democratização da emissão de conteúdo político da oposição, da situação, de ativistas de toda ordem, organizações não governamentais, órgãos internacionais de direitos humanos, tribunais de crimes contra o genocídio e a humanidade ganharam autonomia, não dependem mais de um local específico para propagar sua notícia. Têm a possibilidade de ter as próprias plataformas de difusão.

MARROM OU AMARELA, QUE IMPRENSA É ESSA?

Imprensa Marrom ou *Amarela* é a mesma coisa. Os nomes derivam da cor das páginas dos jornais de credibilidade, que eram brancas. Assim, esse tipo de designação à imprensa é algo depreciativo. Quem o pratica está a serviço de uma causa, de uma ideologia, de um programa partidário. E, lembramos, isso não é jornalismo.

O termo *Imprensa Marrom* nasceu na França, quando alguns jornais, para atacar a Alemanha, publicavam fatos sensacionalistas, implicando os alemães em ações terríveis.

A *Imprensa Marrom* é um panfleto e se propagou principalmente pela Europa do Século XX. Ela não tinha a menor credibilidade, mas tinha o dom de criar falsas situações. A principal delas era estimular a guerra contra aqueles que consideravam inimigos.

Nos Estados Unidos, por sua vez, a expressão usada para descrever a mesma situação foi *Imprensa Amarela* (*Yellow Press*). Surgiu no final do século XIX, em uma disputa entre jornais de Nova York. Assim como os europeus, as publicações dessa categoria de mídia eram especialistas em detratar quem elegiam como oponentes.

Aos Fatos, Transparentes e Exatos

Uma das principais missões do jornalismo é fiscalizar o Estado, ainda que essa missão não esteja expressa na Constituição. E o trabalho tem sido árduo. Contudo, graças à Lei da Transparência, em que todas as esferas do Estado são obrigadas a publicar seus gastos, qualquer cidadão, contribuinte, pode acompanhar como é usado o dinheiro dos seus impostos. E isso é valido para as atividades de presidente, governador, prefeito e todos os órgãos públicos.

A lei, sancionada em 2009, pelo então presidente Lula, foi uma importante conquista para a cidadania, ainda que muita gente não a conheça, e alguns estados da federação sejam refratários à ideia de publicar transparentemente como estão usando o dinheiro.

Pelo acesso às informações de gasto do setor público, seus diversos órgãos e instâncias, é possível, por exemplo, saber quantas excelências viajaram para o exterior. O que foram fazer além-mar, quanto custou sua passagem, estadia, entre outras regalias.

A partir desse conhecimento mais detalhado, qualquer um que note alguma irregularidade nessas atividades pode denunciar o abuso ao Ministério Público ou, se tiver mesmo disposição, procurar pelos modorrentos Tribunais de Contas espalhados pelo país.

Graças à introdução do Portal da Transparência no serviço público é possível saber mais do que quanto um funcionário do estado ganha, mas quanto ele custa. E há uma diferença sensível nesse conhecimento. Teste essa afirmação ao se informar sobre os vencimentos e benefícios recebidos por um deputado federal ou senador.

DICA

Para quem busca precisão na informação, o *Portal da Transparência*[1] é uma ferramenta importantíssima ao combate de uma das mais recentes pragas da comunicação: as *fake news*.

A melhor maneira de saber se uma informação recém-chegada nos grupos de WhatsApp, um dos meios mais oportunos para a propagação de mentiras travestidas de notícia, é verificar a autenticidade da informação em locais de credibilidade informativa, sejam virtuais ou não.

Quando há dificuldade para se encontrar em outros lugares a informação recebida, se não há repercussão pelos diversos canais da mídia tradicional, desconfie. A probabilidade de você estar sendo ludibriado é imensa.

> *Como já dizia aquele cantor bonitão, prudência, dinheiro no bolso e canja de galinha não fazem mal a ninguém*, cantarola Dona Juventina.

---

1 Acesse `http://www.portaltransparencia.gov.br/` e saiba mais sobre o *Portal da Transparência*.

DICA

Deixar-se contagiar pela metodologia jornalística de sempre duvidar é um comportamento desejável para quem não resiste em compartilhar, na velocidade da luz, pelas redes sociais, tudo que lhe chega. Ainda que o cipoal tecnológico não pare de se entrelaçar, com inúmeras plataformas digitais, o jornalismo nunca foi tão importante.

LEMBRE-SE

A manipulação da informação não tem fronteiras, tampouco escolhe assunto específico. É irrestrita, podendo ter consequências gravíssimas, como até o recrudescimento de conflitos civis.

Situações limites, a exemplo de um ataque de gás na guerra da Síria, com imagens de crianças aos prantos, ao mesmo tempo que podem ser um teatro montado pela deturpação das imagens, podem ser, de fato, um massacre inominável.

Será que é possível acreditar apenas nas imagens? Nesse caso, a formação de uma opinião conclusiva, apressada, displicente pode custar a intensificação de uma guerra ou a negligência do vital e mais que urgente socorro.

Aos poucos, as pessoas aprendem a necessidade de se informar por mais de uma fonte. Opiniões, interpretações, podem ser diferentes, mas os fatos, não. Aconteceu ou não? Isso é um questionamento básico.

CUIDADO

Quanto aos jornalistas, é preciso acompanhar, persistentemente, o ciclo de vida de uma informação, ainda que sejam todos os dias atropelados por uma avalanche de novos acontecimentos.

» O homem que foi agredido na manifestação e levado para o hospital se recuperou?

» Como está o estado de saúde dele depois de alguns dias?

» Saiu do hospital?

» Vai mover uma ação na justiça contra os seus agressores?

» Ou ele só foi notícia no momento do episódio?

LEMBRE-SE

Não se pode abandonar o incompleto pelo novo, só porque é novo. O turbilhão de mudanças na produção e no consumo das notícias não isenta a busca constante por exatidão, isenção e interesse púbico. Isso vale para as chamadas velhas mídias, que não são tão velhas assim, uma vez que navegam em diferentes plataformas, e as chamadas mídias sociais. O público espera um jornalismo independente, com pluralidade de fontes, didático, explicativo, que contribua para a educação geral e o fortalecimento do processo democrático.

O que Resta sem Credibilidade?

Em comunicação, o preço por se tentar enganar as pessoas é alto. A fatura pela manipulação da notícia ou pelo estabelecimento de formas escusas para se obter informações, às vezes, atropela quem fez o malfeito.

O imperador da mídia mundial Rupert Murdoch é um exemplo clássico de que as pessoas podem não perdoar o desvio de conduta. Um de seus mais lucrativos produtos, o tabloide *The News of The World*, teve um amargo fim, em 2011, após ser constatado o envolvimento da publicação em escutas ilegais de políticos, celebridades e membros da família real no Reino Unido (outros detalhes mais à frente).

Murdoch, uma vez denunciado, foi levado sob vara à justiça inglesa. Depois de todo o processo transcorrido, estipulação de multas, pedidos formais de desculpas, revelações de intrigas, entre outros lances dignos de novela, Murdoch, ao se ver livre do périplo jurídico, ordenou o fechamento do jornal, fundado em 1845. Ele sabia, tinha perdido o principal valor da empresa: a credibilidade.

Calar os Jornalistas É Calar a Democracia

PITADAS DE HISTÓRIA

Em um Brasil Imperial, os jornais insistiam em não se submeter à constante e violenta imposição do regime constituído. Jornalistas sonhavam com a liberdade de imprensa, que partia da Europa e dos Estados Unidos, e se espalhava pelo mundo. Como não podia deixar de ser, ansiavam por sua chegada ao Brasil, a despeito da indisposição dos regentes do país para essa tal de liberdade de imprensa.

Publicar notícias, comentários, opiniões, tudo bem, desde que fossem favoráveis ao Governo. Andar pelos caminhos da oposição já não era tão livre, leve e solto. Havia riscos. Quando não era o Imperador em pessoa que ordenava o fechamento dos jornais, seus paus-mandados executavam o serviço sujo.

Nesse enfrentamento, o primeiro a cair foi o *Reverbero Constitucional Fluminense*. Fundado antes da Independência, por Gonçalves Ledo e Januário da Cunha Barbosa, foi fechado quando se indispôs com os ditames autoritários de Dom Pedro I. Ledo nem tomou posse como deputado constituinte, teve que se exilar na Argentina. Logo depois, foi a vez do *Correio do Rio de Janeiro*, de José Soares Lisboa, preso e condenado a dez anos de cadeia. O jornalista Augusto May foi atacado em sua casa pelo conteúdo de *O Pasquim*.

A Malagueta, publicado entre 1821 e 1832 por May, apoiava o soberano, e mesmo assim seu editor foi espancado e teve as mãos aleijadas. Nem os irmãos Andradas escaparam da fúria. *O Tamoio*, jornal apoiado pelos Andradas, não resistiu. Pior para Cipriano Barata e sua *Sentinela da Liberdade*, que mudou muitas vezes de endereço, de acordo com a cadeia para qual seu editor ia sendo transferido. A sanha dos apoiadores de Dom Pedro I sobrou para o jornalista e crítico do Absolutismo Líbero Badaró, editor do *Observador Constitucional*, publicado na cidade de São Paulo, no Primeiro Reinado. Badaró foi assassinado em 1837.

A política de perseguição à imprensa durou até o Imperador abandonar seu projeto norte-americano e retornar para ser Rei de Portugal, onde foi recebido como um Liberal.

Apesar da transferência do monarca para além-mar, as perseguições aos jornalistas não cessaram. Os jornais publicados na República Velha passaram por maus pedaços. Logo no governo do primeiro civil, Prudente de Morais, uma turba invadia as redações acusando os jornalistas de serem favoráveis à restauração da Monarquia. Não havia sossego.

Até 1930, vários jornais eram invadidos, jornalistas agredidos e a liberdade de imprensa, inexistente no Império, tampouco prosperava na República.

As oligarquias latifundiárias estavam atentas aos que eram contrários ao sistema implementado no país. E não se podia esperar coisa melhor com a ascensão do caudilho Getúlio Vargas. A repressão ganhou contornos sistêmicos e passou a fazer parte da política do Estado Novo, a partir de 1937.

A fundação do Departamento de Imprensa e Propaganda, de um lado, e a da Polícia Política, de outro, criaram as duas pinças que se fecharam sobre as comunicações. Inspirados nas práticas nazifascistas, as torturas, as masmorras e as ameaças, garantiam ao Ditador de plantão uma imprensa oprimida, dócil e colaborativa.

A quarta onda de ataques contra a mídia ocorreu depois do Golpe de 1964. Os veículos impressos e eletrônicos ficaram sob vigilância. Até os que apoiaram o Golpe sofreram censura. O quadro era o de sempre, jornalistas presos, torturados, censores instalados na redação, escutas telefônicas montadas nos telefones das chefias. Tudo mudou com a Constituição de 1988 e as garantias lá enumeradas.

Houve um tempo em que os jornais eram compostos com letras de chumbo. Uma vez prontos, eram levados aos equipamentos de impressão e daí às ruas, às bancas de jornais e aos assinantes. Os ataques contra eles visavam danificar suas redações, seus parques gráficos. Vândalos destruíam as máquinas e se esfalfavam em jogar os tipos móveis no chão para que se misturassem. O dano era imenso. Os tipógrafos tinham que recuperar letra por letra, mas muitas se perdiam. Levava-se meses para reorganizar tudo. Era um jogo de paciência cujo vencedor era a vontade de novamente publicar, informar as pessoas do que se considerava relevante. Era um verdadeiro linchamento, que visava impor o silêncio às publicações informativas.

Esse vandalismo foi chamado de empastelamento. Com o tempo, passou a designar qualquer ato de violência contra veículos de comunicação. Situação essa inaceitável em uma Democracia.

A tentativa de se empastelar jornais se repete ao longo da história. Há exemplos recentes. A pretexto de denunciar casos de violência contra mulheres, um grupo de manifestantes, comandados pelo MST, invadiu, em março de 2018, o parque gráfico do jornal *O Globo*, em Duque de Caxias, Região Metropolitana do Rio de Janeiro. O protesto avançou para pichação de paredes e portas, impedindo o trabalho no local.

Para o MST, o objetivo da ação foi denunciar a atuação decisiva da empresa sobre a instabilidade política brasileira, destacando a atuação de *O Globo* no processo de golpe contra a presidente Dilma e a perseguição ao ex-presidente Lula para inviabilizá-lo como candidato em uma eleição democrática.

É possível afirmar que a liberdade de publicar mudou com o tempo?

Procura-se um Diretor (por Anúncio nos Classificados)

O governo do primeiro-ministro inglês Tony Blair (1997-2007) foi acusado, em reportagem divulgada por um dos canais da BBC, de envolvimento em práticas políticas criminosas. Foi um bafafá. O caso ficou conhecido como *Hutton Report*.

Como assim, atacar o primeiro-ministro em uma empresa "estatal"? O gabinete de Tony Blair pediu direito de resposta e provou erro na apuração do repórter junto às fontes do fato.

O erro existiu, e aí? A BBC apresentou um *mea-culpa* no mesmo horário e pediu desculpas ao público. Blair ficou satisfeito. O presidente da BBC, Greg Dyke, não. Pediu demissão. Assumiu a culpa por erros de terceiros. Não importa, era ele quem representava a marca. O conselho imediatamente saiu em busca de outro presidente.

» Quem seria o escolhido?

» Um indicado da Rainha?
» Do primeiro-ministro?
» De 007?
» Ou de Mister Bean?

A BBC publicou um anunciou no jornal oferecendo o cargo, e a seleção seria feita em cima dos currículos enviados. Nem um filhote de político foi suscitado; afinal, a BBC é uma empresa de comunicação, e não uma petroleira.

A BBC e a Prática do Jornalismo Público

A *British Broadcasting Company*, BBC, é exemplo de empresa pública. Não confundir com estatal. Ela tem como missão praticar jornalismo público. Tal afirmação soa paradoxal, haja vista a condição do jornalismo ser, em sua essência, uma atividade de interesse público. Mas, especificamente no caso da emissora britânica, há uma questão de gestão a ser considerada. Quem manda em sua atuação é o cidadão. Para isso, anualmente, todos desembolsam uma quantia de impostos para mantê-la. Logo, seu "dono" é o povo. E, com isso, a emissora foge da influência do ditador, do partido político de plantão e de monopólios de mídia.

Esse modelo de negócio nasceu no começo do século XX, e foi replicado em outras iniciativas semelhantes pelo mundo. Até a terra do capitalismo tem emissora pública, a PBS — *Public Broadcasting System.*

No Brasil, não há nada parecido com a BBC, apesar de governos venderem a imagem de esta ou aquela emissora ser "pública". Não é. Vivem de verbas estatais; e seus dirigentes, como os membros de seus conselhos, são apontados pelo governante do momento.

De outra parte, a escolha do pessoal não segue os padrões da BBC. Alguns são indicados politicamente e se aboletam como funcionários estáveis até o final de suas carreiras. Na BBC, ninguém é estável.

Jornalismo e Ativismo

Em 2013, o Brasil acompanhou um dos mais expressivos movimentos populares no país nas últimas três décadas. Para alguns estudiosos, a mais significativa movimentação popular do século XXI. Com um detalhe, sem lideranças carismáticas conduzindo as multidões pelas cidades.

A mídia tradicional na cobertura dos veementes protestos pelas ruas teve uma concorrência surpreendente, e nova.

De celulares em punho, basicamente, uma multidão de pessoas cobria os protestos e compartilhava suas imagens e áudios pelas redes sociais. Pronto, estava montada a mais ampla cobertura informativa possível. E, no volume quase infinito de informações, ganhou notoriedade o coletivo de "**N**arrativas **In**dependentes, **J**ornalismo e **A**ção", a Mídia Ninja.

Esse grupo fez o encontro do jornalismo com o ativismo.

Composto por jornalistas egressos da grande imprensa, recém-formados e até estudantes, o grupo não limitou a entrada de ninguém. Bastava ter um aparelho com capacidade para filmar ou fotografar, um smartphone, e o interessado estava munido do equipamento essencial para iniciar sua cobertura informativa.

Grande parte do material captado era retransmitido sem cortes, em meios digitais, redes sociais e sites. A fácil logística de retransmissão do conteúdo tornou-se um desafio aos telejornais, às televisões de maneira geral, que são engessadas em seus formatos e limitadas pelas grades de suas programações.

A primeira experiência Ninja aconteceu, em 2011, no acompanhamento da Marcha da Liberdade e da Maconha, em São Paulo. O material produzido foi divulgado por um canal de debates pela internet. Desde então, a iniciativa espalhou-se pelo país e conta com algumas centenas de colaboradores.

Jornalismo que não é independente está comprometido. É imbuído de uma causa, de uma ideologia, responde a interesses de uma atividade econômica, um programa de partido ou de governo.

Independente quer dizer livre para construir uma notícia com:

- » Isenção,
- » Apuração correta dos fatos,
- » Entrevistar qualquer um que seja pertinente para a reportagem,
- » Não ter medo de perder o emprego,
- » Tampouco contrariar interesses, sejam eles quais forem.

3

A Palavra É um Ser Vivo

NESTA PARTE...

A importância dos textos jornalísticos. O segredo da edição e o significado das entrevistas. É preciso estar sempre atento à grafia das palavras e à forma como as comunica. Jornalistas cometem erros simples, por desatenção, ao usar a bela língua de Camões, o português.

NESTE CAPÍTULO

» **Para compreender os fatos, eu pergunto**

» **Entrevistar é elemento fundamental no jornalismo**

» **Jornalista em busca das aspas**

» **Em Brasília, a entrevista é um "quebra-queixo"**

Capítulo **9**

A Arte da Entrevista

Lembro-me todas as manhãs: nada do que digo, ao longo do dia, me ensinará algo. Então, se quero aprender, devo fazê-lo ouvindo.

LARRY KING, JORNALISTA NORTE-AMERICANO

No final da década de 1960, a tradicional sociedade brasileira se viu afrontada por Leila Diniz. Nada recatada ou do lar, a jovem atriz de 24 anos falou abertamente, como era de sua característica, sobre temas considerados tabus, como sexo e amor livre. Ela usou e abusou de palavrões e gírias ao comentar questões relacionadas a política e condição de trabalho no Brasil dos anos de chumbo.

Erasmo Carlos imortalizou: "Como diz Leila Diniz, homem tem que ser durão". As respostas de Leila foram um verdadeiro "choque" para um país que vivia sob um regime de exceção; os militares estavam no poder.

Essa entrevista é histórica para a mídia brasileira, não só pelas ideias da controversa atriz, mas porque foi responsável por dar notoriedade ao Pasquim, jornal que a publicou, e por ter sido o motivo de ter se instalado censura prévia à imprensa nas redações dos jornais. A ação foi identificada como "Decreto Leila Diniz".

Foram os jornalistas Tarso de Castro e Sérgio Cabral e o cartunista Jaguar os entrevistadores de Leila. Aliás, foram eles os fundadores do Pasquim, que nos anos seguintes tornou-se referência na mídia brasileira por sua irreverência e posicionamento político de enfrentamento aos militares. Era ainda uma plataforma de tinta e papel.

Por toda a década de 1970, o jornal notabilizou-se por trazer diversas entrevistas de grande repercussão e significado para a sociedade brasileira.

Ziraldo, Millôr Fernandes, Henfil, Paulo Francis, Ivan Lessa foram alguns dos grandes nomes da imprensa brasileira, integrantes da equipe de trabalho do Pasquim.

Isso É uma Batalha? Que Nada! É uma Entrevista

Jornalista sabe perguntar. Para isso estuda antes de fazer perguntas. Sobretudo, sabe ouvir as respostas.

É verdade que alguns de nós fazem perguntas tão longas que ao entrevistado cabe apenas responder sim ou não. O cotidiano da profissão é terreno propício para sua capacitação como entrevistador e ouvinte.

DICA

Qualquer reportagem, indiferentemente de seu formato final ou maneira de veiculação, requer diversas entrevistas. Isso, na prática, é saber formular perguntas e estar atento e aberto às respostas. Essa dinâmica leva a um sem-número de repetições do ato de perguntar e ouvir.

DICA

A entrevista é parte fundamental do trabalho jornalístico. É elemento essencial à compreensão dos fatos. Aliás, não só no momento da reportagem, mas no desempenho da profissão, em suas diversas frentes. Sendo assim, jornalistas tendem a levar certa vantagem sobre o entrevistado. Treinam muito mais, logo, estão mais preparados.

Por vantagem, entenda preparo. Há várias técnicas para fazer o entrevistado revelar assuntos que, talvez, gostaria de deixar de lado. Ou seja, para fazê-lo falar. E ninguém aqui está pensando em técnicas de tortura. Longe disso. Entrevista não é interrogatório, nem parte de um Auto de Fé. E jornalista não é a encarnação presente de Torquemada.

Quando o jornalista vai apurar assuntos de interesse, com potencial de se transformar em notícia, vai preparado para extrair todo o potencial de informação de suas fontes. Isso não significa, necessariamente, a construção de um embate, a execução de uma guerra, por mais que o senso comum, muitas vezes, caracterize a situação como um conflito campal. O jornalista e o entrevistado não estão em um ringue. A não ser, é claro, se a entrevista for feita em um octógono, em um ringue de UFC, após uma luta. Mas aí já é outro contexto. Mesmo assim, o jornalista não vai ali para um pugilato. Vai conversar com o vencedor, e quiçá com o perdedor, das lutas literalmente realizadas; como dissemos, o confronto é intelectual.

A vida tim-tim por tim-tim

No Brasil, e pelo mundo, alguns jornalistas se notabilizaram como bons entrevistadores. Para citar alguns da televisão brasileira — Marília Gabriela: no início dos anos de 1980 é difícil encontrar pessoas de relevância no cenário nacional que não tenham sido entrevistados por ela. Roberto D'Ávila, desde a década de 1970, está envolvido em algum programa de entrevista. Amaury Jr., considerado um dos precursores do colunismo social na televisão brasileira, construiu sua carreira e diversos programas, ao entrevistar celebridades, socialites, empresários, entre outras personalidades.

O jornalismo brasileiro ainda tem outros célebres entrevistadores. Luís Nassif, Paulo Henrique Amorim, Miriam Leitão, Augusto Nunes, Bóris Casoy, Paulo Markun, Celso Freitas, Carlos Tramontina, Carlos Nascimento, Ricardo Boechat, a lista é bem sortida. E, como toda lista, é passível de injustiça com os não citados.

Poderíamos preencher páginas e páginas com suas histórias e currículos. Mas decidimos citar apenas alguns para ilustrar o assunto. E, reforçando a certeza, diversos outros são tão significativos quanto os mencionados.

Aliás, um dos escribas desse livro é um deles. Heródoto Barbeiro (sem nenhuma deferência por ser coautor) é considerado referência como entrevistador. Principalmente em São Paulo, onde fez longa carreira à frente de programas diários, tendo entrevistado centenas de pessoas desde a década de 1980.

Em se tratando de entrevistadores internacionais, vale lembrar Mike Wallace, ícone entre norte-americanos. Por mais de 40 anos, a partir de 1968, esteve em um dos mais prestigiados programas de entrevista e jornalismo da tevê dos Estados Unidos, o *60 Minutes*, apresentado pela CBS News.

Outro é Larry King, que se tornou referência mundial ao apresentar, diariamente, entre 1985 e 2010, um programa noturno de entrevistas pela CNN.

E Oprah Winfrey, considerada uma das mais influentes personalidades da televisão norte-americana, comandou o programa de entrevistas mais visto por lá, o *Oprah Winfrey Show*.

Todos os profissionais citados exemplificam a importância da entrevista como elemento do jornalismo. Sua capacidade de gerar interesse, catapultar pessoas ao reconhecimento, informar, explicar a vida em sociedade, entre demais atributos inerentes às entrevistas. O mais famoso da televisão brasileira foi Jô Soares.

"UM BEIJO DO GORDO"

Jô Soares comandou o mais longevo talk show em rede nacional na televisão aberta do Brasil. Ele estreou em 1988 com o *Jô Onze e Meia*, pelo SBT, e foi contratado pela Rede Globo de Televisão em 2000, quando começou a apresentar o *Programa do Jô*. A última temporada de seu programa, pela TV Globo, aconteceu em 2016. Foi sucedido pelo jornalista Pedro Bial.

No final da noite, ainda na tevê aberta, há outros concorrentes, como o The Noite, apresentado por Danilo Gentili, e o Programa do Porchat, apresentado por Fábio Porchat, na TV Record. Esses programas estão na linha do talk show, mas não quer dizer que não tenham momentos jornalísticos e consigam até pautar outros veículos de comunicação.

Os entrevistados, por sua vez, assimilaram, ao longo do tempo, a importância da entrevista para suas carreiras, para a demonstração de seus pontos de vistas, para o envio de suas mensagens. Com isso, o mercado estruturou capacitações para as pessoas aproveitarem, ao máximo, o momento em que são entrevistados.

Entrevista não é debate

Quando a dimensão das entrevistas foi percebida, surgiu o *media training*. Em outras palavras, a capacitação do entrevistado para se relacionar com jornalistas. Na verdade, ao se submeter a sessões de mídia training, fica-se mais habilitado à comunicação com qualquer interlocutor.

Uma das funções básicas desse treinamento é fazer a pessoa entender seu modo de interação com o outro. Ouvir e expressar seus pontos de vista adequadamente.

Alguns filhos de Gutenberg ou de Zuckerberg, em tempos atuais, não deixam o entrevistado falar. Induzem a respostas monossilábicas, o famoso sim ou não, quando lançam mão de perguntas sem fim, que mais se assemelham a afirmações de seu pensamento. Uma vez que obtenham o desejado intento, engatam outra longa pergunta. Com quase toda certeza, uma afirmação para "colocar na boca do entrevistado" seu ponto de vista sobre o assunto. Esse tipo de relação é pautado sobre uma tese pré-definida a respeito do tema abordado. Espera-se apenas a confirmação de alguma fonte a cerca da teoria para se "ter aspas", jargão da profissão. Detalhamos seu sentido à frente.

Alguns jornalistas derrapam nos fundamentos das técnicas profissionais. Afinal, jornalista não é super-herói. Sendo assim, capacitação é chave para se tornar um bom entrevistador (e um bom entrevistado).

Em um mundo ideal, um faz boas perguntas, o outro dá boas respostas. Assim, o assunto rende, os fatos são esclarecidos e as opiniões, respeitadas. Quem ganha com isso? O público, senhor da comunicação.

Pelo público

Às vezes o jornalista é obrigado a fazer o papel de advogado do diabo para não se deixar enrolar, ou servir de escada para entrevistados matreiros. Como dizia o político Paulo Maluf: "Quais são suas perguntas para minhas respostas prontas?"; ou Luiz Inácio: "Não me venha com essa história, porque sou a alma mais honesta deste país."

No fundo, a entrevista é um duelo intelectual entre quem faz as perguntas e a fonte. O entrevistador deve lembrar-se de que a entrevista não é para ele. Ele representa o público ou uma parcela da opinião pública.

Com as novas plataformas e a confluência da mídia, as entrevistas têm imagem. Podem ser gravadas. Mesmo as entrevistas projetadas para ser publicadas primeiramente de forma impressa. Isso é bom. Acaba com aquela história de: "Eu disse uma coisa. Você publicou outra."

É comum o vídeo com a íntegra estar no site ou em uma plataforma do veículo. É só ir lá e checar o dito. Isso mudou muito a relação entrevistador/entrevistado. O interesse público é quem sai ganhando com isso.

Um certo algo

Durante a entrevista, ou no texto jornalístico, de forma geral, há um falso prurido em não se falar o nome da empresa. Isso ocorre por determinação dos departamentos comerciais, pois entendem a menção como propaganda indireta. Mas essa situação acontece também para mostrar independência, para não se levantarem suspeitas sobre cooptação, como dizem alguns. Como se a menção ao nome da multinacional favorecesse o jornalista pela companhia em questão.

Em um tempo de globalização, no mundo das marcas, omiti-las, para o bem ou para o mal, é um desserviço tanto para o público quanto para a informação. As empresas existem em sociedade e têm seu lugar. Demonizá-las é parte de um olhar ideológico. Assim como exaltá-las gratuitamente é o outro lado dessa moeda.

É idiossincrático dizer: "Um certo supermercado", "Uma certa empresa", "Um concorrente", e por aí vai. Transparência já, como dizia o filósofo Leão Lobo, jurado de Silvio Santos. O preferido de Dona Juventina, que entoava na janela do velho casarão em que morava: Silvio Santos vem aí, lálálálálálá.

Bons tempos esses, relembra Dona Juventina.

"Quebra-queixo"

Entrevista não deve ser confundida com bate-papo. A conversa mais informal, em tom amistoso e coloquial, é coisa de talk show. Nada contra. Mas é preciso diferenciar.

DICA

Entrevistas jornalísticas têm por finalidade expor a opinião sobre determinado assunto. Têm pauta, objetivo predefinido. É uma questão ética informar ao paciente, ou, melhor, à vítima. Ops, ato falho, queremos dizer, ao entrevistado, qual é o tema a ser tratado. Só em casos especialíssimos se faz mudança brusca de pauta, alterações de última hora. Isso não pode ser banalizado. Daí, a diferença para o talk show em que, muitas vezes, o assunto acordado com o entrevistado é completamente diverso ao originalmente proposto. Isso acontece pela natureza mais informal da dinâmica das entrevistas em talk shows. Tendo como norte, às vezes, a expressão: "Esta é sua vida."

O jornalista, para compor sua reportagem, precisa estudar o assunto para fazer uma boa entrevista, repetimos. Colocar perguntas pertinentes.

Geralmente, a fonte é especialista em um determinado tema, tem credibilidade, e as pessoas querem saber sua opinião sobre o tema abordado. Não o ponto de vista do jornalista. Ai, mais um motivo para justificar o fato de uma entrevista não ser um bate-papo. O jornalista não está ali para opinar, salvo se for comentarista. Está para ajudar o entrevistado a contar uma história.

É bom destacar. A entrevista pode ser feita individual ou coletivamente. Quando um jornalista entrevista uma fonte, até mesmo mais de uma ao mesmo tempo (ou em separado), é considerada entrevista individual. Quando vários jornalistas entrevistam uma ou mais fontes, aí, sim, é chamado de entrevista coletiva.

Formalmente, uma coletiva é organizada. Tem púlpito, ou local de destaque para o entrevistado. Os microfones ficam agrupados na mesa ou em locais determinados. É comum quando empresas relevantes para a economia vão anunciar novos investimentos, mudanças de administração, entre outros.

Vê-se em coletivas médicas, em casos de saúde, em tragédias naturais ou falhas humanas, como terremotos ou a queda de um avião ou tiroteio em alguma escola norte-americana. São diversas as situações em que se organizam coletivas para se falar sobre um assunto.

Muito comuns, também, são as coletivas na cobertura política. Os governantes fazem diversos anúncios no decorrer do ano, do mês, da semana. Com frequência, há várias coletivas no mesmo dia. Nelas, abordam-se questões econômicas, mudanças de lei, investimentos.

Os colegas de Brasília costumam chamar coletivas de "quebra-queixo". Essa modalidade, por assim dizer, de coletiva, não é lá tão organizada. É um empurra-empurra, na verdade. Acontecem em portas de Ministério, nos corredores do Congresso. Nas entradas dos Palácios de Brasília. Ganharam essa alcunha, "quebra-queixo", exatamente pelo fato de a qualquer momento, dada a quantidade de celulares, microfones, gravadores, telefones, câmeras, máquinas fotográficas em volta do entrevistado. Nessas situações, acidentes podem acontecer. E, de fato, acontecem. Às vezes, um incauto tropeça em um fio e cai no chão. Um cinegrafista dá um empurrão em outro. O entrevistado força sua passagem no meio da turba da imprensa, por aí vai.

Todo esforço empreendido nas quebra-queixos acontece porque os assuntos estão se desdobrando, e as fontes, principalmente as oficiais, não determinam espaço em suas agendas para falar sobre eles. Resta à imprensa abordá-los onde for possível para conseguir as informações.

É verdade que algumas dessas entrevistas são propositadamente bagunçadas. É uma estratégia para se ganhar mais espaço na mídia. Porta de hospital é famosa, é um dos cenários favoritos de políticos, celebridades e famosos.

> *E o SUS? Ninguém quer fazer entrevistas assim na porta do SUS*, cutuca a velha senhora.

A entrevista é um dos pilares do jornalismo (ao lado da pauta, apuração, redação). Ela é praticada em todas as plataformas disponíveis, ainda que entre uma e outra haja pequena diferença técnica e operacional.

Diferencial Competitivo e Informativo

A presença de um entrevistado em um programa noticioso, especialmente em telejornais, atualiza o noticiário. Mas, é bom lembrar, esses entrevistados precisam ter relação com o assunto noticiado. São estudiosos, experts. Se estiverem envolvidos diretamente com o fato, melhor ainda.

Imagine apresentar um telejornal às 21 horas, quando em princípio a informação veiculada já foi vista, ouvida ou lida no decorrer do dia. O que mais dizer para o público da noite?

> *Ah, sempre dá para descobrir algo de novo nas histórias, não dá, não?! Eu mesma tô sempre me atualizando aqui da minha janela. É um vai e vem nessa rua*, acrescenta Dona Juventina.

Sem nenhuma modéstia, o coautor HB e a equipe de seu telejornal usam as entrevistas como recurso para atualizar o noticiário, de forma interessante, para sua audiência.

Todas as noites, com seu habitual elã, HB recebe, em sua bancada, três entrevistados. Cada um em um bloco distinto do programa. Eles explicam, opinam, interpretam um determinado tema de repercussão do dia. São entrevistas cirúrgicas, focadas.

Como o jornal é retransmitido em múltiplas plataformas, as entrevistas são curtas, por volta de oito minutos de duração. E não param, mesmo nos intervalos comerciais. Nesses momentos, há uma emissão ao vivo pelas redes sociais.

HB acredita que essa é uma maneira interessante para encaminhar o assunto em destaque do noticiário, depois de toda a exaustiva exposição pelas mídias sociais durante o dia.

CUIDADO

Essa prática não esgota o fato em questão. As entrevistas complementam o noticiário. Criam formas de levar multiplicidade de visões para explicar o ocorrido.

Outro telejornal noturno, retransmitido em rede nacional, que lança mão desse expediente, é o *Jornal da Cultura*. Por lá, eles mantêm comentaristas que detalham os assuntos do noticiário, em estúdio e na rua, quando saem para conversar com as pessoas. Mais ainda, incluíram a presença de plateia em um determinado dia da semana. E aumentaram em meia hora sua transmissão pelo YouTube. A ideia é dinamizar a interação com o público.

Coliseu jornalístico

Ao se falar em entrevistas e programas jornalísticos, é preciso fazer menção a um dos principais, se não o principal, programas desse gênero na televisão brasileira, o *Roda Viva*, da TV Cultura.

Criado em 1986, no alvorecer da redemocratização do Brasil, ele reflete os períodos políticos do país. Discute a sociedade brasileira. Pensa os caminhos da humanidade. À época de sua concepção, o presidente da Fundação Padre Anchieta, instância responsável pela TV Cultura, era o publicitário Roberto Muylaert.

Tem formato de círculo, no qual o entrevistado é posicionado em seu centro, ficando cercado por entrevistadores. Uma cadeira giratória e várias câmeras posicionadas nessa roda permitem o olhar frente a frente entre entrevistado e entrevistador.

Desde seu início, consegue grande repercussão. Foram memoráveis as entrevistas pioneiras com candidatos à presidência da República. Passaram por lá Leonel Brizola, Fernando Henrique Cardoso, Enéas Carneiro, Luiz Inácio Lula da Silva, Ulysses Guimarães, José Serra, Fernando Collor de Mello, Marina Silva, Itamar Franco, Eduardo Campos, Dilma Rousseff.

Personalidades internacionais, Fidel Castro, Hugo Chávez, Noam Chomsky, Mario Vargas Llosa. Intelectuais, esportistas, celebridades, Luís Carlos Prestes, Roberto Campos, José Saramago, Tom Jobim, Ayrton Senna, Hebe Camargo. A lista de entrevistados é vasta.

Perdeu alguma entrevista ou quer relembrar um momento especial do programa? Acessa o YouTube. Seu acervo está disponível lá.

REFERÊNCIAS EM BOAS ENTREVISTAS

Durante um bom tempo, o *Roda Viva* foi produzido pelo experiente jornalista Jayme Martins e diversos jornalistas ocuparam a função de âncora do programa:

- **Rodolpho Gamberini, entre 1986 e 1987**
- **Augusto Nunes, entre 1987 e 1989**
- **Jorge Escosteguy, entre 1989 e 1994**
- **Rodolfo Konder, em 1990**
- **Roseli Tardelli, em 1994**
- **Heródoto Barbeiro, entre 1994 e 1995**
- **Matinas Suzuki Jr., entre 1995 e 1998**
- **Paulo Markun, entre 1998 e 2007**
- **Carlos Eduardo Lins da Silva, em 2008**
- **Lillian Witte Fibe, em 2008**
- **Heródoto Barbeiro, em 2009**
- **Marília Gabriela, entre 2010 e 2011**
- **Mário Sérgio Conti, entre 2011 e 2013**
- **Augusto Nunes, a partir de 2013 e 2018**
- **Ricardo Lessa, a partir de 2018**

***É só gente gabaritada. Do primeiro time,* comenta Dona Juventina.**

NESTE CAPÍTULO

» **A importância do texto**

» **Escrever de forma simples requer prática**

» **Abaixo a redundância**

» **Diálogo com o público**

» **A língua portuguesa, inculta e bela**

» **Redação no mundo online x offline**

Capítulo 10

O Texto

Sempre que chegamos a uma palavra certa, o efeito resultante é tanto físico quanto espiritual, e eletricamente instantâneo.

MARK TWAIN

No passado, a frase "escrever é cortar palavras" foi atribuída ao poeta Carlos Drummond de Andrade. Depois, descobriu-se que ele nunca tinha dito isso

> *É uma invencionice só. Esse povo não tem nada melhor para fazer, não, gente. Deixem o poeta em paz*, esbraveja Dona Juventina.

O texto jornalístico tem regras e técnicas. Não significa, contudo, que seja receita pronta. A criatividade, a individualidade e o poder de trazer maneiras diversas de contar os acontecimentos enriquece a escrita jornalística. Mas sejamos pragmáticos.

Nas escolas, os alunos logo aprendem a importância da clareza, concisão e coerência para se informar. É preciso ser denotativo. Em outras palavras, escrever de forma objetiva, evitando ambiguidades ou maneiras figuradas de se expressar.

Seu formato, em prosa, conduz o leitor a relatos detalhados do fato. Para se obter os detalhes desejados lança-se mão de algumas perguntas:

- "O quê?"
- "Quem?"
- "Quando?"
- "Onde?"
- "Como?"
- "Por quê?"

Cada uma dessas perguntas tem um objetivo, refere-se a algum elemento da história a ser contada:

- "O quê?": O fato ocorrido;
- "Quem?": Os personagens envolvidos;
- "Quando?": O momento do acontecimento (horário, data);
- "Onde?": O lugar em que o fato ocorreu;
- "Como?": A forma como o fato aconteceu;
- "Por quê?": O motivo do fato.

Ao responder a esses questionamentos, o jornalista tem elementos básicos para estruturar sua informação. Para contar a história. É a forma como o fará que o diferenciará. Ser original ao escrever é algo bem-vindo. Dona Juventina, que nunca foi a uma escola de jornalismo, já praticava esse método ao fiscalizar um por um os moradores da rua onde morava. Ela era, sozinha, uma plataforma de fofocas.

Escreva o Texto e Alcance o Alvo: Seu Leitor

O texto é, e continuará sendo, importante para o jornalismo. Independentemente da plataforma de sua veiculação ou formato de sua apresentação. Há normas universais para compô-lo. É necessário que seja claro, direto, preciso, conciso, objetivo. Acima de tudo, simples. O autor necessita entender sobre o que escreve. O público também. Por isso, ser didático é requisito a quem transmite a informação.

Um dos trabalhos do jornalista é decodificar informações, transformar a linguagem, usada por vezes só para iniciados em um determinado assunto, em uma mensagem compreensível pelo maior número de pessoas. Isso está longe de ser simples. Requer domínio de expressão. Há armadilhas que jogam contra a simplicidade da comunicação.

Elas estão à espreita, por todos os lados. Jargões profissionais se encaixam perfeitamente entre essas arapucas. *Economês, juridiquês, mediquês, futebolês*, entre tantos outros maniqueísmos profissionais, são tão disseminados por quem os pratica que fazer cara de espanto frente a expressões como: "consorte supérstite", ou "exordial acusatória" parece até uma ofensa a seu emissor.

Em tempo, esse português do mundo das petições dos advogados refere-se a viúvo e denúncia. Ufa! Tão mais fácil de entender.

LEMBRE-SE

Ao jornalista, cabe traduzir assuntos complexos, herméticos ou técnicos para compreensão ampla. Isso não significa ser simplório, usar de lugar comum ou idiotizar quem entrará em contato com a informação. Não se pode esquecer nunca que o público sabe do que estamos falando e hoje, graças às redes sociais, responde na lata.

CUIDADO

Escrever de forma simples e profunda requer empenho, técnica, persistência. É preciso criatividade na expressão, domínio do idioma, clareza no uso das palavras e nunca subjugar a compreensão de seu interlocutor, indiferentemente de sua classe social, escolaridade ou condição econômica. Um dos mestres nessa arte foi Joelmir Beting.

É bom não esquecer da humildade, grita Dona Juventina.

Das "Invasões" ao Vivo ao "Sanduíche-íche", Perigos no Ar

Na comunicação oral, gravada ou ao vivo, é preciso partir do princípio que o público, ouvinte ou telespectador, só tem uma chance de entender a notícia. O fato é relatado de forma unilateral, e quem entra em contato com a informação por meio da televisão, do rádio ou da internet, tem interação limitada com o seu emissor. É incapaz de questionar o repórter sobre algo dito no momento da transmissão da notícia.

É vedado ter um diálogo direto, sem filtros, entre repórteres e a audiência no momento em que a reportagem vai ao ar, seja por condições técnicas, editoriais, ou pela natureza em si dessa dinâmica. Bem provável que essa relação com a audiência seja extremamente remota. Quem consome notícia pelos meios eletrônicos, atualmente, tem apenas uma chance para a assimilar.

Ô, DA POLTRONA

Já imaginou ficar sentado confortavelmente na poltrona da sala, em casa, com um tipo de microfone-comunicador à mão, assistindo à tevê, e quando uma informação relatada não fizesse sentido ou o desagradasse de alguma maneira, houvesse, como em um passe de mágica, a possibilidade de o telespectador, por meio de seu microfone-comunicador, interpelar o transmissor da notícia, questionando-o sobre o assunto? Será que isso funcionaria? Talvez, no futuro, quem sabe, essa situação possa ser transformada em realidade. Mas ainda não vivemos dessa maneira. Até conseguimos falar com os apresentadores dos programas ao vivo, principalmente os de rádio, se fizermos uma ligação para os programas e for política editorial colocar no ar as ligações. Mas isso é tudo que ainda temos.

Sim, há a possibilidade de se gravar o que foi dito para se ver ou ouvir posteriormente, mas, a bem da verdade, quem acorda pela manhã, às 5h30, liga o rádio, via Wi-Fi, ou a televisão, com a preocupação de, ao mesmo tempo, ligar o gravador para gravar o programa? De que adiantaria voltar e checar o arquivo da mensagem? Daí, decorre uma das justificativas da necessidade de ser claro, conciso e objetivo no trato da informação.

> *Pode-se recorrer ao YouTube. Vocês nunca ouviram falar em on-demand?!*, pergunta-se Dona Juventina.

Há outro ponto a se considerar quando se está falando de jornalismo ao vivo. Para as televisões, principalmente, há um risco muito grande em se colocar uma pessoa no ar. Acidentalmente, ela pode travar e não conseguir falar naturalmente.

Tem um caso muito conhecido, do "sanduíche-íche", que aconteceu durante entrevista da nutricionista Ruth Lemos para a Rede Globo Nordeste.

No meio da conversa, Ruth, nervosa, passou a repetir o final das palavras. Ela havia se atrapalhado com o som do ponto, retorno de áudio, que fora colocado nela para ouvir as perguntas dos apresentadores do estúdio. No mundo instantâneo da internet, a cena viralizou, tornou-se um dos maiores memes da internet brasileira em 2006.

Há, também, aqueles mal-intencionados que se aproveitam da situação do ao vivo para emitir sua opinião sobre um determinado assunto, completamente fora do tema da entrevista, ou como forma de protesto. Tem até os que aproveitam o momento para desfiar um rosário de palavras de baixo calão.

No Brasil dos recentes anos de conturbação política, não faltam exemplos de "invasões", ao vivo, nos telejornais. E, nessa modalidade, a Rede Globo é, disparada, uma das campeãs de audiência nesse quesito. Há, inclusive, quem crie perfis em rede social, informando sobre os "ataques" aos repórteres da emissora.

> *É tudo muito engraçado, mesmo. Não canso de rir quando assisto. Tem uma moça portuguesa, coitada, que se viu em uma saia justa com um mal-educado que ligou para o programa dela e falou um tanto de palavras feias. Pobrezinha da rapariga. E o rapaz do tempo, nos Estados Unidos, que saiu gritando da televisão porque deu de cara com uma barata?!*, solidarizou-se Dona Juventina.

Sobrevivendo às Armadilhas da Leitura em Tempo Real

Será mito ou verdade: A prática de transmitir jornalismo ao vivo, online, em tempo real, minimiza os riscos dos erros? Garante a completa segurança de quem comanda a transmissão jornalística? Com certeza, é mito.

O improviso é, sim, uma técnica desenvolvida com o passar dos anos, mas nem todos os jornalistas, independentemente do tempo de janela na profissão, são hábeis em improvisar. E nem sempre é possível manter a fleuma; sustentar a imagem de asseio, calma e boa dicção que Cid Moreira e Sérgio Chapelin imprimiram no imaginário da audiência brasileira, por boa parte do século passado, quando formaram uma das mais longevas duplas de apresentadores à frente do *Jornal Nacional*, da Rede Globo.

DICA

Falar em público é um risco mesmo para quem está acostumado. Há uma série de fatores que podem fugir das mãos de quem assume essa "aventura". Nessas situações, manda a prudência. É mais seguro ter o texto pronto e assimilado, especialmente se a situação do ao vivo envolver um encontro técnico.

Ler "de primeira" é um risco desnecessário. Só quem trabalha todo dia com locução é capaz de "ler de primeira" com grande chance de se sair bem.

Praticar a leitura é fundamental. Ler em voz alta ajuda bastante. É preciso entender como se pronunciam as palavras; acostumar-se com a entonação da voz, com o tempo da respiração, entre outras características de emissão oral.

Exercícios de fonoaudiologia são extremamente relevantes para quem deseja ler em público, ser apresentador de programas, jornalísticos ou não. E, mesmo com experiência e preparo, vez por outra, surge um *gato* no caminho e tome correção. Tome errata!

Um nome estrangeiro é bom motivo para um tropeço de leitura. Palavras que não se sabem exatamente qual é a sílaba tônica são outro exemplo. Qual é o correto, falar *gratuito* ou *gratuíto*? Nosso corretor aponta: gratuito, com toda certeza. Bendita seja a tecnologia de cada dia.

Se o texto trata de números, o cuidado, então, redobra. Trocar milhões por bilhões é mais comum do que se imagina. A forma de abreviação desses valores varia, também, muito de um escrevinhador para outro.

Como leio 2,4 mi? Vale reforçar, essa grafia é mais usual nos veículos de plataforma de tinta e papel e nos meios digitais. Na televisão e no rádio, escrever dessa maneira alguma soma é uma verdadeira armadilha, uma casca de banana, para quem vai lê-la. Principalmente, na leitura ao vivo.

DICA

Transmissões ao vivo precisam de agilidade de pensamento, de boa expressão oral, "2,4 mi" dá margem para dúvida. Para quem faz transmissões por rádio, televisão ou até em programas online, em tempo real, esse valor precisa ser escrito. São "dois milhões e quatrocentos mil" ou "2 milhões e 400 mil". Assim, evita-se o erro. Deixa clara a mensagem a ser transmitida.

FIGURA 10-1: Jornalista noticiando ao vivo.

Contra o "efeito manada"

A lógica de escrever o valor o mais detalhadamente possível vale para todas as situações de se falar ao vivo, sejam palestras, seminários, coletivas, entrevistas. Indiferentemente se a situação é jornalística ou de apresentação em público para grandes ou pequenos grupos.

Se uma fonte se equivoca ao falar sobre um valor, esse equívoco pode se tornar um erro fatal de comunicação. E esse erro pode gerar o "efeito manada".

Se o exemplo dos valores demonstrados lhe soar pequeno, menor, no sentido de importância, lembre-se, é algo que pode gerar uma escala de erros. E a ocorrência dessa escalada é mais comum do que julga nossa vã filosofia.

O EFEITO MANADA

Quando o jornalista mais desatento ou menos preparado para lidar com a apuração da notícia, pressionado pelo tempo para entregar sua matéria, publica o dito equívoco, um efeito imediato e bem possível é a replicação da informação errada por colegas de outras redações, ou até mesmo pelo "abominável *copy* e *paste*", e, consequente, reprodução do conteúdo errado em outras plataformas de informação, principalmente em redes sociais e sites, com política frouxa de veiculação da notícia. Lembrando um ponto importante: a publicação de algum dado incorreto, deliberadamente, não é jornalismo. É mau-caratismo disfarçado de jornalismo. É uma questão para o âmbito da ética e da justiça.

CUIDADO

Quando algo aparentemente secundário, sem muita importância para se checar, é incorporado ao texto, pode crescer, transformar-se. O erro pode ser replicado, multiplicado *ad eternum*, como em uma brincadeira de telefone sem fio, em que a informação inicial, quando atinge a última pessoa, já não era nem de perto a original. Com uma diferença, a notícia impacta a vida das pessoas, compromete negócios, define rumos da política, não é brincadeira.

Redações à Beira de um Ataque de Nervos

Estar exposto todo o tempo à informação requer paciência, resiliência para lidar com o volume imensurável de conteúdo disponível.

Em uma redação, a informação chega por diversos canais. Pelo telefone, fixo e celular, pelo acompanhamento do trabalho da concorrência, pela equipe de repórteres na rua, online, até por cartas.

> *Ah, mas por fax não chega mais, não, ou chega? Por telex, eu sei que não*, fala Dona Juventina.

Por aplicativos, então, o tráfego de informação é febre. Pelo WhatsApp, a informação não para de circular, seja de origem pública, por memes, citando instituições públicas, particulares, pesquisas, em grupos ou mensagens individuais. O Twitter é outro canal que não para nunca de trazer informações.

» Qualquer jornalista, com compromisso, tem de se questionar se o que lê é verdade?

LEMBRE-SE

Em outros tempos, saber se a informação recebida era falsa era mais simples. A identificação da fonte era o primeiro passo para atestar sua veracidade. Na ausência da comunicação online e anônima, havia interlocutores claros. Sabia-se quem estava passando a informação. Até se o fato chegasse de forma anônima era mais simples lidar com aquele tipo de anonimato. A internet colocou outros desafios para a averiguação daquilo que é dito, escrito, informado.

Antigamente, também, tinha-se a certeza de que era real a informação publicada por veículos de comunicação de prestígio. Afinal, os jornalistas já haviam feito seu dever de casa. Tinham checado a notícia. Mesmo assim, ainda se fazia prudente averiguar o fato. E se o colega tivesse errado?

> *Com fome, não é prudente fazer compras em supermercados*, filosofa Dona Juventina.

Com o advento das mídias sociais, há uma avalanche de informação brotando ao longo do dia. Grande parte dessa enxurrada noticiosa é falsa. Algumas, dolosamente falsas. É como se seguissem uma cartilha. O primeiro alvo é a reputação das pessoas, de preferência conhecidas; depois atacam-se marcas, as globais têm sempre mais impacto; instituições públicas ou particulares também entram no hall da difamação, se tiverem posição clara sobre assuntos polêmicos, aí, viram mais interessantes para a sanha dos detratores.

Essas pessoas que falam mal não têm um tanque de roupa suja para lavar, não?!, questiona Dona Juventina.

No começo de 2017, foi trombeteado para os quatro cantos do mundo que o presidente dos Estados Unidos, Donald Trump, teria mandado tirar do Salão Oval da Casa Branca o busto do ícone do movimento negro Martin Luther King. Com a fama do histriônico presidente em questão, tal atitude só poderia ser verdade. Não era. A fonte, um repórter da revista *Time*, errou.

A redução de jornalistas na redação, a pressa em divulgar antes da concorrência, não justifica informar sem apuração. É preciso checar nome, endereço, evidências em contrário, identificar a fonte. Checar sempre.

Não é fácil estar atento para investigar evidências e pistas que vão contra o palpite, ou preferência pessoal, do jornalista. Este precisa identificar as bolhas de informação, especialmente as que lhe são simpáticas e comungam com sua visão de mundo, aquela que gosta de ouvir e falar para fortalecer sua convicção.

> » É possível conter a histeria de divulgar algo que parece que vai causar grande impacto no público, promover o veículo ou a plataforma que carregou a notícia e dar notoriedade ao jornalista?

Quem tem pressa come cru, lembra Dona Juventina.

LEMBRE-SE

Contemplar os vários lados e pontos de vista ajuda. Como dizia Mark Twain, deve-se separar o joio do trigo. Distinguir o fato realmente existente de ilações, fantasias, mentiras.

Mais do que nunca, o jornalista precisa usar o ponto de interrogação como instrumento de trabalho diário.

Diante da realidade da confluência de mídias, uma notícia não espera mais 24 horas, ou uma semana, para chegar a uma banca de jornal, ou à porta da casa de um assinante. Ela pulula na tela do celular. O gesto de ler, ouvir, ver é imediato. O impacto também. Daí, sobrevém o compartilhamento nas redes pessoais.

DICA

Não se pode esquecer, com a facilidade da tecnologia, qualquer pessoa pode se tornar um repórter ou editor. Se seu público vai aceitar ou não o que divulga depende do seu chapéu de reconhecida credibilidade.

Eu mesma, acho que vou fazer a Gazeta da Baixada do Cambuci. *Tenho tanto para contar sobre a vizinha. Minhas manchetes vão ser surpreendentes*, gaba-se Dona Juventina.

A leitura horizontal da informação e seu tempo no cotidiano

O jornalista não pode perder a oportunidade de se fazer entender. De nada adianta ser impoluto ou solene no lidar com a informação se o público, a quem a notícia se destina, não a entende.

Se o texto está escrito, é possível voltar, ler quantas vezes forem necessárias; porém, não é desejável, na comunicação cotidiana, perder tempo tentando reler um texto.

Tempo é bem precioso, vem sem a tecla *rewind* (aquela de "retroceder"). Além de aparentemente escasso na contemporaneidade da vida.

Um livro de filosofia, ou de outra ciência, requer, em determinadas ocasiões, diversas leituras para seu entendimento. Fato convencionado pela academia de leitura vertical, ou seja, com profundidade.

Na informação jornalística diária, em um paralelo, a leitura é horizontal, mais rápida e com menos aprofundamento. Isso só reforça diferenças existenciais do ser dessas leituras, sem juízo de valor em que uma é melhor em relação à outra.

Não estamos defendendo o reducionismo, mas apenas que uma notícia caiba no tempo adequado de seu receptor.

Sejamos Simples, Didáticos, Ainda que Isso Seja Difícil

O texto jornalístico começa com o *lead*. Opa! Eis um jargão do *jornalistiquês*. E esse é um estrangeirismo, a palavra é em inglês. Então, antes de atirarem a primeira pedra em quem vos escreve, esclareçamos.

DICA

Lead inicia a informação no texto jornalístico. Em inglês, o verbo *to lead* significa conduzir. Ou seja, as informações usadas na parte do texto jornalístico identificado como *lead* conduzem a matéria, a reportagem. Devem ser escritas para capturar a atenção do seu receptor. Quanto mais atraente, melhor. Maiores são as chances de se ler o texto na íntegra.

Um segredinho, todo jornalista deseja a leitura integral de sua matéria. E não só. Comentários e repercussão do assunto são muito bem-vindos. Em tempos de compartilhamento em redes sociais, isso gera satisfação, tem-se a ideia de dever cumprido.

Geralmente, o *lead* se concentra em uma ou duas frases. Se não for bom, babau. Adeus, audiência. O craque do texto fisga o leitor no primeiro laço do anzol. Nada de prolegômenos, introduções imensas, arrazoados ou a história de como começou o universo. Deixa o Big Bang para um texto próprio.

Como dizia Dona Juventina, a ordem é: "Sujeito+verbo+predicado." As frases devem ser as mais curtas possíveis. Nada de adotar o estilo de Alexandre Herculano.

Cuidado para não começar o *lead* com o poderoso NÃO. Geralmente, esse indica que alguma coisa NÃO aconteceu e manda a audiência para o brejo. E como se diz nas redações, é a antinotícia. *Antinoticiar* é erro. Jornalistas têm pavor de antinotícia.

> *Quer dizer que a maior inimiga desse tal de* lead *é minha adorada escritora Agatha Christie, aquela que deixa para o último parágrafo a informação de que foi o mordomo quem matou o comensal*, constatou a leitora voraz Dona Juventina.

Alguns redatores adoram adjetivos. Não vivem sem eles. Mas, como já dizia o velho Paracelso, nada é veneno, tudo é veneno, depende da quantidade. Melhor é usar e abusar dos substantivos. Eles não vão reclamar.

Nada de pôr apostos desnecessários para fazer o receptor perder o fio da meada da história. Pequenas explicações, sim; grandes, só atrapalham a compreensão. Quem usa muitos apostos não chega nunca à conclusão, não dá "ponto de corte", é um vai e vem sem fim. É do tipo chamado carinhosamente de "12 raiz de 144".

> *Então, por que não param com isso?*, indigna-se Dona Juventina.

DICA

Mais uma recomendação da nossa querida Dona Juventina: "Cada frase deve conter apenas uma ideia." Mestra. Sabia o que dizia. O texto deve ser o mais coloquial possível, sem perder a objetividade.

Uma ou outra gíria é até aceitável, desde que faça sentido no contexto, acrescente à informação e seja de conhecimento geral, não restrita à *tchurma*, ou melhor, à galera. Não, talvez ao bonde seja a gíria mais atual. Qual seria? Se isso ocorrer, só a patota (essa com certeza é gíria do século passado, do tempo que vestíamos nossas calças curtas) vai saber do que se trata. Por sua vez, o grande público pode começar a se sentir estranho no ninho e decidir buscar outra plataforma de informação. E ele vai encontrar. Nesse momento, acendam-se as luzes amarelas. Perda de audiência nunca é bom sinal.

Repetir não quer dizer redundar

Outro vício que precisa ser combatido é a redundância. Ela não se confunde com erro, como trocar cento por pontos percentuais. Ela junta "cré com crê" quando isso é totalmente dispensável.

Muitas vezes, no dia a dia, ela se traveste em forma coloquial de se falar, quando é um verdadeiro pé. Assim, é desnecessário dizer que o "elo de ligação" dessa tramoia ou...

Para que redundância?

- » Anexar junto
- » Avançar para frente
- » Consenso geral
- » Conviver junto
- » Descer para baixo
- » Duas metades iguais
- » Elo de ligação
- » Emigrar para fora
- » Entrar para dentro
- » Exportar para fora
- » Há dez anos atrás
- » Imigrar para dentro
- » Importar para dentro
- » Mormaço quente
- » Novidade inédita
- » Sair para fora
- » Sol escaldante
- » Subir para cima
- » Surpresa inesperada
- » Voltar atrás

Alguém ensinou que não se deve repetir a mesma palavra, especialmente em textos curtos. Assim, ônibus deve ser substituído por coletivo; banco, por instituição bancária, e por aí vai. Contudo, essa regra não é necessariamente pétrea. Pode ser relativizada. Em textos curtos, diretos, é prudente avaliar quando é palatável usar a repetição, especialmente em textos orais.

O que você prefere escrever em prol do melhor entendimento do conteúdo, da forma mais simples e costumeira da escrita:

- Cidade ou urbe?
- Europa ou Velho Continente?
- Médico ou facultativo?
- Advogado ou causídico?
- Hospital ou nosocômio?

> *Eu já me decidi. Fico com a repetição. Quem já viu não poder repetir palavras? Repetição não é pecado capital. Uma ou outra vez, pode. Deixem de ser chatos, ora bolas*, falou consternada Dona Juventina.

Como É que Se Diz ou Se Escreve Mesmo?

Jornalistas de todas as plataformas precisam falar e escrever corretamente. Não é preciso, obviamente, ser um *Aurélio* ambulante. Tampouco ser um profissional que se vangloria de nunca ter cometido algum deslize. Erros são humanos, e todos somos passíveis de os cometer. Inclusive, jornalistas. Mas erros frequentes de gramática, de escrita, de pronúncia não são tolerados. Devem ser evitados, corrigidos de pronto.

> *Até eu sei que "pra mim fazer" é um deslize daqueles. E não é que, a cada dia, ouço mais e mais pessoas falando assim? Tadinho do "eu". Daqui a pouco cai em desuso*, pensa Dona Juventina.

O jornalismo, não importa em que plataforma, deve ter uma comunicação fácil, com palavras conhecidas, texto dialogando com o público. Nessas horas, dar sinais de erudição não ajuda. Atrapalha. Por exemplo, por que não trocar principal artéria por avenida, se for sobre uma cidade, ou a aorta, se for anatomia? Ou, ainda:

TABELA 15-1 **Vale o Sinônimo**

Opção 1	Opção 2
cálculo renal	pedra no rim
vítima fatal	morto
vindouro	próximo
profissional do volante	motorista
profissional do sexo	prostituta
profissional da imprensa	jornalista
viatura	carro
meliante	bandido
falecido	morto
Velho Continente	Europa
matrimônio	casamento
nubentes	noivos
lograr êxito	ter
chefe da nação	presidente
larápio	ladrão
autoridade policial	delegado
Egrégio Supremo Tribunal	Supremo Tribunal Federal
membro do ministério público	promotor/procurador
enfermidade	doença
genitora	mãe
cadáver	corpo
ataúde	caixão
profissional da saúde	médico
nosocômio	hospital
morgue	velório
ancião	velho
aeronave	avião
data natalícia	aniversário

Ps.: Às vezes, os coautores deste livro gostam de mostrar seu cabedal intelectual. Também somos humanos. Portanto, temos nosso quinhão de vaidade.

Assim, escrevemos moeda norte-americana, nuvens de cúmulos nimbus, lubrificante, facultativo, nosocômio, entre outros. Exibimos, dessa maneira, um pouco de nossa estonteante cultura. Mas ficamos atentos para não escrever, falar ou apresentar coisas do tipo: toca gado, boca dela, por cada, a cerca dela. Isso, os eruditos chamam de cacófato, vícios de linguagem desagradáveis para quem os ouve e para quem fala, também.

Ainda bem que estou por aqui de olho em vocês. Se não..., fala Dona Juventina, estufando o peito.

Nossa Língua Portuguesa

Esse título é inspirado no belíssimo programa da TV Cultura, apresentado pelo professor Pasquale. De maneira agradável, ele nos ensinou que a última flor do Lácio, inculta e bela, tem uma série de nuances e, para quem vive de jornalismo, elas são verdadeiras armadilhas.

Aprendemos que o "s" tem som de "z" quando está entre duas vogais. Assim, Dona Juventina nos ensina. Então, por que se diz "tran**z**ito" e não "trân**ss**ito"? É uma exceção.

E o tal sub**s**ídio, que o governo dá aos remendados, pode ser sub**z**ídio? Não, diz o professor Pasquale.

A coisa mais fácil de errar é quando uma palavra começa com "e" ou "i". No dia a dia a gente troca um pelo outro, "encarar" ou "incarar"? Que sorte termos o bendito corretor de texto. Torcemos para que, em breve, possamos encontrar nas melhores lojas da cidade o corretor de som. Já pensou como seria? Ao se falar uma palavra erradamente, o corretor entraria em ação e, imediatamente, nos corrigiria. Ah, as delícias da tecnologia.

Em tempo, a grafia correta é encarar. A outra forma é incorreta, não "encorreta".

Abaixo, algumas das nossas pataquadas corriqueiras ao falar. Nós não somos o professor Pasquale para propor uma reforma na língua, como, por exemplo, o que tiver som de "z" escreve-se com o próprio o "z". O que tiver som de "s" escreve-se com o "s" em si. Não vamos nem nos arriscar a falar disso, porque Dona Juventina vai pôr a gente de castigo. Imagine querer acabar com o queridíssimo "ç" trocado pelo "s". Ou o "qu" trocado por apenas "k", nisso, o "c" também vai para o beleléu. Mandar o "ch" para o paredão e ficar com o "x". "M" antes de "p" ou "b", e muitas outras coisas que povoam nossa mente insana. Ainda não estamos defendendo a linguagem do *zapzap*.

TABELA 15-2 **Cheque a Pronúncia**

Certo	Errado
Pôça	póça
Arroz	arroiz
Possui	possue
Fizemos	fizemo
Animal	animau
Absoluto	abisoluto
Adquirir	adiquirir
Almêja	améja
Adepto	adépito
Apedrêja	apedréja
Caminhoneiro	camioneiro
Cabeleireiro	cabeleleiro
Barbeiro	Heródoto
Beneficente	beneficiente
Aterrissagem	aterrisagem
Álibi	álibe
Maquinaria	maquinária
Reivindicar	reinvidincar
Rubrica	rubríca
Frustrado	frustado
Iléso	ileso
Efigênia	Ifigênia

O Segredo da Edição

Depois de uma grande pesquisa bibliográfica, noites e noites sem dormir flanando pelos bares da moda, tomando catuaba, desvendamos o segredo da edição. Não tem segredo!

No jargão, editar é selecionar, escolher o que vai ser apresentado ao público. Tecnicamente, é a forma de se construir a história a ser contada. Organiza-se a apuração do repórter (principalmente, na edição para telejornais).

Não é incomum os repórteres reclamarem do trabalho do editor. Repórteres bradam: "O editor mexeu no meu texto." Sim, ele vai mexer; afinal, é pago para isso, para editar as matérias. Mas, para isso, esse profissional precisa ter uma ampla visão dos assuntos para melhor aproveitar o material levado pela apuração da reportagem. E é importante lembrar que editores não podem descaracterizar, deliberadamente, o trabalho do repórter, mudar o sentido da matéria de forma unilateral.

O editor constrói a reportagem em conjunto com o repórter, é um trabalho a quatro mãos e duas cabeças. Quando se encontram, avaliam os depoimentos, as informações obtidas, o que vai ser checado, as dúvidas que surgiram durante a composição da matéria, se as questões levantadas pela pauta foram respondidas. Enfim, é uma parte importante na indústria do jornalismo. Mas editor não é necessariamente o chefe.

O editor pode levar fatos novos, pesquisar novas informações, juntar reportagens anteriores, mas não pode brigar com os acontecimentos se as conclusões não são as imaginadas por ele.

Está impedido de deturpar depoimentos para caber na pauta. No caso de telejornais, o editor pode construir uma reportagem usando depoimentos obtidos por mais de um repórter, apurando no noticiário fatos e cobrindo com imagens de arquivo da empresa ou das de domínio público na internet. Ou ainda procurar pelos mais opinativos depoimentos, também conhecidos como *sonoras*. Isso dá mais força ao produto final.

Para não esquecer, editor não opina. Quem opina é o entrevistado. *Sonoras* que contenham emoção rendem boas edições para os telejornais.

Há, ainda, outros recursos, depende da plataforma. Podem ser infográficos, mapas, fotos, *sonoras* e imagens de arquivo e música. Varia de acordo com a história a ser contada. Seja como for, o editor deve conferir sempre a veracidade dos fatos.

Edição equilibrada

O público, em geral, imagina que a manchete, chamada ou *headline*, vai estar logo no começo do que o entrevistado falou ou o repórter apurou. Ledo engano. O editor vai procurar qual é a ideia mais assertiva, instigante, imaginativa, para chamar a reportagem. E esta pode estar na última frase.

Editar um longo debate entre dois candidatos para o segundo turno da eleição presidencial é um desafio de equilíbrio. Idoneidade, compromisso com a isenção e a ética. Não pode aproveitar os melhores momentos de um com os piores momentos do outro, como aconteceu na Rede Globo com o debate Collor versus Lula. Se tiver curiosidade, veja no Itunes.

Aliás, depois desse debate, convencionou-se não editar os debates. Exatamente para não se incorrer no risco de favorecimentos.

Redação no Mundo Online x Offline

Bem-vindos à escrita no fascinante mundo virtual. Atualmente, não faltam especialistas nesse tema, e há diversos manuais e livros publicados sobre o assunto.

Sim, há especificidades para a escrita na internet, mas o que diversas dessas obras de orientação para a redação online indicam são práticas fundamentais do jornalismo. A ver, em uma breve comparação.

- » Exige-se no online **clareza** e **concisão**. No jornalismo offline, também;
- » Exige-se no online **conhecimento** de seu **leitor**. No jornalismo offline, também;
- » Exige-se no online que se comece pelo **começo**. No jornalismo offline, também;
- » Exige-se no online o uso de **palavras simples**. No jornalismo offline, também;
- » Exige-se no online que se **evitem jargões**, termos técnicos. No jornalismo offline, também.

Poderíamos continuar redigindo uma longa lista das similaridades. Isso acontece, porque, de forma geral, o que as pessoas elaboram como sendo um manual de escrita para plataformas online é, na verdade, uma maneira direta de se escrever, eliminando dubiedade nas frases, priorizando orações coordenadas, para facilitar a compreensão da mensagem. Essas são, também, características da escrita jornalística.

Na imensidão informativa disponível pela internet, é preciso ser claro para assegurar a compreensão de seu conteúdo. A concorrência é alta, e qualquer aspecto que dificulte a leitura pode fazer seu possível leitor desistir de visitar sua página. Daí ele não vai nem curtir ou compartilhar seu texto com amigos da rede social dele. E esse comportamento é o fim para quem deseja ser relevante no mundo virtual.

O *Centro Knight para o Jornalismo nas Américas*, da Universidade do Texas, em Austin, que é um programa de extensão e capacitação profissional para jornalistas na América Latina e no Caribe, publicou, em 2009, a edição eletrônica, em português, do livro *Como escrever para a web*, escrito pelo jornalista colombiano Guillermo Franco e traduzido pelo jornalista brasileiro Marcelo Soares.

O livro traz exemplos sobre como escrever para publicações digitais e como pesquisar a partir de outras fontes. Como exemplificado pelo trecho a seguir:

1. **A frase deve ser curta, sem excesso de incisos e de circunstâncias.**
2. **O ritmo de frase longa + frase curta + frase longa resulta ideal para formar um parágrafo eficaz e de impacto.**
3. **O núcleo de cada frase, o verbo, deve ser forte e direto, "esclareceu", e não fraco e sinuoso, "prestou esclarecimentos".**
4. **Advérbios e adjetivos não podem ser valorativos, mas descritivos e exatos. Além disso, deve-se extremar o cuidado com figuras e jogos de palavras.**
5. **A redação na internet requer mais do que nenhuma outra a economia de palavras, o que finalmente veio a se tornar missão de todo texto escrito. Locuções como "com a maior brevidade possível" ou "no dia imediatamente anterior" já são peças de museu.**

Havendo interesse para conhecer mais desse trabalho, é possível baixar sua versão eletrônica, em PDF, gratuitamente, em: `http://knightcenter.utexas.edu/como_web.php` (conteúdo em inglês).

Mas, ressaltamos, as diferenças entre as escritas online e offline, informativas ou não, estão mais ligadas à formatação do conteúdo, à forma de sua apresentação. Alguns exemplos.

- » Textos para internet podem misturar áudio e vídeo. Isso gera dinamismo e amplia a possibilidade da informação;
- » É possível criar uma narrativa com desenhos, charges entre outros elementos gráficos no decorrer do texto, antes muito mais limitada em textos offline;

» A forma de se ler em uma tela em que a rolagem é vertical, de cima para baixo, ou em que essa tela é sensível ao toque e possibilite o virar de páginas ou a alternação de telas, gera outro envolvimento com o leitor, distinto à experiência de se abrir um jornal, livro ou revista físicos.

No meu tempo, a gente punha um numerozinho na palavra e escrevia no pé da página, diz a hierográfica Dona Juventina.

A questão da elaboração de textos objetivos ganha mais relevância na produção de conteúdo *online* exatamente pelas particularidades de uso dos equipamentos em que essa redação será apresentada. Essa condição precisa ser bem assimilada para quem pretende escrever para veículos *online*, até porque há diferenças significativas na apresentação desses textos em um computador de mesa, um *tablet*, um laptop com tecnologia *touchscreen*, um celular ou um relógio de pulso.

» A dimensão das telas, a interação dos usuários com esses *devices* são decisivos para a experiência da leitura e consequente assimilação do conteúdo.

Meus filhos, o que quer dizer devices?, indaga Dona Juventina.

Search engine optimization (SEO) e *link building*

Duas técnicas são relevantes para se aventurar na composição do conteúdo online. A otimização para mecanismo de busca, SEO, abreviatura de *Search Engine Optimization* e o *Link Building*.

Resumidamente, o SEO melhora a identificação de seu conteúdo em ferramentas de buscas como o Google. Na prática, quando se faz uma pesquisa pela internet, se seu texto estiver construído adequadamente pelas indicações de avaliação do SEO, vai aparecer como um dos primeiros resultados das pesquisas realizadas sobre o assunto. Isso dá visibilidade. Ou seja, ao seguir as recomendações do SEO para a elaboração do seu texto, é bem possível que você aumente a quantidade de visitas a seu site, blog ou outras plataformas.

Alguns requisitos para construção do SEO são:

1. **Defina uma boa palavra-chave que traga em si a ideia ou resuma o conteúdo de seu assunto. Repita essa palavra ao longo do texto;**
2. **Redija títulos e subtítulos atraentes, objetivos e conectados a seu tema. Evite títulos grandes. Tenha como base 70 caracteres como um bom tamanho de título;**

3. **Faça uma *Meta Description* que interesse ao leitor. *Meta Description* é o resumo, descritivo do assunto pesquisado, que aparece embaixo dos títulos nos resultados da busca do Google;**
4. **Construa textos responsivos. Ou seja, que se adaptem aos equipamentos móveis;**
5. **Crie conteúdo com relevância, original e inédito;**
6. **Use links para outros conteúdos que se relacionem com seu assunto.**

Não há tradução da expressão *Link Building* para o português, mas, em uma interpretação livre, esse termo refere-se à construção de elos, ligações, conexões. A ideia, ao usá-lo, é estabelecer associações entre assuntos. Entende-se que, ao se estabelecerem tais conexões, o produto online amplia sua credibilidade, melhora sua popularidade na rede, consequentemente, aumenta-se o tráfego de seus *viewers*. Para que isso aconteça, na prática, é preciso lançar mão de estratégias, de ferramentas de análise e de elaboração de conteúdo, e esse é um trabalho que exige conhecimento e técnica.

Para qual plataforma foi escrito?

Leia o texto abaixo com atenção. Ao final, responda às perguntas propostas.

Tem de ler mesmo? É tão grande, fala Dona Juventina, preguiçosamente.

Teste seus conhecimentos. Texto para análise:

O melhor negócio é ficar sempre com o conjunto. Na linguagem dos tempos rurais, é o mesmo que comprar com a porteira fechada. Tudo o que está lá passa a ser de minha propriedade e posso dispor daquilo como quiser. Inclusive, das pessoas. Posso demitir todos e nomear gente de minha confiança, não importa a competência nem o tempo que andaram trabalhando por lá. O fato é que elas foram nomeadas por outro, e não são do meu time.

Quando se recebe um ministério no governo, o trato é que seja de porteira fechada, em troca do apoio ao presidente no Congresso. Um preço caro, mas o custo-benefício é bom. Os projetos do seu grupo de interesse não vão ficar fora da pauta, ou encalacrados em uma comissão. Só mesmo um forte grupo de lobistas ou a troca de um ministro é capaz de fazê-lo progredir.

É importante ter nas mãos as nomeações dos cargos, mesmo os que não tenham grande importância, geralmente chamados de "casas das máquinas", o que em uma fazenda seria o papel de um peão de boiadeiro. O salário é baixo, mas é possível acomodar os pedidos dos amigos, parentes, correligionários, puxa-sacos e outros próximos. Os cargos mais nobres são reservados para os que ajudarão a manejar a estrutura do ministério a favor do chefão. Pode ser através da negociação de propinas "para a campanha eleitoral", realização de solenidades para angariar votos e se perpetuar no poder, ou até instalar um amante que também é mantido pelo dinheiro do Estado. Ou, melhor, do contribuinte.

Ao vencedor da eleição no Executivo, muito mais do que a projeção e a oportunidade de pôr em prática seu programa de governo, está a posse do Estado. Ele visa à conquista do Estado, a grande presa oferecida ao vencedor. Foi por isso que ele e seu partido, quando na oposição, não se esforçaram para diminuir o tamanho e a ação do Estado. A estratégia é aguentar tudo como está, não mudar nada, e esperar o momento da chegada de sua vez de se apossar da máquina.

Alguém já disse — seria Marx? — que o Estado não é se não a máquina de opressão de uma classe por outra, e isso tanto em uma República democrática quanto em uma Monarquia. Portanto, a luta pelo tamanho do Estado não deveria ser o foco da questão, mas sua extinção. Contudo, se apossar e aparelhar o Estado passou a ser prática da esquerda e da direita. Todos o querem. Ou seja, a competição não se dá entre propostas de governo conflitantes, mas de domínio da casa das máquinas, com a porteira fechada para nenhum concorrente ousar ocupar qualquer posto na burocracia interna.

A chegada do novo ministro se dá com a limpeza de todos os contratados sem concurso, afastamento ou geladeira para os concursados que forem refratários à nova ordem. Cabeças rolam invariavelmente com o ciclo de duração do chefe, ou ministro, ou secretário. Pode durar quatro, oito anos, ou alguns meses, depende dos acertos feitos na cúpula do governo. É exceção ver um ou uma ministra nomeada e impedida de assumir a fazenda de porteira fechada por causa de malfeitos detectados no Judiciário e amplificados pela "mídia golpista".

A legitimidade da distribuição da imensa riqueza de posse do Estado é dada pelas eleições e pelas escolhas feitas pela população, ainda que ela não entenda que o que está sendo disputado não é o governo, mas o Estado. O instrumento de consolidação da conquista é o partido, que já tem a estrutura completa e apta para assumir todos os postos, inclusive para os quais não foi eleito. É tudo meu, rejubilam-se os acólitos de sempre. Quem é que fica com o quê?

Os partidos originaram-se na competição pelo poder, mas vão muito mais além disso. A militância é preparada, ao longo dos anos, para estar apta a dizer que postos querem se a eleição for bem-sucedida. O imenso aparelho do Estado pode cair nas mãos de quem almeja o império, muito mais do que o Poder regulamentado pela Constituição.

Os meios cômodos, hoje, do povo mudar os participantes do poder constitucional, as eleições regulares, são formas legais de tirar uma burocracia e substituí-la por outra. O período eleitoral se dá em um picadeiro mambembe de periferia, em que palhaços, malabaristas, mágicos, domadores entretêm a plateia que vai dar respaldo, deixar o espetáculo e só ser convidada para o próximo show dali a quatro anos. Nesse período, contenta-se a acompanhar as peripécias dos novos proprietários e pagar impostos para que possam usufruir da máquina. O Poder visto como um agente da Liberdade, nesse contexto, torna-se seu inimigo.

Ao Quizz

1. **O texto anterior foi escrito para:**
   - **A.** Jornal
   - **B.** Tevê
   - **C.** Rádio
   - **D.** Blog
   - **E.** Multiplataforma
2. **O contexto deixa claro em que lugar do mundo a ação se processa?**
   - **A.** Butão
   - **B.** Rússia
   - **C.** Chade
   - **D.** Ibirapitanga
   - **E.** Brasil
3. **No texto, o que se entende por porteira fechada?**
   - **A.** Uma fazenda
   - **B.** Uma boiada
   - **C.** Um mata-burro
   - **D.** Um estádio de futebol
   - **E.** Ministério bem gordinho
4. **O tal circo que entretém a população é:**
   - **A.** *Programa Silvio Santos*
   - **B.** *Domingo Legal*
   - **C.** *Programa do Ratinho*
   - **D.** *Caldeirão do Huck*
   - **E.** Eleições

5. Governo é mesma coisa que poder, uma vez que:

A. Sem poder não dá para governar

B. Não dá para nomear parentes

C. Serve para pôr cupinchas nos cargos

D. É assim desde a criação do mundo

E. Ter nas mãos a estrutura do Estado

Resolução dos Enigmas

QUESTÃO 1 — O texto foi escrito para múltiplas plataformas, uma vez que pode ser enviado a jornais, revistas, blogs, rádio e tevê. Como e se vai ser usado é outra história;

QUESTÃO 2 — Se escolheu Ibirapitanga, errou. Na época em que a civilização indígena mandava por aqui, não havia essa cachorrice. É coisa do Brasil recente mesmo;

QUESTÃO 3 — Porteira não se refere ao *Menino da Porteira*, cantado pelo Sérgio Reis. É a posse da estrutura para usar até se lambuzar, tudo custeado por nós, por nossos impostos;

QUESTÃO 4 — Se você pensou no *Caldeirão*, errou. Ele nunca seria encenado em um circo mambembe de periferia. São as eleições;

QUESTÃO 5 — É ter nas mãos as estruturas do Estado, claro.

Você é o crítico

Depois desses longos parágrafos, vale a pena se perguntar (a gente dá uma força e já responde):

» O texto é compreensível na primeira leitura? **Não**

» Há ironia no texto quando se refere à estrutura política do país? **Não**

» Os autores fazem jogos de palavras para prender a atenção da audiência? **Não**

» Há uma dose de ironia ao descrever o sistema político do país? **Não**

» Você recomendaria esse texto ou o compartilharia nas redes sociais? **Não**

NESTE CAPÍTULO

» O jornalista noticia

» O futebol move paixões

» É preciso ser explicativo e direto

Capítulo 11

Eu Estou Jornalista

Se me for dado escolher entre um governo sem imprensa e uma imprensa sem governo, não hesitaria um minuto em preferir a última alternativa.

THOMAS JEFFERSON, 3º PRESIDENTE DOS ESTADOS UNIDOS

Todo o conteúdo que despreza a ética, a busca da isenção e o interesse público não é jornalismo, reiteramos. Portanto, não existe jornalismo sensacionalista. Existem produtos em outras áreas que são sensacionalistas. O sensacionalismo, ou o espetáculo, não combina com o íntimo do jornalismo. Eles têm seu espaço na comunicação. Audiência não lhes falta. Mas, quando estamos falando em produtos jornalísticos, é necessário ter apuração dos fatos, ouvir e expor o contraditório, analisar dados, entre outros requisitos. Produtos ou programas que não se prestem a isso não são jornalísticos. Mais uma vez, nada contra.

Vocês estão sendo repetitivos, exaspera-se Dona Juventina.

É tão importante assim mesmo?, resmunga.

SE É SENSACIONALISMO, NÃO É JORNALISMO

Sensacionalismo é como uma praga, seu uso corrompe o jornalismo. Destrói a notícia ao lançar mão do exagero, da imparcialidade, do irreal. Sua utilização geralmente ocorre para se aumentar ou despertar o interesse da audiência. Para se chamar atenção. Tornou-se, ao longo dos anos, uma forma para identificar alguns produtos ditos jornalísticos. Por isso, reforçamos:

> Não há jornalismo sensacionalista. Ou é uma coisa ou é outra!

Tal afirmação pode soar inusual, pois convencionou-se se relacionarem certas práticas da comunicação de massa como sensacionalistas. E isso não está errado. Sim, há quem faça de sua matéria, de seu programa no rádio, na televisão, um produto sensacionalista. Mas, insistimos, isso não é jornalismo, é outra coisa. Sequer é jornalismo de baixa qualidade. Não é jornalismo, e há exemplos de sobra sobre esse assunto.

Lembramos do dia em que um apresentador (resguardamo-nos ao direito de não mencionar seu nome) de um programa policial, de final de tarde, afirmava *ter ouvido dizer que um avião de passageiros caíra nas proximidades de São Paulo*. Ele repetiu sua suposição inúmeras vezes, mas ao final do programa se desmentiu. A informação era um equívoco, disse.

Em outra ocasião, também em São Paulo, uma rádio, ao lançar sua programação "jornalística", fizera sua transmissão, por mais de 24 horas, em um local identificado, por eles, como campo de pouso de discos voadores. Por todo o período de sua transmissão, seus repórteres ficaram ao relento nesse campo.

Os dois exemplos acima demonstram a prática de sensacionalismo travestido de jornalismo. Há de se considerar, qualquer informação imprecisa, em que alguém ouviu falar algo, não é uma informação de credibilidade. Simplesmente quem fala isso não checou o fato.

CUIDADO

Por princípio, um jornalista precisa ter responsabilidade para fazer afirmações. Seu trabalho consiste na checagem dos fatos. Ora, se, então, os fatos não foram checados, não houve trabalho. O jornalismo não foi feito. Optou-se por um atalho qualquer.

E quando uma emissora acredita na existência de campo de pouso de discos voadores, e decide levar sua equipe de profissionais para esse lugar, cria uma espetacularização de um fato. Toma essa medida para chamar atenção. Portanto, é outra linha cruzada.

LEMBRE-SE

A notícia deve chamar atenção por si. Os fatos que a compõem devem ter significado, relevância, interesse público. Se for preciso usar de artimanhas para atrair leitores, internautas, ouvintes, telespectadores, desconfie; provavelmente, você não está em frente a um produto jornalístico. Você pode chamá-lo como quiser, inclusive de sensacionalista, mas não é algo jornalístico.

Sim, respondemos à Dona Juventina. E enfatizamos que, para se obter um produto jornalístico, é preciso:

- Analisar estatísticas;
- Buscar isenção na redação do texto final;
- Consultar documentos pertinentes;
- Entrevistar o máximo possível de pessoas envolvidas no fato a ser noticiado;
- Consultar outras matérias publicadas sobre o assunto;
- Entrar em contato com autoridades públicas;
- Entrevistar especialistas sobre o tema;
- Ouvir fontes primárias da notícia;
- Ir até o local dos eventos;
- Mostrar pontos divergentes, contraditórios.

Às vezes, nem todos os requisitos listados são necessários para se redigir uma matéria. Em alguns casos, inclusive, o fato em si sequer demanda esse grau de detalhamento na apuração da notícia. Mas é importante tê-los como referência para garantir uma cobertura jornalística de qualidade.

Por Todos os Lados, Informação (mas Nem Tudo São Flores)

Todas as atividades humanas são passíveis de cobertura jornalística. O mundo cultural é uma delas. Faz-se jornalismo de boa qualidade na literatura, no teatro, nas artes plásticas, nos esportes, em todas as atividades culturais, de entretenimento e mídia. Porém, o jornalista precisa ter em mente, sempre, que não faz parte do espetáculo. Apenas cobre o evento. Assim, ao participar da pré-estreia de uma ópera, não pode subir no palco e querer cantar uma ária. Nem entrar no meio da orquestra sinfônica e tocar um bombardino. Por mais que conheça o instrumento.

> *Só faltava vocês entrarem em cena para dançar o lago dos cisnes*, balbucia Dona Juventina.

Tal afirmação parece óbvia, mas é muito comum encontrar colegas, em todas as redações, que, por vezes, acham-se mais importante que a fonte e a notícia. Acreditam dominar com mais detalhes os assuntos de sua cobertura diária. Muitos, inclusive, chegam a estudar e se formar em outras profissões, como economia, direito, ciências médicas etc. Nada contra, isso é bom, mas devagar com o andor.

Dessa vez, Dona Juventina deu com os ombros. Ficou apenas calada.

CUIDADO

É preciso sempre lembrar, ao exercer outra atividade qualquer, que o jornalista não está jornalista naquele momento. Ser jornalista é diferente de estar jornalista, repetimos, parafraseando um ministro da cultura que disse que "estava ministro, não era ministro".

É possível fazer faculdade de comunicação social, obter diploma, carteirinha do sindicato, número do DRT e, nem por isso, essa pessoa, apesar de sua trajetória, "está jornalista". Se é jornalista quando se vive do jornalismo e suas regras são praticadas.

É comum pessoas que exercem outras profissões se rotularem de jornalista *Fulano de Tal* e, no entanto, serem publicitários, apresentadores de talk show, autores de novelas, personagens de publicidade etc. Nada contra, mas não "estão" jornalistas.

Vocês me confundem! Eu sou ou estou aposentada?, questiona-se Dona Juventina.

Seja lá o que for, de qualquer maneira, ganho uma miséria, merreca mesmo, da Previdência, queixa-se, aproveitando a deixa.

CUIDADO

A missão do jornalista é noticiar, comentar, avaliar, opinar, apurar. Não é a de ser protagonista de nenhuma atividade de sua cobertura. Alguns se esquecem disso, tentam se misturar ao "espetáculo"; ser reconhecidos como mais um. As críticas são dirigidas aos profissionais e não se misturam com ataques pessoais ou preferências nada republicanas.

CUIDADO

Jornalismo não é entretenimento, indiferentemente à plataforma que esteja sendo usada para se veicular a notícia. E nada autoriza o profissional da informação a dar *carteirada* e querer participar de um espetáculo sem pagar, seja trabalhando ou de folga. Nesses casos, comuns na área de cultura e entretenimento, a empresa de comunicação tem de bancar o ingresso para o show. Se não houver um veículo de comunicação para arcar com a entrada, o dinheiro do ingresso tem de sair do bolso do jornalista. Essa prática assegura independência ao trabalho. Mas, se por algum motivo isso não for possível, é preciso ser transparente.

Uma coisa é uma coisa. Outra coisa é outra coisa. Já disse isso várias vezes. Não sei por que insistem, ralhou Dona Juventina.

Do Outro Lado do Balcão

Jornalistas podem migrar para o entretenimento. É cada vez mais frequente observar essa movimentação em todo o mundo. Assim como o inverso também acontece. Alguém do entretenimento abandonar o show-biz para se tornar difusor de notícias. Está tudo certo.

Um exemplo bem-sucedido dessa migração é o de Fátima Bernardes. Depois de mais de 25 anos dedicados a reportagens ou apresentação de algum programa noticioso — por 14 anos Fátima apresentou o *Jornal Nacional* — ela migrou para um programa diário de variedades, *Encontro com Fátima Bernardes.*

No começo de sua empreitada, foi alvo de certo ceticismo. Reação previsível, dada sua notoriedade conquistada nas bancadas dos telejornais. Mas, com o decorrer dos meses, ela ganhou a confiança do público, do mercado publicitário, e seu programa matinal passou a apresentar crescimento pelas medições de audiência, consolidando-se no horário.

Fátima se tornou, também, referência nas redes sociais, seara essa pantanosa para quem é da imprensa. Alguns grandes veículos indicam como seus contratados devem se portar nas redes sociais. Principalmente os profissionais que têm sua imagem exposta para o público no exercício de seu trabalho. Esses têm de redobrar seus cuidados, pois seus contratantes evitam vincular sua imagem institucional a posicionamentos de cunho pessoal, individual.

Ao mesmo tempo, os departamentos comerciais e de marketing das empresas de comunicação entendem como propaganda gratuita, por exemplo, quando um jornalista faz check-in, em suas redes sociais, em restaurantes, hotéis ou outro estabelecimento comercial qualquer. Para alguns executivos da mídia, essa atitude é *merchandising.*

Frente a uma condição dessas, é pertinente se perguntar: Até onde as empresas podem interferir na vida privada de seus jornalistas contratados? Afinal, jornalistas têm suas vidas particulares e podem fazer delas o que bem entenderem, como qualquer outro cidadão. Portanto, estariam livres para usar suas redes sociais a seu bel-prazer, ou será que não?

Ai, ai. Tudo o que é escondido é mais gostoso, suspira Dona Juventina.

Reside na lógica da curiosidade uma possível explicação para o sucesso de Fátima em suas redes sociais. Por anos, sua imagem era conhecida, mas se sabia muito pouco de sua vida pessoal. Quando estava jornalista, ela não era tão ativa no mundo online. Mas, foi mudar o seu lado do balcão, indo para o entretenimento, que sua postura no mundo virtual se modificou. Resultado, ela conquistou um número de seguidores contabilizado na casa dos milhares, suas postagens ganham destaque em sites e nos programas de cobertura jornalística de celebridades, e diversas de suas imagens viram engraçados memes. Em tempos de mídia online, memes tornaram-se, no Brasil, indicador de popularidade, que o digam as celebridades.

Outro jornalista que também ampliou sua notoriedade ao migrar da cobertura dos fatos diário para o entretenimento foi Pedro Bial. Sua imagem tornou-se sinônimo do *Big Brother Brasil*, no período em que apresentou a atração na Rede Globo. Hoje, faz sucesso com seu programa de entrevistas *Conversa com Bial*. E tem liberdade para usar sua imagem em comerciais, condição essa vedada a jornalistas em exercício profissional.

Há um conflito de interesses quando um jornalista veicula sua imagem a algum produto, a alguma ação comercial. Como é possível ser isento quando se está sendo pago por uma empresa? Quando se anuncia algum produto? Jornalistas e comerciais não se misturam.

> *Já sei, já sei. É como água e vinho,* ilustra Dona Juventina.

Jornalista Pode Ter Time do Coração?

A pergunta acima é um dos tabus da mídia nacional. Ao longo do século XX, foi praticamente uma lei draconiana. Jornalistas estavam terminantemente proibidos de dizer por qual time torciam. Era preciso manter a credibilidade. Afinal, como um corinthiano roxo pode ser isento, em seu trabalho, ao noticiar seu time em um clássico contra o Palmeiras? Ou quem vai acreditar em uma narração imparcial de um gremista fanático quando o adversário é o Internacional? Questionavam chefes de redação a seus subordinados. Tudo em nome da isenção jornalística, arrematavam. Mas essa era a tônica do passado. Essa determinação, aos poucos, cai por terra.

> *Mas jornalista pode ou não pode torcer por time de futebol, ora bolas?*, fala uma já impaciente Dona Juventina.

Sim, pode. HB, por exemplo, é fanático pelo Corinthians. O que não pode é se deixar levar pela paixão à camisa de um escrete e não realizar seu trabalho corretamente, omitindo informação ou sendo leviano na apuração dos fatos. Isso não pode nunca. Transparência não abala a credibilidade, pelo contrário, permite ao público fiscalizar melhor o trabalho da imprensa. Uma coisa é informar com emoção, de dentro de um estádio apinhado de torcedores, outra é ser piegas e torcer para seu time ou o time da massa para fazer média e conseguir popularidade.

Ainda há narradores esportivos que confundem uma partida de ludopédio, desculpem, futebol, como se tivessem narrando uma guerra entre países ou torcidas.

Em meados do século passado, na época de ouro do rádio, havia alguns tipos de narradores: poetas de microfone, estrategistas e os que relatavam fatos totalmente imaginários. Naquele tempo, inexistiam câmeras de televisão na cobertura dos jogos. As figuras de linguagem ditavam as narrações. A criatividade era imperativa. Mas, aos poucos, com a disseminação da televisão, a partir dos anos de 1960, criou-se um *gap* entre o trabalho dos narradores e as imagens das partidas, vistas pelos telespectadores. A tevê mudou definitivamente a narração dos jogos de futebol.

É claro, ainda há espaço para licenças poéticas, afinal, uma competição esportiva é entretenimento, portanto, era válido quando o grande narrador Fiori Gigliotti (1928–2006) abria suas transmissões esportivas pela Rádio Bandeirantes São Paulo com o jargão: *Abrem-se as cortinas, e começa o espetáculo*. Ou, em tempos mais atuais, quando Rômulo Mendonça, chamado por alguns de "Narrador Ragatanga", arrebata uma legião de fãs com seus bordões: *Aqui, não, queridinha; Aqui, não, neném. Vai caçar Pokémon; Nossa casa. Nossas regras. Nosso ouro!*

Rômulo tem um estilo de narrar enfatizado por tiradas cômicas. Ele ampliou sua notoriedade acompanhando partidas de vôlei e basquete durante as Olimpíadas do Rio em 2016, pela ESPN Brasil. Sua popularidade é facilmente indicada pelas redes sociais. Seus bordões se multiplicam, indiscriminadamente, pelo mundo virtual.

CUIDADO

Seja como for, no esporte, cultura, economia, política ou qualquer outro assunto, o jornalista deve procurar a isenção. Nada de querer, figurativamente, bater o pênalti ou ficar no gol para impedir que seu time seja goleado.

Gol de placa

O Brasil teve e tem grandes jornalistas fanáticos por seus times. Joelmir Beting, palmeirense doente, tornou-se nacionalmente conhecido por seu trabalho na área econômica, mas foi ele o criador de uma das expressões mais populares entre torcedores do Brasil — "o gol de placa".

No começo de sua carreira, Joelmir era da área esportiva. Em 5 de março de 1961, ao assistir a uma partida no Maracanã, entre Santos e Fluminense, vencida pelo time do Rei Pelé por 3x1, Joelmir ficara tão impressionado com um gol de Pelé que decidiu o homenagear e mandou fazer uma placa para registrar o impressionante gol de que fora testemunha no estádio. Surgia ali a famosa expressão.

Luciano do Valle (torcedor da Ponte Preta, de Campinas), Osmar Santos (palmeirense), Juca Kfouri (corinthiano), Galvão Bueno (flamenguista) são outros grandes nomes da cobertura esportiva nacional. São profissionais que ultrapassaram as fronteiras do esporte. De certa forma, estão ou estiveram no imaginário nacional, e, a despeito da torcida por seus times de coração, exercem seu trabalho corretamente.

MÁRIO & NELSON

Ao se falar da cobertura jornalística sobre futebol, é importante lembrar os nomes dos irmãos Mário Filho e Nelson Rodrigues. Eles são fundamentais para a disseminação da paixão por esse esporte no país. Seus textos sobre os jogos são considerados, por muitos, literatura de alta qualidade.

Nelson, além de ser um dos principais escritores brasileiros, é tido como revolucionário na cobertura esportiva. Ele imprimiu ao noticiário do futebol textos rebuscados, recheados de hipérboles e adjetivos, com descrições históricas, na mesma proporção, para derrotas ou vitórias. A bem da verdade, tinha um nacionalismo exagerado em sua cobertura. É dele, por exemplo, a expressão *complexo de vira-lata do brasileiro*, extraído de uma de suas crônicas (leia a íntegra a seguir).

Já Mário Filho simplesmente batiza o mais icônico estádio de futebol do país, o Maracanã. Oficialmente registrado como Jornalista Mário Filho, homenagem feita a ele por seu empenho para sua construção. Ele não mediu esforços para fazer a obra acontecer.

Mário renovou a escrita sobre futebol na mídia ao implementar um novo estilo de redação para acompanhar as partidas. Seus textos eram mais diretos, usava e abusava de expressões dos torcedores para dar vivacidade a suas reportagens, e expunha as histórias dos jogadores. Com esses recursos, criou vínculos emocionais com os leitores, aproximando-os de suas reportagens. O trabalho dele e de seu irmão é tido como decisivo para a popularização do futebol entre os brasileiros, esporte visto como elitizado até então.

Mário é, ainda, autor de significativas obras literárias. Entre elas, *O Negro no Futebol Brasileiro*, publicado em 1947 (há varias reedições), com prefácio de Gilberto Freyre, que descreve o livro como *fundamental para a compreensão da formação do Brasil*, e *Viagem em Torno de Pelé*, sua primeira edição data de 1963 e relata a trajetória do Rei do futebol.

Sem Atravessar o Samba-enredo

Uma das missões dos filhotes de Gutenberg, ou de Zuckerberg, é ser didático, explicativo e, claro, direto. Escrever ou falar fácil é mais difícil. Para isso, é preciso conhecer o assunto e não ser reducionista. Ou cortar o que é importante e deixar o que é irrelevante para a reportagem.

CUIDADO

E não se pode esquecer, artistas, celebridades, esportistas, jogadores, ou seja, lá quem deu a entrevista, ou foi comentado na matéria, tem resguardado seu direito de resposta (mais sobre essa questão nos capítulos sobre ética). Nada de invadir a privacidade. O nacionalismo nas reportagens esportivas é totalmente indispensável, deixe-o para a vinheta de Brasil... sil...sillll!!!!

Jargões nacionalistas geralmente confundem-se com atitudes fascistas, também dispensáveis. Até para narrar um desfile de escola de samba é preciso conhecimento técnico, avaliação criteriosa e evitar sair sambando no meio das esculturais passistas, uma vez que há uma disputa entre agremiações. Se quiser desfilar, inscreva-se em uma escola como sambista. Compre uma fantasia e não se esqueça de ensaiar para não atravessar o samba-enredo.

Antigamente, tínhamos mais recato, orgulha-se Dona Juventina.

Em tempo, saber um pouco de história do Brasil também ajuda. É verdade que os desfiles, especialmente no Rio de Janeiro, ganharam o status de grande espetáculo visual, televisivo, internético. Boa parte das pessoas nas arquibancadas filmam, gravam, fazem selfies e compartilham, curtem, postam. Na prática, é uma competição velada com os veículos tradicionais, nesse caso, leia-se a tevê.

É comum em grandes espetáculos que se repetem todo ano, Carnaval, final do campeonato brasileiro de futebol, Sexta-feira Santa, Natal etc., os jornalistas usarem e abusarem de clichês como: "Não vai faltar peixe na Semana Santa."

Algumas reportagens poderiam ser arquivadas de um ano para o outro, porque são muito semelhantes. Às vezes, a única diferença é o repórter. Até os entrevistados são os mesmos.

Ainda no item grandes espetáculos, é quase impossível impedir que sons externos se misturem com a cobertura jornalística. Muitas vezes, elogios à genitora do árbitro, vaias para os grandes caciques da república ou coro de palavrões em abertura de grandes eventos invadem o áudio das transmissões. O que fazer em uma hora dessas? Nada.

Nunca fui a um estádio. Não é para pessoa de minha idade e estirpe, fala Dona Juventina.

Onde já se viu?! Xingar a mãe do árbitro, que nem conheço? Só vale se ele roubar o meu time.

Todos esses eventos podem e devem ter uma cobertura jornalística, o que não impede a participação de comentaristas como sambistas, modelos, celebridades, humoristas, especialistas de toda ordem, jurados, enfim, protagonistas da festa.

Mais uma vez, sugerimos aos jornalistas se manterem em sua posição, não avançarem o sinal. Tentem, ao máximo, segurar o descontrole do ego.

FIGURA 11-1: Disputa acirrada na cobertura de evento de grande interesse público.

Por falar em ego... O ego é um provocador. Precisa ser mantido com rédeas curtas. Qualquer descuido, *zapt*, ele se expande para o infinito e além. Isso pode acontecer com qualquer pessoa, mas, na seara jornalísticas, a frequência dessa expansão é intensa.

A inevitável notoriedade, a exposição em mídias com audiência na casa dos milhões, o contato com fontes e entrevistados famosos tocam o ego do ser humano e, quando menos se espera, o ego fica inadministrável. Sendo assim, não nos custa alertar, cultivar a humildade é um excelente antídoto contra a arrogância, uma das manifestações mais comuns do ego.

"*Menas*", enfatiza Dona Juventina.

NESTE CAPÍTULO

» Como interagir com jornalistas

» As mudanças não param

» A sociedade precisa dizer como quer ser informada

Capítulo 12

Jornalismo É um Processo

Informar foi no passado condição básica para o surgimento da prática jornalística como atividade econômica; setor que surge como organização de um ato humano: interessar-se por saber, buscar conhecimento.

No presente, informar ainda é condição *sine qua non* para o jornalismo ser praticado. Afinal, continuamos curiosos, interessados em assuntos.

No futuro, sem nenhum tipo de previsão barata, informar continuará sendo razão de existir da profissão. São pessoas que consomem informação. E, salvo algum cataclismo colocando fim à Terra, pessoas continuarão a existir.

A informação está em todas as áreas sociais, em todos os campos do saber e suas manifestações. Está nas diversas formas de vida do planeta. O jornalismo entra nesse campo para ligar pontos, para dar sentido a esse imensurável conteúdo. É uma maneira de tornar temas comuns, expor ações, relatar acontecimentos, gerar interesse. Por isso, o jornalismo não morreu, como preconizam alguns.

Vivemos, aliás, em uma das épocas mais significativas da profissão: estamos em um momento de novos caminhos, novas formas de se informar. As mudanças, na esteira das descobertas tecnológicas, são inúmeras. Haja braços e pernas para acompanhar tantas reviravoltas técnicas e, consequentemente, novas maneiras de exibir conteúdo.

DICA

Há uma equação simples dentro dessa lógica. Todo produto pretensamente jornalístico que busque desinformação, manipulação de dados, propague mentiras não é jornalismo. Ainda que seja possível identificar essa prática nefasta, travestida de jornalismo, vale deixar óbvio: não o é.

Eu tenho por mim que esse tal de fake news *é um termo incorreto. Afinal, se é fake é falso, não é mesmo?! Daí, não pode ser notícia. Notícia falsa é mentira! E lá em casa, falou mentira, eu puxo a orelha*, fala sabiamente Dona Juventina.

Quem são eles? Seres alienígenas? Amigos? Troca-letras?

Dez em cada nove manuais de *media training* trazem um perfil do jornalista. Acha-se que se pode definir o tipo e ensinar o entrevistado como enfrentá-lo. Como interagir com eles para obter o melhor resultado em prol de sua causa. São vários os adjetivos usados para descrevê-lo. Uns, auspiciosos; outros, nem tanto:

- Inteligente
- Ágil
- Desonesto
- Pouco confiável
- Democrata
- Dono da verdade
- Crível
- Venal
- Incorruptível
- Sabe-tudo

Eu quero fazer esse tal de media training. *Onde se consegue isso aí? Será que ajuda a melhorar a minha pensão?*, indaga Dona Juventina.

É vasta a lista de adjetivos usados para qualificar quem está jornalista. Propositadamente não dizemos que são, mas estão jornalistas, ou seja, quando abandonam a conduta ética, não mais exercem uma profissão que a sociedade entende vital para a democracia. A profissão de informar. De gerar dúvidas, de questionar, de dar sentido aos fatos.

No passado, o primeiro passo era fazer vestibular em uma faculdade de jornalismo, como nós fizemos. Udo, na Universidade Federal de Pernambuco e HB, na Cásper Líbero, em São Paulo.

Em outros tempos, era obrigatório ter diploma de faculdade de comunicação para poder ser contratado. Nessa época, os sindicatos eram muito fortes. Pressionavam as Delegacias Regionais do Trabalho para que obedecessem à lei.

Até hoje, o período de trabalho é de cinco horas, mas, quando acrescido de mais duas horas extras, sobe para oito horas diárias. Nós explicamos. Há outra lei que diz que ninguém pode trabalhar mais do que seis horas sem, pelo menos, uma hora de descanso. Assim, todos ficam à disposição da empresa por oito horas.

Com o desenvolvimento das novas relações de trabalho e uma decisão do Congresso Nacional, a profissão foi desregulamentada. Ou seja, não é mais preciso ter diploma para ser contratado.

Os sindicatos, que já vinham se enfraquecendo, ficaram ainda mais frágeis. Com pouquíssimo apoio da categoria, perderam força para negociar salários extensivos a todos e, algumas vezes, não conseguem nem a reposição da inflação. As empresas alegam que sofreram muitas ações trabalhistas com pedido de indenização. Isso não impediu que muitos jornalistas recorressem à Justiça do Trabalho, reivindicando vínculo empregatício. Algumas empresas optaram por recontratar, de acordo com a CLT.

Muitos têm contratos de PJ — Pessoa Jurídica — e negociam diretamente salários, férias e outras formas de remuneração. Ou seja, o trabalhador jornalista é um trabalhador como outro qualquer, à luz das leis trabalhistas.

Era descontada, anualmente, mesmo dos não sindicalizados, uma tal de contribuição sindical obrigatória, o que mantém os caixas dos sindicatos, federações, confederações e centrais sindicais bem gordinhos. Muito pouco, ou quase nada, volta. Alguns são controlados por grupos partidários fechados, aparelhados, o que exclui a oposição, como havia no passado.

> *Meus filhos, agora, mais do que nunca, é bom ficar de olho na nova lei trabalhista do Temer*, alerta Dona Juventina.

Como setor econômico, o jornalismo mudou

Certamente, com o advento das redes sociais, tudo mudou. É evidente que as grandes redações não oferecem mais oportunidades como no passado, por isso, é preciso se ajustar. Ter criatividade.

LEMBRE-SE

Jornalistas e empresas de comunicação se ressignificam no mercado de trabalho. Vivem em um momento de entender-se a si e ao outro. Entendendo "esse outro" como o contexto em que se vive. Tudo é novo para todos.

O organograma das redações não mais se apoia apenas no pauteiro, repórter, repórter fotográfico, redator, diagramador, editor, editor-chefe, gerente e diretor. Isso tudo veio a baixo com os novos desenhos gerenciais, a queda da publicidade e a concorrência desenfreada nacional e internacional.

As mídias concorrem globalmente, geralmente, na língua inglesa; e, quando em outra língua, o Dr.Google, se não resolve, é uma bela mão na roda.

Ninguém mais pode dizer que não sabia o que estava acontecendo em sua cidade, região, país, continente ou no planeta. Algumas atividades encolheram, mas outras cresceram. É o caso do infografista, que era um mero assessor, tornou-se, para todas as plataformas de comunicação, um dos profissionais mais importantes da redação. Ou de casa, haja vista que parte da produção pode ser feita em home office.

Outro profissional que ganhou amplitude é o responsável pelo monitoramento e atendimento nas redes sociais, aliás, função inexistente até o século passado. Ele cuida do Twitter, Facebook, zapzap, e-mails e congêneres. Ele mobiliza tanto o público, com chamadas, postagens de reportagens e vídeos, mas também o que o consumidor de notícia tem a dizer para os que a produzem. Não é mais possível sobreviver sem esse trabalho, que é exercido por um jornalista, com ou sem diploma.

LEMBRE-SE

A redução drástica do número de jornalistas nas redações põe em risco a credibilidade das notícias. Há uma prioridade excessiva nas pautas de economia e política e a dependência de fontes oficiais, que nem sempre são confiáveis.

A reportagem do eu sozinho ganha cada vez mais intensidade. Começou com o vídeo repórter. Antigamente, esses profissionais saíam na rua com filmadoras e uma série de apetrechos técnicos para conseguir realizar as filmagens. Atualmente, toda a parafernália técnica do passado pode ser substituída por um smartphone com boa capacidade de filmagem.

FIGURA 12-1: O jornalista atual sabe de tudo um pouco.

E, não se engane, apenas com um celular o repórter consegue filmar, entrevistar, fazer *inserts*, voltar para a redação, gravar *offs*, fazer passagens, como em uma *selfie*, editar o material em um laptop e, *voilà*, o material está pronto para ser retransmitido.

Ufa! Quanta coisa. Só de ler já meu bateu um cansaço danado, diz Dona Juventina.

Mas a história não para por aí. Tem mais. Há repórteres que fazem tudo isso e, pasmem, não saem da redação. Para construir as histórias, usam material de arquivo, pesquisam nas redes sociais, vasculham vídeos pela internet. Apuram, escrevem o texto, gravam, editam em programas de edição instalados em seus laptops e levam ao ar.

O coautor HB, todo pimpão, viu tudo isso acontecer em um processo de estágio feito por ele na sede da CNN, em Atlanta, nos Estados Unidos.

A viagem era para jovens jornalistas, mas, como a idade não foi medida exatamente pelo ano de nascimento, registrado na carteira de identidade, lá se foi para a Terra do Tio Sam o jovial HB, em mais um de seus périplos internacionais.

Mas como é chique esse moço. Além de internacional, deve ser um pão!!!, diz Dona Juventina, revirando os olhos.

Por falar em jovial, vale lembrar que uma velha discussão, a presença de estagiários nas redações, virou, de fato, irrelevante. No passado, houve épocas de forte oposição aos estágios pelos sindicatos. As entidades de classe acusavam os contratantes de substituir jornalistas por estudantes para pagar salários menores.

O tempo de estágio é de até dois anos, período em que aprendem e praticam o processo de apurar e produzir notícias. Os estagiários colaboram com a realização do trabalho e levam uma visão jovem para a redação. É uma forma de se começar na profissão. Mas, com o surgimento de coletivos, blogs e sites noticiosos, a entrada para a profissão foi ampliada. Pode-se aprender a prática do ofício em lugares muito além das redações tradicionais.

É possível que, diante de tantas transformações, os jornalistas estejam reinventando o *hardnews*, haja vista que suas bases éticas são eternas. Eles ainda não sabem o que fazer com tantos dados rastreados por infinitas máquinas capazes de gerar um vastíssimo volume de dados.

Aliás, não só os jornalistas estão procurando entender o que fazer com o imenso material disponível de forma online. Saber como usar esses dados é um dos principais desafios da comunicação neste século. Sobretudo, fazer esse uso de forma ética, com transparência, evitando seu roubo, desvio de informação ou seu uso para fins comerciais sem a devida autorização. Vide exemplo da *Cambridge Analytica*, empresa britânica de análise de dados para processos eleitorais, e a repercussão mundial a respeito do duvidoso uso de informações, feita por eles, nas eleições presidenciais de 2016 dos Estados Unidos, quando o então candidato republicano, Donald Trump, derrotou sua adversária democrata, Hillary Clinton, e sagrou-se presidente.

No desenrolar dos fatos desse episódio, a quinta-feira 10 de maio de 2018 tornou-se uma data histórica. Foi nesse dia que Mark Zuckerberg, executivo-chefe e um dos fundadores do Facebook, prestou seu primeiro depoimento ao Congresso norte-americano, detalhando seu sistema de coleta de dados e seus possíveis usos. Nos dois dias de respostas aos senadores e deputados, Zuckerberg pediu desculpas pelo erro de sua empresa em ter possibilitado o vazamento de dados de 87 milhões de usuários da rede social. Ele assumiu que o Facebook não fizera o suficiente para assegurar a privacidade de seus usuários, permitindo que empresas obtivessem as informações para usá-las como bem entendessem.

Ainda não aprendemos como usar essa parafernália e decifrar esse imenso fluxo de informação. Será que isso se aprende na escola, como diz a letra de um velho samba de morro?

> *Meus filhos, cuidado com o sucessor do* Big Brother. *Esse Big Data é fogo*, diz Dona Juventina.

Idade da pedra lascada

Sobre o período neolítico só nos lembramos de dois fatos: quando o ministro do petróleo da Arábia Saudita, Ahmed ZakiYamani, alertou o cartel dos produtores que a idade da pedra não acabou por falta de pedra; e que a rede social existe desde a época em que os escribas escreviam em rochas.

Não são apenas os jornalistas (e todo o seu glamour) que estão ameaçados pelas tecnologias. Os carteiros também. E as bancas de jornal, que, agora, vendem até preservativo.

Sem dúvida, há um sentimento de insegurança para "os profissionais da mídia". Só não vê o esgotamento do modelo tradicional do negócio quem não quer. O jornalismo perdeu o monopólio de juiz do debate público. A corrosão atinge aos jornalistas como atingiu professores no passado, como atinge os carteiros e até os donos de bancas de revistas, que para sobreviver ampliam seu negócio. Vendem até preservativo.

Taxistas de todo o mundo, uni-vos, brada Dona Juventina, de punho em riste, ressuscitando seu passado marxista.

Será que a sociedade abrirá mão de tomar conhecimento sobre coisas que estão fora de sua visão? É possível saber, sem jornalismo, o que se passa em áreas fora da nossa de atuação? A sociedade precisa dizer como quer ser informada para que o jornalismo exista e continue prestando um serviço à democracia.

Não queremos ser pessimistas, nem pitonisas. Essas são impressões colhidas pessoalmente e em trabalhos acadêmicos divulgados.

Jornalismo é uma ação do presente. Por isso, os jornalistas têm a licença de usar sempre o presente em suas chamadas, mesmo quando os fatos ocorrem no futuro ou passado próximos.

Jornalismo é um processo.

O mito do sabe-tudo

Jornalista não é um sabe-tudo. Nem mesmo quando se especializa em um determinado tema. Estuda, estuda e estuda. No cotidiano, recorre constantemente ao Dr. Google, ou à Wikipédia, ainda que esta tenha credibilidade contestada nas pradarias brasileiras.

Quando vai fazer uma entrevista, escreve as perguntas, prepara-se para as respostas. É um treino diário. Alguns de nós, como os coautores, treinam três ou quatro vezes por dia. Ainda assim, apanham do entrevistado. Suam para conseguir tirar deles informações de interesse. É uma canseira!

CUIDADO

Algumas fontes são muito bem treinadas pelas assessorias de imprensa e, geralmente, dizem o que querem com eficiência e galhardia. Cabe ao jornalista o papel de advogado do diabo.

> *Sei não, viu. Ouvi dizer que esse moço que parece um pão, o coautor HB, tem OAB 30.612. Como é que fica isso aí com o diabo?!*, reflete Dona Juventina, com semblante de dúvida.

CUIDADO

Em nome do público que representa, o jornalista não pode permitir que mentiras sejam ditas como se fossem verdades. Tem que estar preparado para a réplica e tréplica, mesmo correndo o risco de ser acusado de promover debates.

Jornalistas são apontados como difusores de estereótipos. Se julgar que alguma das situações listadas no quadro tem procedência, não se acanhe, faça uma cruzinha em seu número.

1. **Multinacionais maquiavélicas dominam o mercado, corrompem o governo.**
2. **Estatais, além de ineficientes, são cabides de empregos.**
3. **Bancos são mesquinhos e insensíveis em relação aos problemas sociais.**
4. **Laboratórios farmacêuticos e planos de saúde exploram a saúde pública.**
5. **Indústrias químicas poluem rios, praias e ar.**
6. **Indústrias tabagistas vendem câncer, falsificam pesquisas e corrompem cientistas.**
7. **Empreiteiras jogam pesado, corrompem autoridades.**

Assinalou alguma? Que tal a última?

> *Em tempo, o criador da listagem é Roberto de Castro Neves, especialista em imagem empresarial e autor, entre outras publicações, de* Comunicação Empresarial Integrada.

Relações perigosas

Jornalista não tem amigos. Tem fontes. Se a fonte virar amiga do jornalista, deixa de ser fonte. É apenas amigo, namorado, esposa, amante, sabe-se lá o que mais.

A amizade desenvolve conflito de interesses. Por isso, voltamos a insistir no único adágio filosófico que conseguimos decorar: "Uma coisa é uma coisa, outra coisa é outra coisa."

Um relacionamento cordial com o jornalista, e vice-versa, é desejável. Fontes não são amigas, mas estão longe de ser inimigas.

Cordialidade é um elemento facilitador na profissão e ajuda na disseminação de notícias relevantes. Bajulações de parte a parte são dispensáveis.

É isso mesmo, meus filhos, concorda animadamente Dona Juventina.

DISTINTAS SITUAÇÕES

Fora de uma entrevista, uma fonte não pode ter nenhum contato com o jornalista? Pode. Mas é preciso lembrar. Nessa relação há interesses.

A fonte deseja passar uma informação. O jornalista procura fatos inéditos, antevê situações. É como uma delicada dança de salão. Tem de ter muito cuidado para não se pisar no pé do parceiro. É preciso fazer movimentos harmônicos com o par para a dança fluir. Tem de ter ritmo e respiração.

Pode almoçar com a fonte? Pode. Mas um almoço é apenas um almoço. Mesmo que este seja em um restaurante da moda, exclusivo ou cheio de estrelas do guia Michelin. Esse encontro é profissional. Tem por princípio estabelecer relação. É uma chance de conhecer um pouco mais a fonte. E vice-versa. Não é pretexto para uma esticadinha em algum lugar mais aconchegante, para intimidades descabidas, coação ou troca de favores.

Pode participar de uma solenidade na empresa? Sim. Sem sombra de dúvidas. Conhecer as instalações físicas das corporações ajuda muito a verificar o discurso de seus diretores. Analisar se as práticas de gestão, por exemplo, são postas em prática nos corredores e entre seus funcionários.

Pode receber um brinde de baixo valor? Depende. Algumas redações proíbem presentes, a despeito do valor. Outras determinam um valor máximo. Diversas não estipulam nenhuma política para essa situação.

Nem uma garrafinha de vinho, diz Dona Juventina, com a cara fechada.

A transparência é atitude de ouro. E sempre é bom lembrar, se o "regalo", independentemente do valor, de alguma forma, trouxer algum incômodo, pessoal ou social, recusá-lo é atitude saudável.

Jornalistas não trabalham para ganhar brindes.

Podem pegar uma carona no jatinho do pecuarista para passar férias no Caribe com tudo pago, inclusive para o/a acompanhante? O que você acha?

Onde Entra o *Media Training*?

O treinamento para falar com a mídia ganhou força no final da década de 1970; quando a economia iniciou seu processo de globalização, as mídias se pulverizaram e alcançaram o mundo.

Falar com *stakeholders*, ou melhor, com a cadeia de fornecedores, colaboradores, e consumidores passou a ser uma estratégia, não apenas uma conjuntura. As empresas descobriram o valor inatingível de suas marcas e perceberam que os canhões da mídia poderiam fazer estragos, inclusive, fazê-las perder dinheiro e negócios. O caso da JBS, em 2017, é um exemplo recente disso. Duas de suas marcas, Sadia e Perdigão, foram frontalmente afetadas após escândalos de corrupção envolvendo a diretoria e presidência da empresa.

O *media training* nasce como ferramenta para otimizar a comunicação corporativa com os diversos públicos de relacionamento, tanto em âmbito externo quanto interno à empresa. É uma preparação para executivos e porta-vozes. A técnica prepara as pessoas para a emissão da opinião institucional da empresa junto aos meios de informação. Cria condições para interação com os jornalistas, além de exemplificar, para quem é submetido à capacitação, o funcionamento da mídia.

CUIDADO

Não se deve confundir o *media training* com dicas ou fórmulas ardilosas para ludibriar o jornalista, tampouco para cooptá-los. Mentir a um jornalista é um erro primário. Quando a mentira é descoberta, toda e qualquer credibilidade da fonte cai por terra.

> *E a mentira tem pernas curtas. É preciso ter limites éticos. Sempre!*, acrescenta Dona Juventina, com sua boininha fashion à la Che Guevara.

4

Hoje Já Não É Mais Ontem

NESTA PARTE...

O avanço das máquinas na produção jornalística. Surgem os "robôs-jornalistas". Surgem, também, os prossumidores. A difusão da comunicação diversifica-se. Cada pessoa é um possível difusor de conhecimento. Apesar das mudanças, algumas corporações ainda resistem. Teimam em não mudar.

NESTE CAPÍTULO

» Um novo cenário, um novo mundo

» Incertezas e interesses

» Tudo muda em 24 horas

» Cartas para quê?

» Janela de oportunidade para o jornalismo

Capítulo 13

A Revolução das Máquinas

Sem uma imprensa livre, deixamos de ter a democracia como a conhecemos.

BOB SCHIEFFER, JORNALISTA NORTE-AMERICANO

O dia 17 de março de 2004 é uma data especial para o jornalismo. Foi nessa data, uma segunda-feira, que um "robô-jornalista", pela primeira vez na história, deu um furo de reportagem, com um texto sobre a ocorrência de um terremoto na Califórnia, Estados Unidos, pelo *Los Angeles Times*.

O feito deixou de lado especulações futuristas sobre o assunto. Transformou pesquisas e estudos em realidade.

O *LA Times* é pioneiro em uso de tecnologia em sua redação. O jornal desenvolve projetos para elaboração de textos a partir de estatísticas e dados de instituições oficiais de pesquisa. As informações são agrupadas e inseridas, automaticamente, em modelos predefinidos para publicação.

Ken Schwencke foi o cérebro por trás da idealização desse "robô-jornalista". Programador e jornalista, Schwencke criou um algoritmo capaz de redigir textos curtos e informativos sobre tremores registrados na Califórnia.

O algoritmo desenvolvido por ele, identificado como *Quakebot*, está ligado aos computadores do Serviço Geológico dos Estados Unidos. Assim, todas as vezes que um tremor é identificado, esse acontecimento é imediatamente transformado em um texto informativo, em formato de notícia, e disponibilizado para um sistema do *LA Times* para sua publicação.

Ao ser acordado pelo tremor, Schwencke percebeu que seu registro já havia sido escrito pelo programa e estava pronto para ser publicado. "Levou cerca de três minutos para colocar a notícia online", revelou à época, em uma entrevista para a revista *Slate*.

Apesar do feito, Schwencke acredita que a disseminação do uso de robôs ou outras tecnologias no meio jornalístico não elimina a atividade dos jornalistas. Pelo contrário, facilita o aparecimento de mais informação para ser utilizada por quem trabalha na produção da notícia. "Da maneira como vejo tudo isso, acredito que o cotidiano da profissão se torna mais interessante", disse à revista.

A NOTÍCIA COMO PUBLICADA[1] *(EM TRADUÇÃO LIVRE)*

De acordo com o Serviço Geológico dos Estados Unidos, um tremor de magnitude 4.7 ocorreu na manhã de segunda-feira, a oito quilômetros de Westwood, Califórnia. O tremor foi registrado, às 6h25 da manhã, horário do Pacífico, a uma profundidade de oito quilômetros.

Ainda de acordo com o Serviço Geológico, seu epicentro estava a nove quilômetros de Beverly Hills (Califórnia), sete quilômetros de Universal City (Califórnia), 11 quilômetros de Santa Mônica (Califórnia) e a 560 quilômetros de Sacramento (Califórnia).

Nos últimos dez dias, não houve registro de terremotos de magnitude 3.0, tampouco maiores, nas proximidades.

Essa informação vem do serviço de notificação de terremoto do Serviço Geológico dos Estados Unidos e este post foi criado por um algoritmo escrito pelo autor.

1 Acesse a íntegra da notícia: `http://www.latimes.com/tn-gnp-earthquake-47-strikes-in-los-angeles-early-monday-20140317-story.html` (conteúdo em inglês)

Jornalismo 4.0

A Revolução Industrial chega a sua quarta etapa. Começou, como se sabe, na Inglaterra, no final do século XVIII. Hoje, estamos vivendo a quarta fase da Revolução Industrial.

O Produto Interno Bruto é a soma de todas as riquezas produzidas pela indústria, agricultura e prestação de serviços. Estes são responsáveis por 72% da riqueza brasileira, 80% dos Estados Unidos e 74% da Europa.

Sob a rubrica de prestação de serviços, há uma gama enorme e diversificada de atividades que vão do salão de beleza à hotelaria, do turismo até o gigantesco sistema bancário mundial, com todas as atividades de fluxo de moedas. Do mercado financeiro de ações aos cartões de crédito.

O setor de serviços é o maior responsável pela geração de riquezas no mundo, e oferece as maiores e melhores oportunidades de trabalho e renda.

A produção de notícias está nessa área, contudo, a oferta de empregos encolhe com a automação e as novas conformações das empresas de comunicação. O jornalista de carteira assinada perdeu espaço, e muitos se tornaram Pessoa Jurídica (PJ), um prestador de serviços que pode ser contínuo ou ocasional.

> *Ih, não tem volta! Esse Trump, que se diz contra a globalização, é um bocó,* atesta Dona Juventina.

Ninguém sabe para onde caminham as empresas de comunicação, tampouco como o ecossistema jornalístico vai se sustentar. Um belo tema para ser debatido nas universidades e tornar-se tema de TCC, os trabalhos de conclusão de curso, que deixam muitos estudantes com as unhas roídas. O desenvolvimento da inteligência artificial provoca mudanças profundas no jornalismo.

Incertezas e interesses

Jornais e revistas sempre tiveram importante atuação na história social e política dos países. Ainda continuam a influenciar a sociedade, apesar de terem de dividir, atualmente, sua relevância com a informação veiculada por meios virtuais, em diferentes formatos e plataformas.

Vai-se longe o tempo de protagonismo da mídia impressa na difusão da informação. No começo do século XX, as grandes estrelas no panteão da comunicação eram as plataformas de tinta e papel. A verdade parecia tornar-se até mais crível quando publicada por elas. Afinal, o assunto precisava de relevância para conquistar espaço em suas páginas. Mas, na segunda década do século XXI, essa percepção inexiste. Mudou o comportamento do leitor, a sociedade e a tecnologia envolvida na produção do noticiário.

Para quem consome notícias, é importante avaliar criticamente a linha editorial do veículo antes de fazer assinatura para ter acesso a seu conteúdo, seja em formato impresso, digital ou em ambos.

Cada veículo desenvolve critérios de seleção dos assuntos e abordagem mesmo que, ao longo do tempo, suas posturas mudem.

Para conseguir entender o posicionamento do veículo de comunicação, é preciso acompanhar regularmente a publicação e prestar atenção se a linha editorial se restringe aos espaços de opinião ou contaminam as matérias divulgadas.

LEMBRE-SE

A transparência mantém a credibilidade. Publicar opinião disfarçada de reportagem é desonestidade. Engana o público.

Há espaços determinados para a exposição de editoriais nos veículos impressos. Esses locais estão lá para o grupo de comunicação se expressar sobre temas de interesse social, como sua visão econômica, reflexão sobre o desenvolvimento do país, posição política etc.

No Brasil, só muito recentemente algumas empresas de comunicação deixaram claro, em seus editoriais, seu apoio a partidos ou candidatos. Em termos de comparação, os Estados Unidos têm essa prática desde o século XIX.

Mas espaços de opinião vão além dos editoriais. Artigos, colunas, crônicas, charges dão voz ao pensamento de seus autores. Revelam o posicionamento deles sobre o cotidiano noticiado.

Um critério semelhante se forma nas páginas digitais com chamadas para opinião, colunistas, reportagens especiais e outras atrações.

Nos impressos, a opinião está confinada, geralmente, na página três, na versão digital, está na home, logo de frente. Basta clicar e ler o que pensa o editorialista de plantão. Ainda assim, em algumas plataformas digitais, há dificuldade para se separar a opinião da notícia

Cabe a jornalistas, especialistas, professores, humoristas, cientistas profissionais de reconhecido saber ou expertise sobre algum tema a responsabilidade pela elaboração dessa parte do noticiário. Se bem coordenado pela direção das publicações, refletem a pluralidade do pensamento. É importante que seus autores tenham, de fato, posições diversas entre si. Isso amplia a reflexão, abre espaço para o contraditório, para outras maneiras de estar em sociedade.

No jornal *O Globo*, rotineiramente, há a opinião do grupo e logo abaixo uma chamada para uma opinião diversa, escrita por um convidado para expressar outro ponto de vista.

Diversos canais de informação no mundo digital se despreocupam em distinguir editoriais de reportagens. Tudo está exposto, junto e misturado, em uma grande geleia geral, como preconizava Raul Seixas.

Os textos desses canais são editorializados independentemente do formato que tenham, se aparência de reportagem, artigo ou nota. Há evidente posicionamento ideológico no conteúdo exibido. A internet potencializou a forma partidarizada, enviesada, de tratar a informação. Essa prática não se restringe a um grupo de pessoas ou pensamento. Lançar mão desse expediente para amplificar um posicionamento, garantir interesses, banalizou-se. É feito por grupos políticos, setores empresariais, organizações não governamentais, celebridades, a lista de seus atores é indiscriminada, quase infinita.

Não à toa, o Brasil, no decorrer da década de 2010, tornou-se campo de batalha entre grupos antagônicos que não dialogam, insultam-se, apenas. Deixam de lado argumentos, fatos, ou se apropriam de fatos e argumentos (quando não os criam) e interagem com o outro a partir de suas paixões, predileções e formas de ver o que o cerca. O jornalismo é ferramenta essencial para se nortear nesse mar bravio de incertezas e conveniências. Tem capacidade para refletir sobre temas, unir pensamentos dissonantes, noticiar o fato no decorrer de seus acontecimentos.

Ainda bem que tem gente de bom senso, diz Dona Juventina.

Tudo Muda em 24 Horas

CUIDADO

O entendimento do tempo e como melhor utilizá-lo tornou-se fundamental para o fazer jornalístico. É componente decisivo para a profissão como setor econômico. Não só por suas questões existenciais ou trabalhistas, em uma visão mais pragmática. Mas pela possibilidade de apresentação do noticiário.

Se ao longo do século XX era mais simples compreender a forma de se trabalhar com o fato para ser publicado pelos canais jornalísticos da época, tudo se confundiu com o advento da internet. A tecnologia bagunçou a estabilidade de então.

O rádio era espaço de agilidade (ainda continua sendo e pode ser ouvido, inclusive pelo celular). A partir dos fatos do dia, os repórteres eram mandados para a rua. Ao chegar ao local de suas pautas, encontravam um orelhão, quando eram mais comuns, ou usavam os carros das emissoras como pequenas retransmissoras. Entravam pelas ondas do dial e informavam o que acontecia no momento.

Os celulares facilitaram muito essa dinâmica. O smartphone é um instrumento perfeito de trabalho para o repórter de rádio. Eles até podem ser utilizados como gravador. Esqueça pilha, fita k-7 ou outros apetrechos que se equivalem. São todos itens de museu, de colecionador.

Um dos slogans da Rádio Jovem Pan fala sobre o rádio com imagem — o repórter aponta seu celular para um cenário e no estúdio diz-se que a imagem está disponível no YouTube, ou pelo site da emissora.

Esse processo teve início com a instalação, na década de 1990, de webcams nos estúdios do Jornal da CBN. A proposta inicial foi de HB, à época gerente de jornalismo do Sistema Globo de Rádio.

A televisão, por sua vez, também tem agilidade em noticiar, mas sua engenharia não é algo fácil para se executar. Envolve complexas variáveis, como uso de satélite, antenas para comunicação entre as equipes de reportagem na rua com a sede da emissora para a retransmissão da imagem e áudio e por aí vai.

É frequente cruzar pelas ruas das cidades, principalmente as maiores, com caminhões, grandes furgões ou vans com as equipes de reportagem dos principais canais das televisões abertas do país, montando suas estruturas para entrar ao vivo. É um trabalho árduo. São horas de preparação, técnica e de conteúdo para uma entrada de alguns minutos no telejornal.

Tudo isso perde importância com a utilização do Skype. Reportagens com áudio e vídeo, atualmente, são comuns em canais segmentados, como Globo News ou Record News.

Com o uso da tecnologia ficou muito mais fácil encontrar fontes para entrevistas, sem precisar recorrer a um grande aparato técnico. Os recursos de aplicativos e ferramentas tecnológicas possibilitam a diversidade de opinião, além de quase eliminar os custos.

No *Jornal da Record News*, ainda, lança-se mão do WhatsApp principalmente quando há debates no Congresso Nacional e a equipe busca opiniões antagônicas sobre o tema em debate. Esses recursos possibilitam a diversidade de opinião e o custo é muito baixo, próximo de zero.

Já repórteres de revista sempre tiveram a preocupação em formatar a notícia de maneira que, entre o acontecimento do fato, sua apuração e consequente publicação, a informação não perdesse relevância.

Revistas são semanais, quinzenais, mensais, bimestrais, algumas semestrais e até anuais, isso significa que desdobramentos do evento a ser noticiado ocorrem. E outros veículos de comunicação podem informar o fato noticiado bem antes de a publicação chegar às bancas de revista. Por isso, é preciso combinar aspectos exclusivos da cobertura jornalística e ter muito controle para não enfartar nos dias anteriores à chegada da publicação em banca ou de seu conteúdo ser disponibilizado online.

Por sua vez, jornais têm horário de fechamento. É o momento em que nada mais vai ser acrescentado na edição prevista para ser publicada.

Nos jornais de maior circulação, cada caderno tem horários determinados para o fechamento. Isso é feito para otimizar sua produção gráfica. O fechamento das edições distribuídas nacionalmente varia em relação à finalização das edições locais. Esse aspecto é mais comum nos jornais do eixo Rio-São Paulo, por serem as principais publicações nacionais.

A edição da *Folha de S.Paulo* enviada à Amazônia, por exemplo, difere da publicada na capital paulista, onde está a sede do jornal. Isso acontece pela logística envolvida para seu envio.

Em um país tão grande como o Brasil, a distribuição física dos jornais é tarefa logística complexa. Esse é outro setor do jornalismo, como negócio, afetado frontalmente pela internet. É muito mais simples para qualquer um ler o conteúdo do jornal de forma virtual.

E o fuso horário? O velho e bom fuso horário diminui em importância com o advento das novas tecnologias e a atualização nas 24 horas dos espaços informativos no mundo online.

A popularização da internet comercial bagunçou tudo mesmo. As plataformas digitais transformaram a ideia do fechamento dos diários impressos. As notícias podem ser atualizadas de forma simples e ocorrem enquanto houver pertinência.

Novas matérias podem ser feitas a partir do fato ocorrido para se ampliar a cobertura jornalística. No jargão das redações, esses textos, a depender da região, são chamados de retrancas ou vinculadas.

O fechamento no mundo digital é referencial. Em algum momento o assunto se esgota. Seja por ter acabado a vitalidade da pessoa ou equipe que está trabalhando no tema em questão (pode não parecer, mas jornalista também é gente e cansa), seja pelo interesse do leitor, por ter surgido algo mais atraente.

Há várias justificativas para explicar o fim do ciclo de atenção de uma notícia. Mas do ponto de vista técnico, no universo virtual, o noticiário é sem fim. É como se as 24 horas, que definem a ideia de uma data específica em nosso calendário, fossem detalhe. Mas, para as plataformas de tinta e papel, não é. E isso faz toda a diferença na maneira de se produzir o noticiário.

Focar notícias exclusivas, furos de reportagens, fotos inéditas, infográficos bem elaborados ganhou mais importância para a sobrevida dos impressos.

Se a internet ganha deles em instantaneidade, agilidade, é possível virar o jogo para atrair o interesse do público com textos elaborados, informação em primeira mão.

Jornais tradicionais têm procurado oferecer mais reportagens de grande fôlego, exclusivas, análises profundas. Principalmente nos Estados Unidos e Europa. É o contraponto ao fato de, na comunicação digital, o *hardnews* ser o rei inconteste das plataformas de informação.

É bom lembrar, é caro produzir conteúdo informativo profundo, longo. É preciso investimento para a checagem dos fatos, ouvir muitas fontes, fazer viagens longas, a logística para execução desse noticiário é complexa e as cifras para sua realização, altas.

Conglomerados de comunicação procuram saídas comerciais para o financiamento desse trabalho. Aqui, pelo Brasil, essa prática engatinha. Há iniciativas pontuais, como a feita pela *Revista Piauí*, que, frequentemente, traz reportagens maiores, realizadas em meses de produção.

As parcerias entre empresas de comunicação, especialmente em televisão, são uma forma de conseguir viabilizar esse conteúdo.

A CNN, por exemplo, mantém um acordo de troca de imagens com empresas de todo o mundo. Assim, quando um fato relevante ocorre, ela usa as imagens da parceira e, algumas vezes, no primeiro momento, de repórteres locais. Se o fato é grave, tem importância e relevância para sua audiência, a emissora desloca seus repórteres e âncoras para o cenário do acontecimento.

Durante o longo período de domínio da comunicação jornalística pelas plataformas de tinta e papel, ocorreram especializações. Os chamados jornalões são ecléticos, tratam de todos os assuntos e criam cadernos para separar economia, esporte, política etc. Alguns são totalmente focados em determinados seguimentos, como *Valor Econômico* e *Exame*, em economia.

As marcas construídas ao longo do reinado da plataforma de tinta e papel acumularam grande credibilidade. Hoje, tentam passá-la para suas plataformas digitais.

Procura-se uma Janela de Oportunidade para o Jornalismo

Para onde vai a plataforma de tinta e papel? Como já dissemos, jornais — essas plataformas de tinta e papel — vão acabar. Quando? Não sabemos. Por enquanto, estamos tentando acertar na Mega-Sena.

> *Epa, se ganharem na loteria, bicho ou Tele Sena, não se esqueçam de mim*, preocupa-se Dona Juventina.

Observe nas bancas como jornais e revistas estão magrinhos. Muitos sumiram. Até nossa querida *Playboy* perdeu seu encanto. Em compensação, surgem muitos outros espaços na internet. O impresso deixa de ser atômico e passa para os bits. Mas isso não é prenúncio de seu sumiço. Ainda há lugar para a coexistência do ecossistema tradicional e virtual da veiculação das notícias. Há, também, campo publicitário. Mas a disputa é acirrada.

Perto aqui de casa, as bancas de jornal mudaram. A que tinha na praça fechou. Tornou-se quiosque e vende água de coco e frutas. Outra, em frente ao colégio, virou quase uma lojinha de doces, vende todo tipo de guloseimas, até guarda-chuvas e brinquedos. Quando falta pilha para meu radinho, é lá que vou comprar. Aproveito e compro uns chicletes para a meninada, detalha Dona Juventina.

Há uma briga feroz por audiência — leitores, ouvintes, telespectadores. A luta não é exclusiva das antigas plataformas de comunicação, é disputada também no campo dos bits e bytes. Os viewers entraram em cena. Na arena do Coliseu cibernético, digladiam-se Google, Facebook, Apple, Amazon, Microsoft, entre outros.

Brigar para quê?! Quanta bobagem!, fala Dona Juventina.

Na plateia desses novos duelos, o Imperador deixou de ter primazia, protagonismo, em decidir, apontando seu polegar para cima ou para baixo como senhor dos destinos. No campo virtual, pelo menos em tese, qualquer mero espectador influencia a decisão. Tal subversão deixaria irritados os produtores do Circo Romano. Por isso, a luta é renhida.

Quem vencer vai impor sua plataforma e tecnologia. E, no meio das transformações frenéticas, jornalistas e publicitários enxergaram janelas de oportunidade. Os gigantes do conteúdo escolhem as formas mais rentáveis de produzir notícias, não necessariamente de produzir bom jornalismo.

As empresas de comunicação podem publicar diretamente em aplicativos e novos sistemas de informação para tentar ampliar seu público, que não é mais o psit da poltrona. O público contemporâneo é *mobile*, em bom português, acessa o conteúdo de seu noticiário preferido nas telas do smartphone de onde bem lhe provier. Por isso, as empresas precisam se adaptar se quiserem manter seus rendimentos. Encontrar caminhos rentáveis. Ainda não há fórmula definitiva. Há ciclos, tentativa e erro, de encontrar os melhores caminhos para se chegar ao consumidor da notícia.

Apesar de a internet comercial conviver conosco há alguns anos, os modelos de anúncio, fonte de renda para produtores de jornalismo, engatinham. Como é possível financiar a custosa produção de notícia? Até grandes conglomerados de comunicação mundo afora estão incertos de como esse financiamento acontece.

A revolução é móvel

Há um tsunami de novas tecnologias móveis na vida das pessoas. Elas podem facilmente ser encontradas penduradas em bolsos e bolsas com ou sem grifes mundo afora. Integram uma das mudanças mais profundas na comunicação nos últimos 500 anos.

Ao invés de um evolucionismo tecnológico, como na máquina a vapor, vivemos um momento de grandes saltos tecnológicos. É fácil lembrar e atribuir ao matemático e engenheiro escocês James Watt a invenção da máquina a vapor, mas pergunte para alguém próximo a você quem inventou a última novidade de um smartphone. Quem aprimorou a qualidade de suas câmeras, ou quem ampliou a duração da vida de sua bateria? Quem foi mesmo?

Nós últimos anos, o ecossistema jornalístico mudou mais do que em qualquer outro momento em cinco séculos. É preciso reconhecer, o jornalismo é uma pequena atividade subsidiária do grande negócio das plataformas digitais, mas é fundamental para o interesse do cidadão.

Nota-se o crescente poder das mídias sociais e a perda da distribuição do conteúdo pelos veículos tradicionais. Por trás desse cenário está a revolução móvel, basta constatar que cada vez mais o smartphone, um verdadeiro portal para o mundo, é usado para tudo, e os aplicativos cobrem suas telas, que, ao decorrer dos anos, crescem. Tornaram-se infinitas, com cantos arredondados e mais resistente a quedas e outros furtivos impactos.

Como ocorre desde a primeira Revolução Industrial, do século XVIII, há vantagens de um lado e perdas de outro. O cidadão ganhou um portal para divulgar e ver o que achar conveniente, por outro lado, abriu-se outro portal, esse para a formação de grandes conglomerados com poder gigantesco de controle sobre a informação, sobre aquilo que se pode ler e divulgar.

Mas, quando introduzimos a tecnologia em qualquer assunto, tudo se torna referencial. As afirmações ficam insustentáveis. As mudanças são incessantes.

Especialistas contam os segundos para o funcionamento das redes de telefonia 5G. Talvez, caro leitor, ao ler este trecho do livro, essa tecnologia já esteja em funcionamento. O frisson por sua chegada não é em vão. Ela vem com a promessa de tornar a velocidade da internet algo nunca vivido. Isso impactará diretamente no aumento das conexões em rede. O crescimento será exponencial, contado na casa dos bilhões.

> *Não tô nem aí. Não abro mão de meu aparelho tipo capelinha*, resmunga Dona Juventina.

As modificações vão interferir em nosso comportamento. O jornalismo não está a margem disso. Vai ser novamente afetado nesse mundo hiperconectado. Se o setor ainda não se entendeu com as mudanças atuais, o nível de compreensão do que está por vir vai dificultar muito mais. A produção do jornalismo, mais uma vez, será outra. Haja persistência e fôlego para se manter atualizado, como emissor de notícia individual, em grupo ou empresarial.

As modificações são tão radicais que o fim do smartphone já é preconizado. Isso mesmo. Alguns parágrafos atrás, apontamos os smartphones como responsáveis por uma das mais profundas mudanças na comunicação nos últimos 500 anos. Agora, falamos de seu possível fim.

> *Pode isso, Arnaldo? Pode, sim!*, completa Dona Juventina, que nem participa da Rede Globo.

Para diversos especialistas em tecnologia, estamos à beira da Era da Interação no mundo a partir da realidade aumentada e da realidade virtual. Alguns experts são categóricos ao falar sobre o alvorecer da disseminação dessas tecnologias. Elas, por sua constituição, vão nos colocar em um mundo completamente diferente desse a nossa volta. As interações humanas, de qualquer natureza, serão radicalmente modificadas. Essa afirmação não se baseia em teorias ou previsões restritas de cientistas encastelados em seus laboratórios. É empírica. Amazon, Facebook e Microsoft estão com projetos a todo vapor nesse segmento. É questão de tempo para ver quem chega primeiro à solução mais comercial para essas tecnologias. Quem sai na frente e vai liderar a indústria.

> *Apertem os cintos, o piloto sumiu*, grita Dona Juventina.

Outro nome envolvido na corrida pela nova fronteira tecnológica é o de Elon Musk, alguém para se prestar atenção. Empreendedor, esse sul-africano participou da construção do PayPal, SpaceX e da Tesla Motor, essa última empresa foi pioneira no desenvolvimento de projetos de criação de carros inteligentes, para trafegar sem motorista. Tendência no setor. Montadoras trabalham em projetos para tornar real essa experiência. É praticamente a recriação do mundo dos *Jetsons*, mas os carros ainda não voam. Ainda.

Musk começou a mostrar seu apetite pelas realidades virtual e aumentada. Lançou, em 2017, a Neuralink, startup impensável de existir no final do século XX.

A proposta dele, a partir dessa iniciativa empresarial, é unir o cérebro humano a computadores, por uma medula eletrônica. Em uma explicação de forma simplificadíssima, seria inserido um chip na cabeça das pessoas, que interagiria com o cérebro para controlar máquinas, entre outros dispositivos. Isso soa assustador? Ficcional, talvez?

Ao anunciar vagas para interessados em participar do projeto, a Neurolink enfatiza sua procura por engenheiros e cientistas que se considerem excepcionais, com trabalhos comprovados de desenvolvimento em outros projetos. Para a empresa, quanto mais diverso for o histórico do candidato, melhor.

Com sede em São Francisco, cidade berço das principais empresas de tecnologia no mundo, ela sequer requer formação em neurociência aos interessados em uma posição.

Céticos podem olhar para tudo isso e acreditar que esse movimento não passa de um exercício de ficção científica. Mas é bom ficar atento, acompanhar as notícias para evitar surpresas e não ser pego de calças curtas na mão, como diria Dona Juventina, e perceber tardiamente a mudança do mundo, a interação humana a partir de um novo paradigma.

Especializar-se é Recomendável

O jornalismo especializado, nesse caso, é mais um exemplo da importância da notícia para a sociedade. É decisivo para munir o cidadão com informações que o habilitem a acompanhar os desdobramentos desses negócios. A perceber os caminhos a se percorrer. A ver oportunidades.

Os cadernos de tecnologia, além de ganharem importância, têm enorme desafio em conseguir traduzir assuntos tão complexos para uma linguagem simples, com capacidade de explicação para a heterogeneidade do público. E pensar que nem existiam nos anos de 1980.

Ah, quanto aos smartphones nesse contexto, ou bem se reinventam ou correrão sério risco de fazer companhia às máquinas de datilografar e faxes. Entrarão para o hall das tecnologias ultrapassadas.

O desenvolvimento acelerado da inteligência artificial é o cerne do que rotulamos como a quarta fase do industrialismo. Crescem cada vez mais suas aplicações, como no campo da pesquisa e medicina, e o jornalismo não vai ficar de fora.

Vocês não perdem por esperar, sentencia Dona Juventina.

Tecnologias da nova revolução:

- Inteligência Artificial (IA)
- Internet das Coisas (IdC)
- Big Data
- Realidade Virtual (RV)
- Realidade Aumentada (RA)

O Noticiário Não Para

É evidente que a atividade jornalística foi fundamentalmente alterada por novas tecnologias. Debate-se sobre o impacto delas no modelo de negócios, na atividade cotidiana da profissão, na produção do conteúdo.

As narrativas digitais procuram explorar ao máximo o uso de novas tecnologias para contar histórias. O que, na nossa opinião, é bom. Há uma tendência ao *hiperlocalismo*, com notícias cada vez mais específicas sobre o bairro e as políticas locais, com o desaparecimento dos jornais médios e o nascimento de plataformas digitais destinadas à população local.

Um exemplo disso é o *Jornal de Taiaçupeba*, distrito do município de Mogi das Cruzes, interior de São Paulo. Começou como coluna para retratar os acontecimentos locais e era publicada na plataforma de tinta e papel do *Mogi News*. Com as dificuldades da concorrência dos meios online, que se abatem sobre os jornais de tiragem média, migrou das páginas da publicação impressa para a plataforma digital, e passou a ser publicado uma vez por semana.

Com baixo custo industrial, os espaços jornalísticos despontam pelas mídias sociais, Twitter, Google, Facebook, LinkedIn, Pinterest, Tumblr, YouTube, Instagram, Rebelmouse, Scoop.it!, Flipboard, Meddle e tantas outras.

Nós constatamos pessoalmente que mídia social existe desde a Idade da Pedra, ela foi e é a base de relacionamentos de pessoas, entidades, empresas, corporações, partidos, sindicatos ou qualquer maneira de comunicação humana de relacionamento.

Toda forma de conter comunicação pode se converter em uma mídia jornalística, aquela que vai na contramão do que chamamos de efeito manada. Ao invés de se rotular o jornalismo como produto, na nossa opinião, ele é um processo em que fatos são identificados, descobertos. Dados são coletados. Entrevistas são feitas. Elenca-se a relevância dos fatos apurados. Fazem-se as devidas correlações. Cria-se uma ordenação para sua contextualização. Elimina-se a repetição da informação. Verifica-se a autenticidade. Redige-se um texto. Disponibiliza-o para sua distribuição, tudo isso é parte do processo do fazer jornalismo, em qualquer plataforma.

LEMBRE-SE

A execução dessa produção é fundamental. Não basta apenas se ter acesso a uma informação inédita, exclusiva. Sim, isso é importante, mas é preciso operacionalizar a descoberta da informação com excelência por toda a engrenagem da cadeia produtiva do noticiário. Verificar, checar, selecionar, editar, contextualizar, interpretar a informação.

Graças às novas tecnologias, produz-se mais informação em um dia do que qualquer pessoa poderia assimilar em uma vida toda no passado recente.

Fact-Checking

A partir da produção de bilhões de dados, de informação, como saber a veracidade dos acontecimentos? Como diz Dona Juventina, só vendo para crer. Mas nem tudo é possível de ser visto. Por isso, não nos custa repetir como um mantra, a credibilidade dos produtores de informação é importantíssima.

Mas se não dá para ver tudo, o que fazer? Checar os fatos. Mas cada leitor tem como fazer isso individualmente? Não. Até pode, se houver tempo, interesse e dominar técnicas de checagem. Mesmo assim está longe de ser algo trivial.

Quem se predispõe a exercer o ofício de informar, tem de partir do princípio da importância e do significado de apurar a informação. Verificar sua autenticidade. Nesse sentido, veículos de comunicação têm por dever assegurar que seus profissionais façam essa tarefa.

Em tempos de rede social, contudo, essa premissa é desrespeitada. Parece ter virado conto da carochinha. Alguns acreditam viver em uma Terra de Ninguém, sem lei, e saem atirando para todos os lados. Ou, melhor, escrevendo inverdades como se fossem verdades incontestes e absolutas. Aos poucos, surgem instrumentos para desmascarar essas ações. Uma importante aliada das pessoas para isso é a disseminação da prática do *fact-checking*. Essa expressão da língua inglesa significa, em uma tradução livre para o português, checagem de fatos. Ou seja, aquilo que é dito ou publicado por qualquer pessoa e instituição precisa ser confrontado com o objetivo de verificar a autenticidade da informação. Com isso, foram sendo criadas empresas especializadas em *fact-checking*. As primeiras surgiram nos Estados Unidos, nos anos de 1980, e se espalharam para outros países, inclusive o Brasil.

Em sua disseminação e amadurecimento, criou-se uma entidade para representar esses conceitos e difundir essa prática, é a *International Fact-Checking Network* (IFCN), (Rede Internacional de *Fact-Checking*), ligada ao instituto *Poynter for Media Studies*. Eles advogam pela verificação dos fatos, de forma transparente e apartidária, como instrumento de ação do jornalismo.

Tem meu completo apoio, proclama Dona Juventina.

Com o objetivo de alinhar e dar credibilidade aos *fact-checkers*, como são chamados os profissionais desse segmento, a IFCN publicou, em setembro de 2016, seu código de princípios para nortear o trabalho de checagem pelo mundo.

CÓDIGO DE CONDUTA DE *FACT-CHECKING*

Com o objetivo de alinhar e dar credibilidade aos *fact-checkers*, como são chamados os profissionais desse segmento, a Rede Internacional de Fact-checking (IFCN) publicou, em setembro de 2016, seu código de princípios para nortear o trabalho de checagem pelo mundo.

- **Compromisso com o apartidarismo e com a justiça**
  Verificamos declarações com o mesmo padrão para todos os fact-checks. Não concentramos nossa prática de verificação dos fatos em um lado específico. Seguimos o mesmo processo para cada fact-check e deixamos as evidências ditarem as conclusões. Não tomamos partido relativamente aos assuntos verificados.

- **Compromisso com a transparência das fontes**
  Queremos que os nossos leitores possam verificar as nossas conclusões por si. Fornecemos informação sobre todas as fontes com detalhe suficiente para que possam replicar nosso trabalho, exceto em casos em que a segurança pessoal de uma fonte fique comprometida. Nesses casos, fornecemos o maior número de detalhes possível.

- **Compromisso com a transparência do financiamento**
  Somos transparentes em relação à fonte do nosso financiamento. Se aceitamos financiamento de outras organizações, garantimos que os financiadores não têm qualquer influência nas conclusões a que chegamos nos nossos artigos. Detalhamos o perfil profissional de todas as figuras-chave de nossa organização e explicamos nossa estrutura organizacional e estatuto legal. Indicamos claramente aos leitores como podem entrar em contato conosco.

- **Compromisso com a transparência da metodologia**
  Explicamos a metodologia usada para selecionar, investigar, escrever, editar, publicar e corrigir os nossos fact-checks. Encorajamos leitores a nos enviar declarações para verificarmos e somos transparentes sobre o porquê e como investigamos.

- **Compromisso com correções abertas e honestas**
  Publicamos a nossa política de correções e a seguimos à risca. Corrigimos de forma clara e transparente, procurando assegurar, ao máximo, que os leitores vejam a versão corrigida.

Fake news em tempos de revolução

Na França do século XVIII, com a Revolução Francesa (1789–1799), mal o processo revolucionário se estabelecia, uma vítima de suas mudanças já se fazia notar fortemente, a censura à imprensa, que caía de podre com o surgimento da diversidade social estabelecida.

Por meio da organização de partidos políticos, pela junção de grupos sociais de pessoas com interesses comuns, tornou-se efervescente a edição de jornais, pasquins, folhetos, panfletos e tudo mais para se difundirem ideias, conceitos, reflexões, críticas, ataques pessoais a políticos de toda ordem. A sociedade francesa vivia um momento de intensa expressão.

No meio da barafunda que se seguiu à Queda da Bastilha, bem que algumas autoridades tentaram impor censura seletiva às publicações. O método mais simples, e bem truculento, era obter uma ordem judicial, em qualquer instância, invadir a gráfica em que se produziam as publicações indesejadas, quebrar tudo o que se encontrava pela frente, maquinário, mobiliário, arquivos e, como em um happening, prender o editor da publicação.

No cenário de revolução instaurado, o caos foi a tônica predominante na disputa da informação, da difusão de pontos de vista que buscavam ser predominantes após a queda da Monarquia Absolutista.

Apesar das dificuldades para publicação dos jornais e de sua baixa tiragem, eram diversos os autores disponíveis para a produção de textos. Eram escritores com o firme desejo de propagação da nova ordem por vir. Mas nem tudo produzido de tão afiadas penas tinha compromisso com a verdade dos fatos. Aparentemente, a ideia de *fake news* não é exclusividade ou mérito das redes sociais. Tampouco é algo novo.

Na França da Revolução havia uma guerra de informação, opiniões, análises. Muitas vezes a autoria dos textos era duvidosa, algumas publicações eram assinadas por quem nunca as tinha escrito. Como a história parece se repetir tão exemplarmente nos dias atuais, não?! Que o diga Luis Fernando Veríssimo, um dos consagrados autores brasileiros que têm seu nome envolvido em centenas de textos pela internet. O nome de Veríssimo é associado de palpite sobre futebol a política externa das grandes potências militares mundiais, passando por conselhos amorosos. E ele não está só entre os eleitos de tão frutífera seara de assuntos.

Millôr Fernandes, Clarice Lispector, Carlos Drummond de Andrade são outros nomes frequentemente usados para discorrer sobre todo e qualquer tema de interesse. Suas pretensas ideias são propagadas pelos quatro cantos da internet. E, pior, ainda existem pessoas que leem esses textos e acreditam na autenticidade da autoria. Aí reside um dos cenários da boataria. No *forward* da informação falsa. No descompromisso em checar a origem da fonte primária. Na preguiça em raciocinar sobre o que se lê.

Antes desse aparte contemporâneo, estávamos na França do século XVIII, época em que o analfabetismo era forte aliado na geração da desinformação de ocasião. Boa parte da população francesa, de Paris especialmente, onde a luta era maior, não sabia ler. Essa condição, portanto, propiciava a difusão de textos falsos, de versões orais inventadas. Tudo se propagando como rastilho de pólvora.

Posteriormente, a história revelou que nem tudo atribuído à realeza ou ao líder político adversário daquele momento tinha sido realmente falado por eles. A despeito dessa condição, com notícias verdadeiras ou inventadas, a mídia da época acelerou o processo revolucionário, isso é fato. Foi fundamental para a derrubada por completo da Monarquia, e consequente advento da República, até o radicalismo do período do Terror.

Veículos de comunicação brasileiros também passaram por períodos de perseguição e censura. Começou no Primeiro Reinado, depois na República Velha, na Ditadura de Vargas e no Período Militar pós-1964. Fechar veículos de oposição ou críticos à conjuntura ficou conhecido como *empastelamento*.

> *Empastelamento?! Cruz-credo. Não venham acabar com meu prazer em degustar um suculento pastel na feira aos domingos*, dá de ombros uma inconformada Dona Juventina.

Nos dias presentes, a escala da construção da desinformação vai além de um país ou cidade. É global. A tecnologia à disposição das redes sociais criou oportunidade para se divulgar qualquer informação, de maneira muito mais sofisticada quando comparada ao passado. Sequer é preciso de um ser humano para a operacionalização para sua difusão da informação. Os chamados *internet bots* ou *web robots* assumem o lugar das pessoas. Eles são softwares que podem ser usados para aumentar audiência, comprar curtidas, criar perfis falsos ou inventar pessoas. Em suma, essas ferramentas simulam, de forma padrão, ações humanas nos meios digitais. São robôs usados para criar situações de favorecimento, de exposição de interesse de uma pessoa, um grupo de pessoas, uma marca. De qualquer instituição pública ou privada que queira se comunicar digitalmente.

É crescente o questionamento dessa tecnologia. Exemplos de seu péssimo uso são denunciados a todo momento. Na política, diversas campanhas eleitorais mundo afora as utilizam para a difusão de informações mentirosas sobre adversários. Entre as celebridades, de vários calões, eles são utilizados para criar popularidade.

Truques tecnológicos por todos os lados incentivam o nascimento da militância automatizada. Por isso, é necessário reavivar o bom e velho ditado de Dona Juventina: *Não acredite em tudo o que se vê ou lê*. Especialmente nas redes sociais. E, importantíssimo, na dúvida, nunca compartilhe. Para as empresas de comunicação, essa regra é de ouro. Principalmente para jornalistas iniciantes. Em algumas ocasiões, no afã de informar, os mais novos podem se atropelar, publicar algo errado, sem checagem, sem falar com a fonte. Isso é um péssimo jornalismo.

É preciso estar atento

A tecnologia proporciona um mundo paralelo, totalmente falso. Faz com que muita gente só exista virtualmente, inserida em praias e resorts paradisíacos, ao lado de carros luxuosos, degustando comidas sofisticadas, estadas em hotéis de luxo.

Os perfis falsos se revestem de títulos acadêmicos inexistentes, currículo de palestras jamais proferidas, fatos do cotidiano jamais vividos, entre outras patifarias. O mais grave são informações tratadas como verdadeiras por seu apelo emocional. Aí reside a contaminação do jornalismo com as *fake news*.

De quem é a responsabilidade para conferir a autenticidade de um *headline*?

- Do público?
- Do emissor da informação?
- De ambos?

Os desmentidos, como sempre, não têm a mesma força da divulgação. Pessoas conhecidas veem sua reputação ser jogada no lixo. São soterradas, virtualmente, por uma avalanche de ofensas em redes sociais.

Como os pasquins da Revolução Francesa, essa onda de *fake news* vai passar se os jornalistas se esforçarem e mostrarem que a profissão busca o acúmulo de credibilidade, independência pautada pelo serviço público, ao fiscalizar indivíduos e instituições.

Os *bots* são programados para selecionar. Essa seleção em si não é boa ou má, é a decisão de como ela será usada o diferencial. Voltamos, assim, para a condição humana. É o interesse da pessoa que vai ditar seu uso.

Bots podem, por exemplo, invadir arquivos de lista fechada, como de uma empresa aérea, uma lista de casamento, a folha de pagamento de uma multinacional, os prontuários dos hospitais. Ao ter acesso a essa informação, seu uso no universo digital é amplo, de alcance indiscriminado, e atinge também o jornalismo, como setor econômico ou atividade profissional. Por isso, é preciso manter-se atento.

As atuais Donas Juventinas

Compadre falar mal da comadre é tão antigo como a Sé de Braga. Ninguém passava incólume pela janela do velho casarão da antiga Travessa do Hospício, na baixada do Parque Dom Pedro, centro antigo da capital paulista.

Dona Juventina, velha e maquiada, batom carmim, miçangas douradas nos punhos e no pescoço, não saía do seu posto. Sabia tudo o que se passava pela vizinhança da rua, e também do antigo cortiço habitado por negros em frente à sua decadente e descorada casa.

Dona Juventina, além de saber tudo de todos, não se fazia de rogada, divulgava amplamente suas histórias. Era dessa forma que as malícias, brigas, pequenos furtos e análise do caráter de um e outro da baixada eram compartilhados pela comunidade.

Notas escolares, bilhetes de admoestação, reprovação na escola, namoricos entre estudantes eram espalhados com eficiência por ela.

Escândalos maiores, como traições, ganhavam grande destaque e não passavam por sua janela sem que Dona Juventina comentasse detalhadamente o caso. Ninguém duvidava de sua palavra. *A priori*, tudo o que dizia era a mais pura verdade; afinal, ela foi a principal fonte de informação do bairro enquanto esteve viva, até a década de 1970. Parecia uma internet sem streaming.

Com o advento e desenvolvimento das redes sociais, a quantidade de Donas Juventinas multiplicou-se em uma velocidade impensável. Se está publicado em uma plataforma qualquer, está correto.

CUIDADO

O atropelo do modo de vida atual incentiva as pessoas a não se preocuparem se a história contada é fato ou ficção. Isso é reforçado pela facilidade de finalização dos textos. Uma informação bem diagramada, acompanhada por uma foto, por uma ilustração pertinente, por gráficos tem mais credibilidade. Como duvidar de números exatos? De indicadores de crescimento ou queda?!

As novas Donas Juventinas dispõem de uma verdadeira miríade de ferramentas e artimanhas tecnológicas para dar credibilidade a suas invencionices. Para fazer valer uma informação falsa.

E a receita para se conquistar audiência é quase sempre certeira: compartilhar a informação criada em alguma rede social, como se fosse verdade absoluta. É como nos velhos filmes de bangue-bangue, em que Ringo atirava primeiro e perguntava depois.

Divulgar falsidade pode ser um bom negócio também, uma vez que os acessos se multiplicam e surgem oportunidades de se agregar publicidade, remuneração e notoriedade para seu autor e plataforma.

Todos têm o direito de procurar na internet por opiniões que casem com as suas, mas têm, também, a obrigação de se perguntar se o que leem tem fundamento.

A mesma faca que descasca uma batata para matar a fome pode matar uma pessoa. O mesmo vale para a internet e suas possibilidades. Qualquer um pode se julgar repórter investigativo, editor de matérias e publicar na web. Isso pode ser considerado um avanço e gerar diversidade.

Quem sabe transformar informação em notícia é jornalista, com ou sem diploma. O que está em avaliação é a capacidade de informar, de estabelecer interesse, de abordar assuntos pertinentes de forma ampla. Ninguém, aliás, lê jornal, ouve rádio ou vê telejornais tentando adivinhar em qual universidade seu interlocutor se formou. Porém, como ter certeza se o divulgador da informação sabe distinguir ficção (intencional ou não) dos fatos? Se ele está preparado para lidar com a informação?

Existem algumas formas para se checar tal questionamento. Uma das mais evidentes é perceber onde a notícia é veiculada. Se há uma marca de credibilidade relacionada à notícia, certamente os jornalistas envolvidos com a divulgação do ocorrido perguntaram se o fato realmente aconteceu antes de divulgá-lo.

LEMBRE-SE

A apuração da informação é preceito, código de conduta de empresas jornalísticas ou de qualquer plataforma autointitulada jornalística. Quem não apura o fato corretamente perde credibilidade. Deixa de ter relevância. Torna-se fonte de informação duvidosa.

É preciso entender, ainda, que uma pessoa em seu site, blog ou rede social pode veicular uma informação independentemente de estar veiculada a um grupo de comunicação.

Alguém que tenha acumulado ao longo de sua vida profissional respeitabilidade em uma área, em um assunto ou até mesmo em assuntos variados é tão crível quanto qualquer empresa de comunicação com anos de atuação. Mas é sempre preciso ter uma leitura crítica para evitar consumir gato por lebre. É necessário considerar contextos e posicionamentos na hora de se analisar a notícia recebida.

O Futuro Pode Ser Bem Pior. Aí Vêm as *Deep Fake News*

Todo o cuidado e atenção para com o consumo de informação pode se revelar insuficiente em um futuro que já dá seus primeiros sinais de realidade. Se ao longo da história, principalmente no século XX, a imagem e o áudio eram exemplos incontestes de veracidades dos assuntos ocorridos; agora, acreditar naquilo que se vê ou se ouve, quando gravado ou filmado, pode ser uma grande armadilha. Bem-vindos ao fabuloso mundo das *deep fake news.*

> *Meus filhos, já disse uma vez, mas vou repetir. Fiquem com os quatro pés para trás!!!*, reforçou Dona Juventina.

As "notícias falsas profundas", em tradução livre, foram consideradas, no primeiro semestre de 2018, como a "nova fronteira" das *fake news*. Elas são vistas como o "novo" porque, para sua concepção, é necessário utilizar a inteligência artificial para criar a imagem e/ou o áudio desejados. Graças a sofisticados softwares, cada vez mais baratos e populares, é virtualmente possível recriar qualquer situação. De falas institucionais de governantes a filmes pornográficos com celebridades internacionais; aparentemente, são ilimitadas as ferramentas e técnicas para transformar mentiras em notícia.

Os softwares destinados a conceber essas invencionices mapeiam pontos do rosto e compreendem como os movimentos acontecem. A partir desse entendimento tecnológico, as máquinas recriam matematicamente as situações e refinam o produto ao utilizar ferramentas de simetria para conferir veracidade àquilo que se verá ou escutará. É, de fato, um engenhoso processo tecnológico só possível pelo aprimoramento do uso da inteligência artificial.

Em abril de 2018, constatou-se, de forma didática, a extensão dessas novas criações. O cineasta norte-americano Jordan Peele produziu, como alerta para a gravidade do recrudescimento de notícias falsas, um vídeo em que o ex-presidente dos Estados Unidos, Barack Obama (presidente entre 2009 e 2016), aparecia, entre outros impropérios, falando mal de seu sucessor, Donald Trump.

Em pouco mais de um minuto de vídeo, Peele fez Obama anunciar *que o mundo estaria entrando em uma era em que seria virtualmente possível para qualquer um falar qualquer coisa, mesmo que a pessoa em questão, fosse quem fosse, nunca tivesse dito nada a respeito do assunto.* O auge das declarações dele veio no xingamento a Trump. *President Donald Trump is a total and complete dipshit.* (O presidente Donald Trump é um completo e total imbecil, para ser ameno na tradução do palavrão utilizado no original.) A realidade das imagens e do áudio é assustadora. Qualquer um pode confundir o material como sendo um acontecimento real.

DICA

Vá à internet e verifique como o trabalho de Peele ilustra de forma brilhante o perigo da fabricação da informação. Acesse o material produzido por ele em: `https://youtu.be/cQ54GDm1eL0` (conteúdo em inglês).

Se já vivemos em uma era em que a criação de falsos textos, afirmações inverídicas escritas, circulam como circulam pelo mundo virtual, dimensione a força que as mentiras terão lastreadas por imagem e som.

As adulterações de imagem convivem entre nós há muitas décadas. Que o digam as revistas de moda e de comportamento feminino, grandes usuárias de softwares de correção de imagens. Modelos já apareceram em ensaios fotográficos sem pernas ou com cinturas e quadris de dimensões irreais; gestantes tiveram suas barrigas de grávidas aumentadas para denotar, de fato, a gravidez; sem contar com o sumiço de toda e qualquer marca de expressão dos rostos das fotografadas, criando rostos irreais.

Mas a adulteração de imagem não foi inventada nas editorias de moda. Muito antes de surgirem os programas de design para tal fim, o sanguinário ditador soviético, Josef Stalin (1878–1953), lançava mão desses artifícios contra seus desafetos.

Por registros históricos, Stalin mandou retirar de algumas fotos as imagens de quem lhe desagradava. Dessa forma, além de matar seus inimigos literalmente, ele reescrevia sua história, tentando aniquilar a memória de quem havia caído em sua desgraça, apesar de ter feito parte de seu círculo de poder.

> *Seus moleques, voltem para a escola. No Egito, os Faraós raspavam o nome de seus antecessores dos monumentos de pedra e reescreviam o seu. Ora... vão estudar!*, vociferou Dona Juventina.

A diferença do uso da manipulação das imagens do passado para a composição das *deep fake news* reside na automação dos processos, no aprimoramento das ferramentas, na acessibilidade dos programas para tal fim. Está tudo mais moderno, mais barato e mais fácil de usar. E a tendência, como de toda e qualquer tecnologia, é de se popularizar ainda mais. Se na época em que Peele criou o vídeo de Obama ele levou 56 horas para finalizar o processo, esse tempo de finalização tende a cair vertiginosamente, podendo chegar a minutos. Consequentemente, a produção de vídeos mentirosos poderá ser feita em larga escala. Como em uma produção industrial. Será que isso nos colocaria em um mundo distópico?

CUIDADO

A distopia é um conceito caracterizado como um estado de pessimismo generalizado. Nele, governos são estabelecidos pelo Totalitarismo, pela opressão do Autoritarismo. Quem se dedica a refletir sobre essa condição prevê um futuro catastrófico, em que os Estados serão intrinsecamente corruptos e a tecnologia, utilizada como ferramenta de controle coletivo e individual. Essa realidade descrita lembra a você algo existente?

> *Onde é que para tudo isso? Quero cair fora dessa realidade maluca prevista aí*, diz uma desorientada Dona Juventina.

Em Quais Mãos Estamos?

Era para ser grátis. O seu desenvolvimento foi identificado com custo marginal próximo a zero. Pendurar mais um computador ou smartphone na rede custaria muito pouco. Tudo parecia perfeito com o advento da terceira onda da transformação tecnológica. Contudo, ela trouxe consigo contradição. As oportunidades de novos negócios na web móvel destruíram a gratuidade da internet, que passou a ser monetizada de diversas formas.

O que parecia ser uma imensa rede capilar com inúmeros emissores e receptores de informações foi apropriada por um pequeno número de plataformas.

Essas empresas chegaram com uma voracidade nunca vista sobre as verbas publicitárias e juntaram mais de 65% de tudo o que se investe na rede. No topo estão Google e Facebook, que desenvolvem produtos que conquistam cada vez mais investimentos.

São ferozes, pontua Dona Juventina.

A postura empresarial das gigantes da internet já acendeu a luz vermelha nos departamentos de receitas fiscal e tributária de países europeus e de organizações jornalísticas que temem um duopólio na difusão e geração de notícias em âmbito mundial. Afinal, subsidiárias dessas empresas produzem equipamentos que traduzem o texto e o áudio em tempo recorde para qualquer idioma. E não pagam por isso.

O controle da rede saiu de muitas mãos para as mãos de poucos. Uma das contradições geradas é que as receitas da mídia tradicional, tevê, rádio, jornal e revista, baseadas na publicidade, classificados e assinaturas, migraram para as novas mídias. Agências de publicidade avaliam como mais eficazes anúncios exibidos nas grandes plataformas. Houve, aí, uma transferência sensível dos investimentos para as novas mídias.

Os assinantes na web não são lucrativos como os que assinam as plataformas tradicionais. Assim, verifica-se queda de faturamento das empresas ligadas às mídias tradicionais, que estão em planeio, mas podem, a qualquer momento, sofrer um estol e, ao invés de um pouso suave no aeroporto do resultado, cair de bico na cabeceira da pista. Elas ficaram à mercê do poderoso Facebook.

A dinâmica de rede do Facebook é responsável pela maior influência sobre o consumo de notícias no mundo. Portanto, andam na prancha, de mãos dadas, os núcleos de marketing, comercial e jornalismo. Publicitários e jornalistas estão na mira dessas mudanças.

Isso me lembra tanto atitudes de um grande ditador! Será que estamos falando de Chaplin?, questiona Dona Juventina.

Alguns concorrentes de Mark Zuckerberg no mundo virtual, como Peter Sunde, um dos criadores do The Pirate Bay, renomado site de *torrent*, sem papas na língua, apontou publicamente, em palestra, Zuckerberg como o "maior ditador do mundo". Isso porque, segundo Sunde, ele dominara a internet. Tornara-se o fiel da balança para os passos futuros a serem tomados no mundo virtual.

A concentração descomunal de todo tipo de dados por sua empresa coloca um ponto-final em uma das ideias de concepção do mundo online, a oferta igualitária de espaço para qualquer um construir uma empresa e tornar-se influente, significativo. Mas, a partir do controle das gigantes da internet, isso aparenta ter virado passado.

A passagem para as mídias digitais dos produtos das mídias tradicionais teve a força da movimentação de placas tectônicas para publicitários e jornalistas. Estes estão ligados umbilicalmente às empresas. Sonhavam que seria possível encontrar uma saída para que o ecossistema tradicional se mantivesse. Contudo, a publicação de material multimídia de qualquer lugar, jornalismo interativo, *podcasts* e *crowdsource* deram esperança à propagação plural de notícias, e os bancos de dados proporcionariam oportunidades para a construção de reportagens.

É verdade que o choque foi sentido nas redações e nos departamentos de vendas. Ambos tiveram o número de profissionais reduzidos. Os publicitários, com a queda do faturamento, e os jornalistas, com o advento de uma tecnologia que proporciona executar várias atividades ao mesmo tempo, como produzir e editar uma reportagem e colocá-la no ar.

Em estágio na redação da CNN, em Atlanta, o coautor HB foi surpreendido pelo jornalista que o acompanhava. Ele, além de suas funções no noticiário e como apresentador, foi quem colocou o microfone em HB, acendeu as luzes do estúdio, chamou a maquiadora e avisou a técnica que tudo estava preparado para que HB pudesse fazer sua entrada ao vivo no *Jornal da Record News*. Detalhe: a câmera usada para a transmissão estava travada, sem operadores.

Nem sei o que dizer de tamanha façanha desse rapaz, falou Dona Juventina.

Fora do Tempo da Lava-Jato

Algumas organizações empresariais insistem em não entender as mudanças da sociedade, do mundo. Continuam agindo como antigamente, quando tinham certeza de que uma má notícia duraria somente 24 horas, talvez até menos se houvesse uma boa assessoria de imprensa para fazer a informação desaparecer antes.

Essas mesmas organizações, acima de tudo, têm vultosas verbas publicitárias para tentar amolecer o tom de reportagens desfavoráveis. Em alguns casos, simplesmente usam seu poder de investimento em publicidade para dissuadir o veículo de publicar algo contrário aos seus interesses. Foi assim no passado, por que não pode ser assim no presente?

E se a pressão publicitária ou a ação da assessoria de imprensa não rende a elas o fruto desejado, em última instância, há sempre o departamento jurídico. Advogados hábeis sabem se conduzir pelo judiciário brasileiro e seu cipoal de recursos e leis, tão distantes para comuns mortais, e podem ser utilizados como ferramenta contra uma informação desconcertante.

Para essas organizações, o importante sempre foi levar ao esquecimento público sua má conduta. O objetivo era engavetá-la em algum órgão público, no arquivo morto dos computadores dos jornalistas, ou simplesmente atirá-la em uma lata de lixo.

O aparelho fiscalizador do Estado, de qualquer natureza, é permeável às pressões políticas. A Operação Lava-Jato demonstra isso.

Por trás de uma má conduta alguém ganha algo. Ou a organização com a expansão de seus lucros e consequente remuneração dos acionistas, ou os que facilitam o fluxo das investigações para o arquivo morto. Nesse cenário, perde a sociedade. Perde o meio ambiente. Perde a civilização. No longo prazo, perde, também, a organização que se julga impune e fora do julgamento da história.

Graças a essa prática, Samarco, uma empresa de mineração, constrói uma lagoa de contenção. Dejetos são acumulados sem qualquer preocupação com a vida dos que vivem ao lado de uma ameaçadora montanha líquida de lama fétida.

É precária ou inexistente a fiscalização para se avaliar a segurança do local, caso a barragem não dê conta do volume represado. Como em um conto de realismo mágico, tudo é pensado para ser resolvido em uma gratificante conversa entre fiscais e gestores.

O Estado é cego quando se trata de criar qualquer iniciativa econômica rotulada de crescimento, de desenvolvimento ou, ainda, pagadora de impostos. Frente à possibilidade desses acordos, todo o resto é reduzido a um segundo plano.

Ameaçar populações e o meio ambiente com uma avalanche de lama parece tornar-se menos grave do que empacotar 800 gramas de feijão e, sorrateiramente, escrever no rótulo o peso de um quilo.

Esse Estado aí é conivente, fiscaliza Dona Juventina.

Para a sociedade, a impressão parece ser a de que, para o Estado, conduzido por políticos caçadores de votos na busca pela perpetuação no poder, tudo pode se arranjar. Reservas ambientais tornam-se detalhes, se houver a possibilidade de alguma exploração comercial da área. O respeito aos direitos humanos pode ser relativizado em nome da produção empresarial. A construção de creches pode ser postergada. Tudo isso é muito grave. E o jornalista deve acompanhar tudo. Apurar, escrever matérias, ouvir visões distintas às fontes governamentais, aos presidentes das empresas e diretores.

Apenas uma minoria da opinião pública acompanha as ações de grandes corporações. Só quando ocorre uma tragédia é que a maioria da sociedade se sensibiliza pela gravidade dos danos. Quando viu o rio se tornar pastoso e a foz no mar, ocre. Que caminhos essa tragédia percorreu até ocupar espaços nos veículos de comunicação internacionais?

Corporações, a despeito de sua natureza, não são unidades autônomas. Fazem parte de um sistema que alteram e são alteradas por ele. Há uma interação indissolúvel. Elas constroem seu ambiente de negócios a partir de múltiplas interatividades como ambiente social. Por isso, quando desponta a contradição entre o que divulgam em seus custosos relatórios de sustentabilidade e os danos sociais que provocam, perdem reputação.

Se não perder valor em bolsa, se não cair a remuneração do acionista, se o *botton line* for positivo, nada a temer. Porém, se reputação pesar no balanço anual, é preciso fazer algo, urgentemente.

A construção de uma boa reputação é um trabalho árduo, exige tempo. Gestores de corporações sabem disso. Sabem, também, que, com o advento das mídias sócias, é mais fácil emitir opinião sobre qualquer assunto. Todos estão muito mais expostos. Consequentemente, suas imagens, também.

Os assuntos, independentemente de onde aconteçam, podem ser expostos a um incontável número de pessoas. Sendo assim, o desmatamento de uma reserva florestal, problemas em uma represa pestilenta ou a exploração do trabalho de pessoas em um sofisticado condomínio em um bairro nobre da cidade têm potencial equivalente de destaque em rede social. Mas há diferença no impacto dessas distintas ações no ambiente da cidadania e dos negócios. Cabe ao jornalista, *watchdog*, não descuidar e divulgar o excesso.

Watchdog é um conceito usado no estudo da comunicação social. Refere-se à ideia de um profissional dedicado, alerta e fiel como os cães. Nesse sentido, o jornalista seria um cão de guarda para a sociedade. Sempre alerta a desvios, desmandos, variadas injustiças, trapaças.

O cipoal das marcas, a atomização da notícia

As plataformas digitais tornam as marcas (empresariais, institucionais, de organismos internacionais etc.) cada vez mais familiares. Os produtos de comunicação estão mais parecidos, e isso não é bom para a construção do espírito crítico de uma sociedade. O diferente parece se tornar inapropriado, alienígena no ecossistema criado.

As plataformas digitais, onde trafega o jornalismo do século XXI, demonstra a simbiose entre o erudito e o popular, o simples e o complexo, o sofisticado e o *naïf*, o tribal e o universal, o brega e o chique, a tradição e a vanguarda, a revolução e a repetição. É uma espécie de ônibus cibernético, todos cabem sentados.

Até eu, diz a cibernética Dona Juventina

Nelas está parte da universalidade humana, que nunca encontrou um campo tão vasto para ocupar em toda a sua história. Portanto, as marcas são mais do que o patrimônio de uma empresa, são sua identificação, distinção na massa.

Atente-se para a extensa lista de marcas internacionais de jornalismo — CNN, *Le Monde*, *El País*, BBC, NYT, Globo, Al Jazeera são algumas delas. Atributos e produtos inimitáveis são as buscas constantes das marcas jornalísticas. Algumas se tornaram ícones. O jornalismo tem características cibernéticas derivadas do seu processo de criação, geração, armazenagem, transmissão, recuperação e consumo. Tudo à disposição de todos.

A lógica linear das antigas plataformas de comunicação, ainda em circulação entre nós, e o sentido emissor-receptor do jornalismo foram desestruturados pela atomização, interatividade e conectividade das redes com suas marcas globais.

A segmentação e fragmentação das fontes emissoras da comunicação inviabilizam o controle da recepção pelo público. Uma miríade de mensagens, jornalísticas ou não, é enviada aos equipamentos eletrônicos disponíveis, ao contrário do passado, quando era preciso esperar o jornal chegar, o radiojornal começar, ou o telejornal aparecer na sua tela de televisão.

CUIDADO

A ditadura da grade de programação das tevês e rádios está em xeque no século XXI, quando o assunto é informação. Afinal, qual é o sentido de se esperar algum telejornal para saber as notícias do dia, se, a qualquer momento, é possível descobrir o que acontece no Brasil e no mundo? Com isso, a tendência à entropia é mais acentuada. Todas as emissões tendem a entrar em um processo de desordem para o público.

O Surgimento do Prossumidor

Vários jornalistas já entenderam que o público não é apenas mais um receptor de notícia. Ele consome e, ao mesmo tempo, tem a capacidade de produzi-la. Logo, esse público tornou-se *prossumidor*. Essa palavra não existe em nosso corretor de texto, tampouco nos dicionários da língua portuguesa, é um neologismo adequado para avaliar a realidade: produtor de notícia + consumidor = *prossumidor*. Originalmente foi criada pelo casal Tofler. Se quiser queimar as pestanas, leia o livro deles *O Futuro do Capitalismo*.

Há, sim, na construção de nosso tempo, uma ameaça à geração da fonte de renda para centenas de milhares de pessoas que vivem no setor de comunicação. Muitos correm o risco de se tornar sobressalentes. Podem ficar sem remuneração. Até fora da atual formação desse mercado de trabalho. E de quem seria a responsabilidade por tal ameaça? Quem são os algozes da vez a ser apontados? Inteligência Artificial, robótica, Big Data, algoritmos ou outra tecnologia qualquer que substitua por inteiro ou parcialmente a mão de obra humana? Lembrando, o setor de comunicação vai além das empresas jornalísticas. Em outras palavras, vivemos na quarta Revolução Industrial, a época de empresas disruptivas como Uber, Airbnb, Tesla, entre outras. É a fase conhecida como *Industry 4.0*, já apontada por nós.

Tio Sam na Berlinda

Desde a grande crise do capitalismo, em 1929, as empresas apostaram em altos ganhos de produtividade e eficiência. Cortaram empregos, aprenderam a fazer mais com menos trabalhadores, menos maquinário ou outros elementos que compõem os setores da produção econômica das sociedades. Em resumo, ganharam em produtividade. Ou mais-valia, como acreditam os da extrema esquerda.

Houve uma reformulação geral independentemente do tamanho dos negócios, setor e alcance — local, regional, nacional ou global. Adaptaram-se às demandas sociais, industriais, econômicas, consequentemente, estabeleceram diferentes interações humanas de trabalho e emprego. Houve o surgimento de novas classes trabalhadoras. A naturalidade dos processos de mudança é ininterrupta. Acontece continuamente ao longo da história.

Agora, vivemos mudanças relativas ao século XXI. Principalmente as mediadas por aparelhos eletrônicos. Materializadas em redes sociais e aplicativos de programas. É difícil desconhecer ou ignorar a força crescente de atividades robotizadas, automatizadas em todas as atividades da vida humana.

Quando se trata da formação econômica dos países, esse processo é generalizado, tem ares institucionais, elaborado pela necessidade de manter as estruturas para criação de renda e desenvolvimento das populações em harmonia às exigências ditadas pelo tempo. Isso vale mesmo quando não existe carência de pessoas habilitadas em ocupar vagas existentes. Caso de países populosos como China e Índia, com seus habitantes contados em bilhões. Essas nações não baseiam o desenvolvimento de suas economias na certeza de seu imenso contingente de trabalhadores, verdadeiros exércitos de mão de obra.

Esses países investem pesado em novas tecnologias. Os formuladores de suas políticas públicas compreenderam o significado e impacto de seu uso para garantir o desenvolvimento de suas economias. Assim, tentam assegurar o bem-estar financeiro da população. Prosperidade, em outras palavras.

Na esteira dessas mudanças, são vários os exemplos de postos de trabalhos, funções, empresas dentro do setor de comunicação, que se extinguem ou têm de ser reformulados urgentemente.

Bye Bye, So Long Farewell, Correios

Quando o carteiro chegou e meu nome gritou, com uma carta na mão (...) tornou-se apenas um maravilhoso verso da Música Popular Brasileira. "Mensagem" é o nome dessa canção, de Cícero Nunes e Aldo Cabral, interpretada, ao longo dos anos, por grandes cantores da MPB.

A letra da música relatou a *surpresa tão rude* que a pessoa teve quando o carteiro bateu à sua porta. *Nem sei como pude chegar ao portão (...)*, diziam seus autores. Mas quem recebeu a carta não teve coragem de abri-la. *Porque na incerteza, eu meditava e dizia: Será de alegria? Será de tristeza? Tanta verdade tristonha ou mentira risonha, uma carta nos traz. Assim, pensando, rasguei sua carta. E queimei, para não sofrer mais.*

Esses versos revelam um passado remoto. Quando foi a última vez que você recebeu uma carta? Cobrança de celular não vale. Você lembra a expectativa gerada pela espera de notícias de longe, por frases de amor, por reencontros fraternais, ou será que você nunca viveu essa situação?

Há muito essa situação deixou de ser realidade em diversas sociedades, inclusive na nossa. Carteiros ainda existem, é bem verdade. Desbravam as ruas das cidades em seus uniformes amarelo e azul, mas deixaram de ser protagonistas da comunicação. Sequer tornaram-se coadjuvantes. No Brasil, tornaram-se transportadores de mercadoria, contas ou informes. A emoção carregada em suas grandes sacolas migrou para outros locais, outros formatos de comunicação. Foram atropelados; primeiro pelo e-mail, depois, aplicativos.

A carta foi o primeiro instrumento de participação do público nos veículos de comunicação.

> *Eu mandei tanta carta para meus programas de rádio preferidos! Eram, pelo menos, umas duas por semana. Falava de tudo. Reclamava do preço do botijão de gás, dos buracos na rua, da falta de iluminação. Hoje, só mando cartas para as seções de encontro, mas não tô com muita sorte, não*, suspira Dona Juventina

Mundo afora, diversos exemplos de reestruturação do sistema de correspondência surgem a todo instante. No Canadá, o *Canada Post* elabora periodicamente estudos para reformular seus modelos de entrega. Em 2014, a empresa de correios canadense entregou 1,4 bilhão a menos de mercadoria quando comparado aos números de entrega de 2006. Em seus planos de estratégia, seu corpo de executivos destaca a urgência de transformar o serviço postal oferecido. Uma das saídas apontadas é consolidar a atuação da empresa na entrega das compras online. Mas eles não deixaram de lado as cartas em papel. Desenvolveram o que chamam de *community mailbox*, em tradução livre, caixa de correio comunitária. Foram instaladas, pelas ruas das cidades, caixas para recebimento de cartas, que são agrupadas e referem-se às moradias da região. A correspondência é entregue nessas caixas, que juntas lembram casas de pombo-correio, em horários determinados. Os moradores podem retirar suas cartas quando desejarem. A iniciativa é vista como um projeto piloto, testado desde o início dos anos de 2010.

Em outras palavras, no século XXI, o mais antigo sistema formal de comunicação da história, os Correios, aos poucos diz adeus. Desenvolvido por Dario I, um dos mais importantes governantes do Império Persa, a troca de mensagem por cartas foi fundamental para sua atuação como Imperador.

Dario I estruturou uma malha de estradas para manter-se informado sobre os acontecimentos das cidades-estados de seu Império. Essa maneira de se comunicar foi, por séculos, a forma mais adequada de se diminuir distâncias, aproximar pessoas, trazer informação para importantes tomadas de decisão. O tempo a transformou em história. Agora, mandar e-mail é muito mais barato do que comprar um único selo. Mensagens nos smartphones, então, são pra lá de instantâneas.

E-mail?! Alguns podem se perguntar. Como assim e-mail?! Muitos já deixaram de lado a comunicação pelo correio eletrônico. Comunicam-se por mensagens de 147 caracteres, vídeos e textos em redes sociais, mensagens em aplicativos. São diversas as possibilidades e, caro leitor, pode até ser possível que, ao ler este trecho, já exista forma mais atual de comunicação, não mencionada aqui.

O futuro é hoje

Até bem pouco, acreditava-se que as atividades intelectuais estavam fora da fúria das máquinas. Preservadas em um mundo distante, inatingível. Entre essas atividades, o jornalismo estava presente. Tal crença não resistiu às primeiras mudanças tecnológicas.

No ofício da imprensa, os robôs invadem as redações. Como já dissemos algumas vezes, mas não custa reforçar. Surgiram nos mais diversos formatos para desempenhar distintas funções. Estão programados para reconhecer padrões, autoprogramar respostas, decifrar comunicações, inserir soluções de tecnologia e comunicação, traduzir o que for possível. São incansáveis, por não terem horário de descanso. Sequer fazem demandas ao departamento de gestão de pessoas, o popular RH. No máximo, exigem manutenção técnica. Um óleo de vez em quando, um aperto de parafuso ali e acolá, uma passada de pano para tirar o pó.

E não vão ao banheiro, alerta Dona Juventina.

Sistemas de busca sofisticados como o Google auxiliam e colocam em xeque, ao mesmo tempo, profissões intelectuais como a dos jornalistas. Megadados e algoritmos criam textos sobre esportes, com muita informação, histórias originais, têm a capacidade de eliminar redatores, revisores, diagramadores, até jornalistas, a depender do formato da notícia programada.

Todas as mudanças adotadas ou em curso afetam o modelo de negócio da comunicação. Como aponta Jeremy Rifkin, escritor norte-americano, autor de best-sellers sobre a mudança de comportamento das pessoas resultante da massificação tecnológica dos últimos anos. Informação, automação, inteligência artificial, tecnologia da informação são incorporadas à *Internet das Coisas* e reduzem rapidamente o custo marginal da mão de obra de produzir e entregar uma ampla gama de produtos e serviços. Entre eles, o jornalismo. Dá uma olhada no livro dele, *Sociedade com Custo Marginal Zero*.

Décadas atrás, uma das maiores fabricantes mundiais de aparelhos eletrônicos, a holandesa Philips, preconizou pela interpretação de um icônico ator alemão, Udo Kier, em um anúncio global: *(...) o futuro será um local onde nada será familiar (...)*.

Então, caro colega, você está preparado para o futuro hoje?

NESTE CAPÍTULO

» Ninguém segura a informação

» Comunidade global colaborativa

» Custo marginal

» De terabytes ao infinito

» Corporações e resistências

Capítulo 14

Samba de uma Nota Só

Jornalismo é um fluxo.

HERÓDOTO BARBEIRO

Desculpe a arrogância de pôr o aforismo acima, registro à resistência de Udo. Há um fenômeno em andamento no mundo, impactando diretamente as comunicações e, por tabela, o jornalismo. É o **custo marginal próximo de zero** da produção de conteúdo de informação e entretenimento transmitido via internet. Esse dito custo marginal próximo de zero já causou sérios danos às indústrias: editorial, de comunicação e de entretenimento, enfatizamos.

Há cada vez mais informação disponibilizada pela internet com custos baixíssimos. Atualmente, mais de um terço da humanidade produz a própria informação por meio de gadgets disponíveis, e, consequentemente, compartilha essa produção como vídeo, áudio ou texto. A troca dessa informação existe em um mundo colaborativo e conectado em redes sociais, diz Jeremy Rifikin, escritor norte-americano, autor de best-sellers sobre a mudança de comportamento das pessoas resultante da massificação tecnológica nos últimos anos.

A dita mídia tradicional, por sua vez, tenta não ficar fora desse movimento colaborativo de troca de informação. Cria modelos de negócio em suas plataformas. Um exemplo é a oferta gratuita, feita pelos veículos de comunicação, de parte de suas notícias. Isso é realizado com a intenção de atrair internautas a pagar para ver a reportagem por inteiro, ou fazer uma assinatura do conteúdo oferecido por eles. É assim na *Veja*, *O Globo*, *The Economist*, CNN, *Folha de S.Paulo*, *The New York Times* e tantos outros. Esse modelo de venda é uma tentativa das empresas de comunicação para sobreviver nesses tempos de mudança de relação do consumo de conteúdo, informativo ou de entretenimento. Isso acontece pois as verbas publicitárias diretas diminuem consideravelmente em suas plataformas físicas, de papel e tinta, vídeo ou som.

Há uma crise provocada pela quebra do paradigma econômico afetando as empresas, a qualidade do jornalismo produzido e o emprego dos jornalistas. Até a circunspecta BBC vende relógios sofisticados entre uma notícia e outra em suas plataformas online.

Mas, Afinal, o que É Paradigma?

A dupla de escribas dessa plataforma de tinta e papel, mas também em bits, vai responder. Para isso, convocou a ajuda de um renomado físico e filósofo:

> *Paradigma é um sistema de crença e hipóteses que atuam juntas para estabelecer uma visão integrada e unificada do mundo, tão convincente e atraente que o considera um equivalente da realidade propriamente dita.*
>
> THOMAS KHUN

O advento da comunicação, pelas redes sociais, quebrou o paradigma anterior do setor, a maneira de se criar e estabelecer negócios em comunicação e a própria maneira de as pessoas se comunicarem entre si.

As pessoas migram para o novo sistema na mesma velocidade que uma boiada corre em busca do nada.

Em outras palavras, a combinação da internet com a energia digitalizada e renovável é responsável pela Internet das Coisas. Lemos a primeira página no computador e, se quisermos, podemos imprimi-la. Reproduzimos, assim, em nossa casa, o jornal vendido na banca.

> *Não é mais preciso mandar Chico buscar o jornal, correndo ao portão. O labrador sempre rasga parte dele. Não gosta dos políticos*, dispara Dona Juventina.

Aliás, como ficam as bancas de revista nesse mundo digitalizado? Por quanto tempo mais sobreviverão? A que fica próxima da nossa casa fechou. Afinal, as capas de revista, as primeiras páginas dos jornais, os almanaques e todo o conteúdo dessas publicações pode ser acessado por laptops, notebooks, smartphones. Estão disponíveis 24 horas a quem se interessar. Um novo paradigma está sendo criado para as bancas de revista como setor comercial. Uma outra, em frente ao colégio, vende guloseimas, salgadinhos, lembranças, bijus. Apostam em publicações segmentadas, o mundo do crochê, a história do santo sudário. Enfim, tentam encontrar seu caminho.

A internet está aberta, é distributiva e colaborativa. Permite a qualquer pessoa, em qualquer parte do mundo, em qualquer momento, a oportunidade de acessar e usar os dados disponíveis, gerar aplicativos, elaborar conteúdo. Trocamos mensagens recentemente de Katmandu para a redação, instantaneamente. Namastê! Nesse cenário, a circulação da informação é quase ilimitada. Todos recebem, todos emitem, é uma comunicação colaborativa. Uma imensa mandala como nunca foi percebida na história da humanidade.

DICA

Colaborativo é um termo que se agigantou com o surgimento do computador e da tecnologia da internet como meio de comunicação interativo entre pares.

Está tudo conectado

Um terço da humanidade, portanto, dois bilhões de pessoas, está se comunicando entre si em imensas redes globais. O obstáculo existente pela diferença de idioma foi simplificado sensivelmente pelo uso de tradutores de texto e de áudio. Já tem um tradutor instantâneo japonês/inglês.

No espaço de interação proporcionado pela internet, milhões de pessoas circulam cotidianamente, selecionando o que julgam mais importante para si, sua família, amigos, comunidade, país. Selecionam, ou, no jargão jornalístico, editam, verdadeiros noticiários. Trocam textos, vídeos, áudios, infográficos, mapas, entre outras formas de noticiar fatos, dados, relatos. Tudo isso é feito considerando-se um importantíssimo detalhe. Receber essa infinidade de informação tem custos baixíssimos. Custos esses muito mais ligados à infraestrutura dos equipamentos, velocidade de conexão da rede do que ao conteúdo em si do interesse trocado.

E, mais, as pessoas "anônimas" difusoras de informação concorrem com as plataformas dos veículos tradicionais da imprensa ou com o trabalho de jornalistas de renome. Uma postagem em uma rede social pode alcançar números incríveis. Inúmeras vezes, superior à tiragem e audiência de alguns jornais, telejornais ou programas de rádio.

A força da difusão da internet se vê em todo momento. Está por todos os lados. Pululam exemplos. Como o que brevemente recordamos aqui. Um dos comentaristas do *Jornal da Record News*, Richard Rittenband, um belo dia, comentou sobre a flutuação do dólar. Ao postar seu comentário no Twitter, conseguiu atingir um milhão de pessoas. Obteve, para seu ponto de vista no assunto, 1 milhão de viewers. Quando se trata de alcance, essa marca não é nada má.

Diante da profusão de canais de comunicação, é impossível avaliar corretamente qual é a audiência de uma postagem. O Internet Protocol, ou IP, disponível no mundo era de 4 bilhões e 300 milhões de endereços, quantidade essa considerada insuficiente.

Há uma briga de foice para registro de domínios, como o herodoto.com.br. Por isso, entrou em campo a turma do *Internet Engineering Task* para aumentar os endereços para 340 quintilhões. É um número com zeros que não acabam mais. Analistas avaliam que em 10 anos uns dois trilhões de dispositivos vão estar na internet. Imagine, então, se todo esse pessoal decidir enviar, cada um, uma única informação ao mesmo tempo.

Por essas e outras insistimos, é praticamente impossível segurar a notícia. Chegamos a uma era em que são muitas as ferramentas destinadas à informação. Elas são capazes de assegurar total transparência para os fatos. Os corredores dos centros de poder político espalhados mundo afora hão de tremer. Os políticos que se cuidem.

Gordon Moore não estudou jornalismo

Mesmo não cursando uma faculdade de jornalismo, Gordon Moore tem alguma coisa a ver com o ofício jornalístico. Ele foi um dos fundadores da Intel. Lá pelos idos de 1957, formulou uma lei que leva seu nome, que afirmava que, a cada ano, o número de componentes de um circuito integrado seria dobrado.

Em 1975, disse que a multiplicação estava ocorrendo a cada dois anos. Ou seja, os chips estão cada vez mais lotados e com seus dias contados. No entanto, uma ampla gama de tecnologia de informação cresce exponencialmente. É o caso do disco rígido. A quantidade de dados transmitidos por uma rede ótica dobra a cada nove meses.

Ao mesmo tempo, os equipamentos pessoais e corporativos, capazes de carregar informações e notícias, tornaram-se cada vez mais baratos. Segundo Jeremy Rifikin (já citado), no ano de 2000, um gigabyte de armazenamento em disco rígido custava uns US$44. Em 2012, o custo de um gigabyte caiu para sete centavos de dólar. Em 2000, o streaming de vídeo custava US$193 por gigabyte. Em 2010, caiu para US$0,03.

Quanto custa a transmissão da reunião de fechamento de um telejornal feita via rede social? Nada. Na medida em que a tecnologia avança, os jornalistas precisam entender o que está ocorrendo e utilizá-la como ferramenta em seu ofício, que é a difusão de notícias com credibilidade, transparência, isenção, interesse público.

Cabe ao jornalismo zelar pelos bens da humanidade. São a organização da informação, a forma clara de contar a história e o foco em aspectos de interesse do fato que chamam a atenção das pessoas que tornam o fato uma notícia de interesse. Há inúmeros exemplos, mas tivemos de impedir que Dona Juventina tomasse conta de todo o livro.

Abaixo a censura. Sou uma mulher "imparável", comentou Dona Juventina.

Jornalismo Se Faz em Equipe

Apesar das transformações, o jornalismo continua sendo uma profissão que é feita coletivamente. Na esteira das modificações, algumas funções deixaram de existir, outras surgiram; mas, a despeito dos novos tempos, jornalistas continuam tentando exercer seu ofício com autonomia, acreditando em uma produção isenta.

CUIDADO

Uma redação é um local dinâmico de trabalho. Há uma divisão interna de tarefas, e as atividades são desempenhadas em etapas. Cada profissional é responsável ou especialista em uma determinada parte desse processo. A soma do trabalho de cada um gera a composição final da notícia: a forma como será lida, vista ou ouvida. Em outras palavras, jornalismo é feito em equipe.

Mas as redações mudaram. E, mais, como setor produtivo, o jornalismo se transformou. As interações profissionais são distintas das estabelecidas no século XX. Isso a despeito de o atual século ainda viver sua adolescência. Ainda faltam bons anos, décadas, para nos distanciarmos da virada do milênio. Por isso, é necessário ressaltar o advento das novas tecnologias como pivô das modificações em tão curto espaço de tempo.

Jornalismo em Qualquer Lugar, a Qualquer Hora

Nenhuma cobertura jornalística se parece mais com a anterior. As novas tecnologias não deixam. A cobertura do massacre de Nice, em julho de 2016, já foi diferente dos atentados em novembro de 2015 em Paris, e de Las Vegas, em 2017, ainda que todas sejam grandes tragédias.

O assalto do caminhão contra as pessoas que festejavam o 14 de julho, na Côte d'Azur, foi imediatamente mostrado ao público. Em pouquíssimo tempo, trafegou pela internet. Daí para a cobertura das mídias tradicionais foi um pulo. O encerramento do *Jornal da Record News*, feito pelo coautor HB, teve, em uma semana, meio milhão de viewers no Facebook, e a marca de alcance ultrapassou um milhão e 800 mil pessoas.

Obviamente, o que os jornalistas querem não é apenas o alcance, mas chegar à utopia de que exercem seu ofício com autonomia e liberdade e à crença de que produzem seus relatos com isenção. Essas são buscas constantes porque não são estáticas, sim dinâmicas. Mesmo nas plataformas digitais é necessário separar o joio do trigo, como disse o bom e velho Twain.

Vocês não esquecem esse velhote, nota Dona Juventina.

CUIDADO

É preciso distinguir publicidade de notícia. Informação corre na internet muito rápido sem nenhum filtro de qualidade. Notícia vem do trabalho do repórter; opinião, sempre bem-vinda, é outra coisa. Assim, em todas as plataformas, deve-se identificar editoriais (opinião da empresa ou entidade), colunas, (opinião de colunistas) e artigos avulsos. Isso tudo precisa ficar claro para que o público possa conhecer a fonte. O jornalista, com ou sem diploma, repetimos, é o mediador entre a informação bruta e a útil.

A partir do desenvolvimento de softwares de comunicação mais específicos, da expansão da computação móvel, encaminhando-se para projetos de *wearable technology*, em que o usuário veste seu computador como roupa e acessório, estar em um local definido para realizar as funções de jornalista passou a ter outra relevância e significado.

LEMBRE-SE

A tecnologia determinou que nem sempre o jornalista precisa passar ou estar na redação para exercer seu ofício.

O profissional pode ser pautado à distância, por meio de aplicativos como o WhatsApp; fazer sua apuração na rua, redigir seu texto no local que lhe for mais conveniente, usando desktops, notebooks ou outro equipamento eletrônico pertinente, caso a matéria seja destinada para um jornal, revista ou site. Se for o caso, pode mandar seu material apurado em áudio, até em vídeo. A forma de finalização do seu trabalho e as ferramentas necessárias para sua composição variam de acordo com o veículo para o qual se presta o serviço. Sobretudo, é um trabalho com muito mais autonomia.

Cada profissional estabelece uma maneira para se conectar com as fontes da notícia, identificar os fatos, apurar os detalhes ocorridos. Sua ação autônoma, contudo, continua coletiva, mesmo que virtualmente.

Em tempos de confluência de mídia, todo mundo faz mais de uma função. Alguns cuidam das imagens, são fotógrafos, designers, chargistas, cinegrafistas. Outros têm o áudio como prioridade, técnicos de som, sonoplastas, engenheiros de áudio.

Importante: Nas mídias eletrônicas há uma superposição do trabalho de jornalistas e técnicos. Estes têm uma importância fundamental para a qualidade final do produto. Não podem, de forma alguma, ser considerados apertadores de botões.

Há, ainda, funções de maior visibilidade, como apresentadores de telejornal, cronistas, colunistas, comentaristas de rádio, repórteres de televisão. Mas tem também a turma do porão, os remadores, responsáveis por grande parte da produção, que, muitas vezes, nem têm o nome creditado no produto final, e são fundamentais.

Independentemente da função exercida, o compromisso de todos define-se pela informação objetiva, concisa, bem estruturada. A comunicação do fato estabelecida pela maior quantidade de pontos de vista dos envolvidos, dados relevantes, situações exclusivas.

O avanço tecnológico estabelece o novo mercado de emprego jornalístico. Isso impactou para o surgimento de um profissional multitarefas. Na esteira das transformações, diversas atividades foram modificadas, fundidas ou extintas.

Cemitério de Elefantes

Por acaso, você que nos lê agora, conhece um *copy desk*, ou, na versão dessa palavra na língua portuguesa, *copidesque*? Recentemente viu algum anúncio solicitando esse profissional? Sem nenhum tipo de mediunidade, a probabilidade da negativa para essa resposta é de quase 100%. Não porque a atividade do *copy desk* seja menor ou tenha sido descartada. Ela foi absorvida pelo surgimento de processos distintos de trabalho.

Nas redações, o *copy desk* era o responsável pela revisão dos textos, em termos de ortografia e gramática. Era quem dava os moldes de concisão e clareza do conteúdo. Ao longo dos anos, essa atribuição foi assimilada por revisores e redatores. Com a automação dos serviços, escrevemos com a ferramenta de revisão e ortografia do editor de texto acionada.

Outro exemplo clássico de extinção profissional observa-se nos linotipistas, profissionais que desapareceram com a chegada da impressão *offset* e foram sepultados de vez, depois do uso dos computadores pelos meios de comunicação.

Responsáveis por operar uma máquina tipográfica chamada de *linotipo* ou *linótipo*, eles compunham os textos que seriam impressos nas páginas dos jornais. As letrinhas eram fundidas em chumbo na medida em que se ia escrevendo. Depois de usadas, as páginas, também em chumbo, eram derretidas para ser reutilizadas. Essa atividade tornou-se desnecessária quando os textos passaram a ser enviados devidamente paginados, diagramados, para a impressão por meios eletrônicos.

Hoje, esse processo artesanal, pré-histórico, em comparação aos atuais padrões de finalização dos veículos impressos, pode ser visto com detalhes em algum museu de imprensa. Os linotipos eram máquinas impressionantes.

FIGURA 14-1: Estilo de impressão rudimentar.

A despeito das "perdas profissionais" ao longo do caminho, é importante citar funções de relevância e, por ora, ainda vigentes na mídia brasileira. Listamos algumas. Porém, não tivemos a pretensão de fazer uma lista definitiva. Caso funções tenham ficado de fora, alertamos, não foi discriminação. Afinal, em listas, sempre cabe mais um.

NESTE CAPÍTULO

» O editor-chefe e o editor-executivo

» As matérias que "caem"

» Mudanças minuto a minuto

» O retorno do JB

Capítulo 15

Meu Malvado Favorito

O que é verdade?

PILATOS

Nem sempre os chefes, nas redações, são unanimidade. Assim como em qualquer ramo profissional, aqueles que dão as ordens, também no jornalismo, podem não ser muito benquistos.

Alguns cargos de chefia têm poderes limitados, são responsáveis apenas por parte do trabalho. Mas no "Olimpo" do comando, algumas funções se destacam. Uma delas é a de editor-chefe. É preciso prática e senioridade para ocupá-la. Não que pessoas jovens não possam desempenhar bem a função, mas a maturidade, profissional e pessoal, é relevante para ocupar esse cargo. Afinal, quem está nessa posição impacta diretamente o resultado do produto jornalístico. Todo material noticioso, em qualquer fase de sua produção, passa por sua avaliação. Daí, com tanto poder de decisão, é fácil bater de frente com colegas.

DICA

A produção jornalística, constantemente, é feita em equipe. É trabalho a quatro, seis, oito, dez mãos. Envolve pessoas, suas expectativas e desejos.

Seu HB, você não é editor-chefe na Record News?, perguntou de dedo em riste Dona Juventina.

Em Busca da Harmonia

No Brasil, o editor-chefe é o responsável por uma publicação. Pode ser uma página na web, telejornal, revista, jornal, não importa. É ele quem faz a edição final do material a ser divulgado.

Editar, no jargão, quer dizer escolher. Cabe a esse profissional fazer as "escolhas certas" para garantir audiência, para tornar relevante seu programa informativo. Escolhas que devem estar em acordo com a linha editorial de seu local de trabalho. Em harmonia com o interesse de seu público-alvo. Em acordo com toda a equipe que trabalhou arduamente para levantar a informação.

Um erro desse profissional e a matéria pode perder completamente seu contexto, timing de exibição, significado e relevância. Nossa! Parece muito? Sim, ser editor-chefe é um cargo de responsabilidade.

Além de comprovadas habilidades técnicas, é necessário ser bom de relacionamento interpessoal. Afinal, estamos falando de uma atividade profissional que lida diretamente com a expectativa de muita gente. De quem trabalha na produção da notícia. Das pessoas envolvidas direta e indiretamente nos fatos que serão noticiados. Da empresa que espera manter seus lucros. São muitos pratos para se equilibrar.

E não pode deixar cair nenhum, pontua Dona Juventina.

Lá Vêm Elas (que Bom)

No Brasil, são várias as mulheres que ocupam cargo de editoras-chefes em importantes programas noticiosos, nas diversas emissoras nacionais. Isso não é de hoje.

As mulheres sempre estiveram qualificadas para essa função e a exercem desde os primeiros anos de funcionamento da televisão brasileira.

Os primórdios das plataformas de tinta e papel foram machistas, mas, com o passar dos anos, a presença feminina foi desmistificada. Tornou-se comum em jornais e revistas. Isso não significa, contudo, que as redações estão livres do machismo; não estão. Mas, com certeza, a mídia é um setor profissional em que as mulheres asseguraram seu espaço de trabalho com muita competência. No *Jornal da Record News* é 50/50, escreve com conhecimento de causa o coautor HB.

A bem da verdade, o número de mulheres em redações é maior do que o de homens, salvo raras exceções, como as editorias de esportes, em que os homens ainda predominam. Mas esse último bastião da resistência está prestes a cair.

Ainda não temos uma Galvão Bueno, mas o surgimento de uma mulher narradora, com notoriedade semelhante à de Galvão, está por vir. É um caminho natural. Aliás, já deveria ter acontecido. Mulheres têm competências semelhantes às dos homens para narrar qualquer evento esportivo. Falta-lhes prática? Com certeza. Afinal, como praticar se elas não têm chance em empregos de narradora? Se não são contratadas para a função?

> Quem é a narradora esportiva, de futebol, que você conhece?
>
> Quantas vezes você ouviu uma mulher, na televisão ou no rádio, narrar o gol de seu time?

As pessoas não estão acostumadas a ouvir uma voz feminina nessas ocasiões. Há, ainda, um estranhamento, pela força do hábito, dessa situação. Reflexos do machismo.

> *Pois não é?! Quero uma mulher gritando os gols do meu time. E quero pra já, oras*, fala indignada Dona Juventina

A Copa da Rússia em 2018 e as Primeiras Narradoras de Futebol

A quinta-feira, 14 de junho de 2018, foi um dia histórico para o jornalismo esportivo brasileiro. Foi nessa data que uma mulher narrou, pela primeira vez, uma partida de futebol em um canal de televisão.

Isabelly Morais, com então 20 anos, foi a voz feminina pioneira que os telespectadores no Brasil puderam ouvir comandando a narração de um jogo de futebol. A partida era a de abertura da Copa e foi disputada com a anfitriã dos jogos, Rússia, contra a Arábia Saudita. Na ocasião, Isabelly pôde soltar sua voz e gritar gol a plenos pulmões por diversas vezes. A Rússia ganhou o embate por 5 a 0.

Em entrevista ao jornal *Folha de S.Paulo*, para falar sobre seu protagonismo nessa quebra de paradigma, Isabelly ressaltou sua felicidade por ter narrado um jogo com uma goleada. *Narrador vive de gols e, logo de primeira, tive essa felicidade de estrear na TV com o pé direito*, disse ao jornal.

Apesar de sua pouca idade, Isabelly já tinha protagonizado outro momento importante para as mulheres. Em 7 de novembro de 2017, ela narrou pela Rádio Inconfidência, de Minas Gerais, uma partida válida pela Série B do Campeonato Brasileiro, entre América MG e ABC. Na ocasião, ela também foi a primeira mulher a narrar um jogo de futebol em Minas.

Isabelly foi selecionada pelo concurso *Narra Quem Sabe*, feito pelo canal de TV a cabo Fox Sports Brasil para levar narradoras para os jogos da Copa. Também foram selecionadas Manuela Avena e Renata Silveira.

E as brasileiras não foram as únicas nos estádios da Rússia narrando os jogos. Nesse mundial, algumas televisões levaram mulheres como narradoras. Entre elas, Claudia Neumann, que narrou os jogos para a televisão alemã ZDF. Hanna Marklund, para a tevê sueca TV4, Lise Klaveneses foi uma das vozes da NRK, TV da Noruega. Já a BBC do Reino Unido enviou Vicki Sparks para acompanhar os jogos e a Fox americana teve com uma de suas narradoras Aly Wagner.

Mas nem tudo foram flores para essas pioneiras. Em uma seara tão machista como a do futebol, houve quem se insurgisse contra a narração das mulheres. Pelas redes sociais, algumas dessas profissionais enfrentaram diversas ofensas. A emissora alemã ZDF entendeu que o comentário de alguns internautas excedeu o limite do tolerável. Como medida, acionou, para proteção de sua narradora, seu departamento jurídico para levar à justiça alguns posts considerados criminosos pelo teor das mensagens.

> *É sempre assim, meus filhos. Os cães ladram, mas não mordem. Vamos nos manter firmes e narrando jogos de futebol*, conclamou uma orgulhosa Dona Juventina.

A Matéria Subiu no Telhado ou Caiu? Foi Engavetada!

Alguns veículos produzem muito mais do que podem divulgar. Há excesso de produção. Quando isso acontece, muito do material produzido pode não ser utilizado. Daí, "a matéria subiu no telhado". Ouvir essa expressão na redação não é boa coisa. A reportagem está correndo sério risco. O risco de não ser veiculada.

É comum reportagens de alto custo para a empresa serem jogadas "no lixo", no arquivo, ou exibidas em plataformas de menor importância.

Quando um assunto definitivamente não chega até o leitor, internauta, ouvinte ou telespectador, a matéria, de fato, "caiu".

Jornalista não gosta de saber que sua matéria caiu. A mera possibilidade de cair já causa uma irritação. Afinal, todo seu trabalho não teve o desfecho esperado: a publicação. Não foi veiculada.

O sentimento é de ter havido esforço em vão. Está certo, muitas vezes, a matéria cai em um dia, mas ainda pode ser "engavetada", outro jargão nada bem-visto pelos colegas. Mas engavetar reportagens significa sobrevida para o fato. A ideia é que em outro dia elas se tornem públicas.

Repórteres, editores, comentaristas, colunistas fazem seu trabalho com o objetivo de ver sua produção exibida no espaço mais nobre possível. Na primeira página do jornal, na capa da revista, na home do portal, no abre do telejornal (com menção na escalada). É claro, isso gera imensa disputa. Nem sempre se consegue o melhor lugar. E está nas mãos do editor-chefe a decisão do espaço que a notícia vai ocupar. É ele ou ela quem faz a avaliação crítica das reportagens e debate com a equipe. Faz uma análise do dia anterior e, em conjunto, seleciona o que será publicado.

É preciso ser diferente

No *Jornal da Record News*, que vai ao ar em múltiplas plataformas (tevê, Portal R7, Facebook, YouTube, Periscope e Instagram) sempre às 21h, a seleção do noticiário é iniciada às 16h30. (Essa informação é garantida por HB. Afinal, ele está todos os dias nesse horário, nessa reunião. Só falta quando está de férias — preferencialmente pela Ásia.)

Toda a equipe participa, e a reunião é transmitida ao vivo pelo Facebook e pelo Periscope.

Como são inclusivos esses tempos modernos, filosofa Dona Juventina.

O editor-chefe, como dissemos, é o profissional mais experiente e tem a responsabilidade de manter as premissas básicas de busca de isenção, ética, interesse público e pluralidade de versões.

O editor-chefe é o responsável pelo produto divulgado. Deve ser o primeiro a assumir os erros quando ocorrem; e dividir com a equipe o reconhecimento do público e da empresa. Para isso, precisa ser mais do que um nomeado de confiança da empresa jornalística, deve ser um líder, além de chefe. Os chefes impõem. Os líderes conciliam, ouvem, são humildes e decidem em conjunto sempre que possível. É verdade que, em determinadas empresas, há uma única linha editorial e todos são obrigados a segui-la. Quem discorda tem opção de pedir demissão e procurar outro emprego.

Pela oportunidade, há determinados momentos em que o jornalista põe seu emprego em risco. Isso ocorre quando há conflito de consciência. Quando o jornalista é obrigado a produzir material em desacordo com suas convicções éticas, religiosas, culturais, entre outras. Nós mesmos já passamos por várias situações como essas. Não vamos contar se perdemos o emprego ou não.

Em última análise, a missão do editor-chefe é liderar a construção de um bom programa jornalístico. Deve se estar atento ao tipo de público que pretende atingir. Pensar como esse público, saber quais são seus interesses, sentimentos, sonhos, desejos e meios de vida.

Pesquisas qualitativas ajudam muito, é verdade. Porém, pelos seus altos custos, poucas empresas investem nessa ferramenta, a despeito de sua importância. Vale quanto custa.

DICA

A novidade, a surpresa, o inusitado, o inédito são a alma do noticiário. É preciso surpreender o público para ter sua atenção. Não se publicam notícias velhas. Hoje, elas são mais perecíveis do que nunca. Por isso, para recuperar uma história, é necessário um ou mais fatos novos, o editor-chefe tem de estar atento a isso.

O produto jornalístico é altamente perecível e tem um equilíbrio instável. Pode mudar a qualquer instante. Como não se pode brigar com os fatos, o noticiário pode mudar ou ser substituído por outro a qualquer momento.

É preciso, também, ficar atento à história de que quando o cachorro balança o rabo não é notícia. Só quando o rabo balança o cachorro o ato se torna um fato noticioso. Ou a crítica contumaz de que *Good News No News*. Em outras palavras, só notícia ruim tem espaço na mídia. O que se quer é identificar o joio, como disse o Mark Twain.

Sobe o preço da gasolina e do diesel, todos publicam. Petrobras baixa o preço, poucos publicam. Adianta dizer que os preços dos combustíveis estão atrelados à variação do barril de petróleo no mercado mundial?

A Qualquer Segundo, Tudo Pode Mudar

É de responsabilidade do editor-chefe afinar o noticiário para seu público de interesse. Por isso, ele tem o mandato para ordenar, classificar, escolher o mais adequado para esse público. Claro, ele conta com o trabalho em conjunto de sua equipe, como já dissemos. É ele também, quando trabalhando em telejornais, quem escolhe a notícia para abrir a apresentação do programa. Entre todas as reportagens do dia, ele identifica a que proporcionará o maior interesse do público. Se puder ter uma reportagem exclusiva, tanto melhor, mas nem sempre isso é possível.

DICA

Com a confluência das mídias, os informativos, independentemente da plataforma de exibição, não têm mais fechamento. Quando a notícia chega, tem de ser devidamente apurada e, o mais rápido possível, divulgada. Dada a sua importância o editor-chefe decide se vai ou não ter de "derrubar" outras notícias.

O dia do atentado no *Bataclan*

A equipe do *Jornal da Record News* tinha o noticiário quase pronto, em 13 de novembro de 2015, quando, por volta das 20h, uma hora antes de o jornal entrar no ar, chegou a notícia do atentado terrorista de Paris. Todo o espelho do jornal foi derrubado. Espelho é jargão usado para falar sobre as matérias selecionadas para o noticiário do dia. Enfim, todas as notícias antes escaladas caíram.

A equipe, por sua vez, em um trabalho conjunto, agiu incessantemente para obter o máximo de informação de momento (via Skype, WhatsApp, telefone, Periscope, Facebook), por todos os meios disponíveis, para divulgar a tragédia na capital francesa.

Não temos o poder da ubiquidade. Não estamos presentes em todos os lugares ao mesmo tempo, mas, com certeza, todos os meios informativos do mundo viveram situação semelhante ao que se passou nos corredores do *Jornal da Record News*, na Barra Funda, em São Paulo.

Assim como outros atentados em grandes metrópoles mundiais, a notícia teve escala global. Interesse em quase todos os países do mundo.

CUIDADO

É bom lembrar: Um programa informativo à noite, um telejornal, sobretudo os que entram no ar quase de madrugada, deve preferencialmente publicar *hardnews* que tenham ocorrido no final da tarde ou no decorrer da noite. Um fato ocorrido pela manhã, ou nas primeiras horas da tarde, quando chega à noite, está "velho". O assunto já foi abordado pelas rádios, explorado em sites, divulgado nas mídias sociais. Daí, é necessário ser explicativo, didático. É preciso agregar toda e qualquer informação possível para que a notícia não pareça um déjà vu. Para que ela não seja uma repetição.

É. As notícias podem sempre ser complementadas, vaticina Dona Juventina.

Todos os veículos de comunicação de grande porte são preparados para lidar com situações como essa. Com fatos de última hora, que modificam radicalmente o planejado. E, arriscamos dizer, jornalistas adoram viver essa situação. Óbvio, não a tragédia em si, o drama humano, mas a possibilidade de, pelo seu trabalho, reportar os fatos ocorridos. Trazer as histórias. Acompanhar os desdobramentos da notícia no momento em que ocorre. Essas são situações, por vezes, extenuantes. É preciso ter sangue-frio para manter a objetividade e realizar o trabalho. Apurar os fatos adequadamente, apesar da pressão dos acontecimentos e da limitação do tempo entre a apuração e a veiculação da informação.

Nessas horas, experiência faz a diferença. Domínio técnico de entrevistas é fundamental. Ter raciocínio rápido e clareza na escrita, independentemente do veículo pelo qual se esteja trabalhando.

Em uma das pontas finais de tudo isso, está o editor-chefe, adequando a linguagem de comunicação a seu público, com a procura constante por didatismo, objetividade, exatidão, contextualização e outros cuidados para o bom jornalismo. Temos dito!

A Urgência da Notícia

Segundo pesquisa realizada pela CNN, *breaking news* (plantão de notícias, em bom português), como a do atentado no *Bataclan*, em Paris, aumentam a audiência dos canais televisivos, por isso, a empresa não larga o osso. Enquanto houver desdobramento para o fato, o assunto fica no ar. E isso pode durar dias.

Os executivos de televisão sabem que, com o advento da Smart TV, possibilitando o acesso à internet, as pessoas vão consumir, cada vez mais, programas *on demand*, quando e onde bem quiserem. Isso cria um novo comportamento entre telespectadores. É um desafio gigante para as emissoras se adaptar a essa realidade. A concepção da grade de televisão e seu autoritarismo de horário caiu por terra.

Quando a televisão surgiu, seus executivos logo entenderam a importância de se estabelecer horários para a retransmissão dos programas. Dessa maneira, as pessoas saberiam ao que assistir em tal ou qual momento. Criava-se, assim, o hábito de se ver tevê. E abria-se a possibilidade de se checar, de medir a audiência dos programas. Nessa esteira, surgiram as empresas de medição de audiência.

Mas a tecnologia, da noite para o dia, implodiu essa lógica. Libertou as pessoas da necessidade de estar em frente à televisão, em um determinado horário, para conseguir assistir a seu programa preferido.

PLANTÃO DE NOTÍCIAS

Breaking news, ou plantão de notícias, referem-se, jornalisticamente, a assuntos extremamente importantes. Fatos que devem ser noticiados o quanto antes pelo seu impacto social.

O começo de uma guerra, a morte de uma figura política de relevância internacional, um desastre de grandes proporções são alguns assuntos para o plantão de notícias.

Quando estão para acontecer, geram frisson nas redações de televisão. A grade da programação vai ser interrompida. É preciso ter certeza da relevância do assunto. É preciso agilidade para noticiar antes da concorrência.

Alguns programas, por sua natureza, contudo, devem permanecer prestigiados em seus horários. Uma disputa esportiva tem outra emoção quando acompanhada em tempo real. Um telejornal, a depender do horário de sua exibição, foca a notícia de diversas maneiras. Afinal, os fatos estão acontecendo. Programas que têm o agora como elemento significativo para sua exibição são percebidos de formas distintas pelo público e pelos empresários do setor em relação aos programas de conteúdo gravado, atemporal, como novelas, séries, humorísticos.

Cá com meus botões, não sei se gosto dessa modernidade toda, não. Só deve atrapalhar minha novela, resmunga Dona Juventina.

Não Esqueçamos o Editor-executivo

No passado, havia uma rígida hierarquia em qualquer redação, que tinha como base para existir o *fordismo* das indústrias. Era tudo de cima para baixo, vertical.

A expressão *fordismo* refere-se ao modelo de produção em massa de um produto, elaborado pelo norte-americano Henry Ford, em 1914. Ao ser implementado, o sistema foi considerado revolucionário por reduzir o tempo da produção industrial. Consequentemente, aumentava a produtividade da fábrica.

Tá tudo muito bom, tá tudo muito bem. Mas, pra mim, meus filhos, o negócio é mais simples. Manda quem pode, obedece quem tem juízo, assegura Dona Juventina.

Foi nesse contexto de estruturas de trabalho hierárquicas que o organograma das redações foi desenhado, estabelecendo as funções dos profissionais, entre elas a do editor-executivo, na maioria das vezes, um desconhecido do grande público, dadas as suas atribuições muito mais administrativas, internas.

Esse profissional é como um braço direito do editor-chefe. Acompanha a produção e a emissão das notícias. Organiza a logística da produção e das gravações das matérias. Verifica gastos e assegura que a pauta não estoure o orçamento, principalmente quando envolve viagens. Sua atuação é fundamental, mas é possível pensar em maneiras para modificar algumas de suas características. Um caminho é criar um rodízio na função, dando oportunidade a todos para praticar o fechamento do programa, no caso de rádio e televisão.

O coautor HB vive uma experiência dessas no telejornal em que é o editor-chefe, o *Jornal da Record News*. Por lá, a cada dia alguém faz as vezes do editor-executivo, sendo incumbido de gerenciar o que vai ser apresentado. Esse rodízio proporciona não só a prática de uma função de importância, mas abre condições para *mais de uma cabeça nortear o noticiário*, sem contar com o aumento da cumplicidade da equipe.

Essa iniciativa pode ser polêmica. Há os que achem estranha a rotatividade no cargo. Mas, que se fique claro, não se quer duplicar a função das pessoas, gerar acúmulo de trabalho. A ideia é compartilhar, entre todos, a experiência do cargo, gerando maturidade para quem o desempenha ao se dimensionar a importância da função por sua execução.

> *Afinal, meus filhos, só se sabe a dor e a delícia de se ser quem é quando as situações são vividas, não é mesmo?!*, reflete Dona Juventina, calejada pelo tempo.

Pioneira no jornalismo de tevê

Ao se falar em editor-executivo, vale recordar, principalmente para as gerações mais novas, o nome da jornalista Alice-Maria Reiniger, uma das responsáveis pela implementação do jornalismo na Rede Globo. Na década de 1960, ao lado de Armando Nogueira, então diretor de jornalismo da emissora, ela ajudou a criar o *Jornal Nacional*, em 1969, desde então o produto jornalístico de maior alcance no país. O JN foi o primeiro telejornal a ser transmitido para todo o Brasil.

De acordo com informações da área da *Memória da Rede Globo*[1], espaço virtual em que a emissora relata sua história, Alice-Maria esteve presente em todos os momentos importantes para o desenvolvimento do jornalismo na Globo. Entre eles, o incêndio da emissora, em 1976; a coordenação das eleições de 1982, primeira eleição direta para governadores de estado, um pouco antes do final da Ditadura Militar; a campanha pelas Diretas Já, em 1984.

---

1 http://memoriaglobo.globo.com/perfis/talentos/alice-maria-reiniger.htm

NESTE CAPÍTULO

» **Absenteísmo assola as redações**

» **A busca pelo "furo de reportagem"**

» **Objetividade na produção jornalística**

» **Incentivando a equipe**

Capítulo **16**

O Diretor de Jornalismo

No *Planeta Diário*, onde trabalha nosso amigo Clark Kent, o chefão é Perry White, sujeito decidido, que sempre busca a excelência no trabalho jornalístico. Ah, e é um incansável reclamão. Nosso amigo Clark sofre constantes cobranças nas mãos de White.

> *Pobre do Senhor Clark. Como ele aguenta esse chato?*, dispara Dona Juventina.

No Brasil, o chefe tem título de diretor ou gerente de jornalismo. É parte da direção da empresa. Participa das reuniões da diretoria e é um dos responsáveis por apresentar resultados. Controla o orçamento destinado a seu departamento, e deve estar preparado para receber a notícia que a empresa cortou dez por cento de seu *budget*. Precisa ter noções empresariais, de administração, marketing e, claro, ser bom no jornalismo.

Em suas tarefas diárias, tem de pensar na estratégia de cobertura dos fatos de forma criativa, inovadora e, sobretudo, inédita, para manter e aumentar o interesse de sua audiência.

É, ainda, a função que faz a conexão entre as áreas de produção editorial, administração e comercial. Em última análise, é o responsável pelo conteúdo editorial frente às autoridades, acionistas, público em geral, consumidores de seu noticiário.

Em uma empresa de comunicação, o diretor tem grande importância, e seu nome é ligado a tudo o que é divulgado, não importa em qual plataforma. Nos programas jornalísticos, na televisão, quando sobem os créditos, geralmente, o nome desse profissional aparece em destaque, por último.

Nem sempre ele pode participar do processo de produção da notícia, mas é a última instância de análise e decisão. É o derradeiro responsável pela veiculação do conteúdo jornalístico. Por isso, além de bom gestor, tem de ter credibilidade no mercado. Pode ter que responder judicialmente se algum protagonista sentir que foi injuriado, caluniado ou difamado pelo noticiário sob sua responsabilidade.

Lidando com o Cipoal de Egos

Em dias de encolhimento das redações, uma das questões que mais ronda a mesa dos diretores de jornalismo é o absenteísmo. Quando um ou mais membros da equipe falta, o trabalho sobra para todo mundo. Estamos falando, afinal, de um trabalho em equipe. Nesse sentido, a ausência de algum profissional implica diretamente na qualidade do produto final a ser oferecido.

Mas não tem substituto?, pergunta, incrédula, Dona Juventina.

Em tempos de vacas gordas, havia a "cobertura de férias, ou de gravidez", ou seja, a contratação de um substituto. Bons tempos, aqueles.

É bom lembrar, empresas de comunicação, em especial, têm de saber administrar o ego de seus funcionários. Isso precisa ser uma ferramenta de gestão para conseguir manter o clima de trabalho em níveis aceitáveis.

Sim, em muitas ocasiões, redações podem se transformar em locais de muita disputa entre colegas que trabalham lado a lado. Muitas vezes, dividindo a mesma mesa.

Diversas funções exercidas pelo jornalista proporcionam seu reconhecimento público. Isso mexe com a vaidade humana. É natural. Gera inveja. Atrai cobiça. Situações mais parecidas com enredos de romances do que com a vida profissional comum.

Como jornalistas são seres humanos normais, todos estão sujeitos à multiplicidade do comportamento das pessoas. Portanto, podem ser vítimas e algozes do ego. Exemplos sobram para ilustrar tal situação.

Ué?! Mas todos vocês são uns verdadeiros artistas! Aquelas mulheres lindas, bem maquiadas. Uns homens charmosos, vestindo ternos elegantes. Eu gosto disso, entrega-se Dona Juventina.

"Corrida Maluca" pela Notícia

Quando toma posse um novo governo, principalmente o federal, ou quando há importantes mudanças em cargos-chave da administração pública, é dada uma largada a uma "competição", quase uma corrida maluca, entre diversos colegas. O objetivo é único. Descobrir alguma informação que tenha a força para "derrubar" o novo empossado do seu cargo. "Ganha" a disputa quem consegue levantar primeiro o fato comprometedor. E por que isso acontece? A resposta é simples. É parte, inclusive, da natureza do estar jornalista.

DICA

Ações controversas, mal explicadas, ilícitas, feitas por qualquer autoridade pública, por influentes empresários, por quem tem destaque e relevância social, geram "furos de reportagem". Tornam-se manchete das homes, dos jornais, das capas de revistas.

Meus filhos, vejo tanto isso ultimamente nessa tal de lava-jato. É um tal de prende fulano. Depois solta sicrano. É policial pelas cidades, vasculhando apartamento, casas bonitas. Só por Jesus, pensa em voz alta Dona Juventina.

O autor da descoberta do fato ganha notoriedade, entre colegas e junto à sociedade. Fica "conhecido". Ou seja, não é que o jornalista queira o mal das pessoas, ou apenas enxergar o lado ruim das situações, mas o fato escondido, o desmando, a ação incorreta gera interesse. É notícia. Tem impacto social. Tudo o que qualquer jornalista busca quando sai de casa rumo à redação, ou senta no seu computador, em casa.

Como se isso não bastasse, ainda há uma pertinência legal para justificar tal comportamento. Se ficarmos apenas na esfera dos governos, é fácil de entender a lógica.

Todo servidor público ou quem ocupa um cargo na administração pública tem de ser probo. Não pode ter suspeição sobre seu histórico profissional. Ou algo em sua conduta pessoal que o desabone de forma grave, chegando a comprometer sua capacidade profissional. Daí, a alcunha de quarto poder conferida à mídia, da qual discordamos. O entendimento é de que, para haver uma democracia saudável e forte, é preciso ter uma imprensa livre, independente.

DICA

Em última análise, o trabalho de apuração dos fatos, e sua consequente publicação, é uma maneira de fiscalização das ações sociais, principalmente do Estado, por isso, como dissemos, o jornalista é um *watchdog*.

A Informação Vazada

O Brasil já se provou local fértil em termos de suspeição sobre nossas autoridades governamentais, independentemente da esfera federal, poder ao qual esteja vinculado ou instância administrativa.

A cobertura política em Brasília, quase diariamente, traz algum caso de proporções escandalosas para o conhecimento das pessoas. E isso acontece desde os tempos de sua construção. Não é privilégio ou prerrogativa dos tempos atuais e daqueles que lá estão.

Nesse cenário, o diretor de jornalismo ganha mais força. Diariamente, ele é exposto a um grande volume de fatos passíveis de ganhar destaque no noticiário; assim como ele tem de conviver com os mais diversos interesses, sejam de grupos sociais organizados, de empresas, de pessoas, de repórteres que querem ganhar reconhecimento. Enfim, a lista de situações é bastante extensa e variada. Daí ser necessária a organização para o fluxo dos trabalhos.

VAZAMENTOS SEM FRONTEIRAS

Jornalistas não estão imunes a vazamentos. Um de grande repercussão envolveu o jornalista William Waack, então apresentador do *Jornal da Globo*, da Rede Globo.

Em 2016, ao cobrir as eleições dos Estados Unidos para presidente, Waack irritou-se com o barulho de buzina de um carro, poucos minutos antes de entrar no ar. Ele já estava sendo gravado no estúdio, localizado em frente a Casa Branca, ao lado de Paulo Sotero, convidado daquela noite do telejornal, para comentar as eleições norte-americanas.

"Coisa de preto", diz Waack. Ele vira-se para Sotero e reafirma: "É preto." Referindo-se, com desdém, ao motorista que tocava, incessantemente, a buzina do carro.

A cena, porém, ficou desconhecida por mais de um ano. Só se tornou pública em 2017, ao surgir como vídeo na internet. Os comentários racistas circularam com muita força pelas redes sociais e foram extremamente malvistos por grande parte da população.

Diante da repercussão, a direção da Globo o afastou imediatamente e emitiu nota para assegurar sua postura contra a discriminação pela cor da pele. *A Globo é visceralmente contra o racismo em todas as suas formas e manifestações. Nenhuma circunstância pode servir de atenuante (....) William Waack é um dos mais respeitados profissionais brasileiros, com um extenso currículo de serviços ao jornalismo. A Globo iniciará conversas com ele para decidir como se desenrolarão os próximos passos*. Waack foi desligado da emissora em dezembro de 2017.

Quem trabalha diariamente perto de microfones, câmeras, estejam elas no estúdio, celular ou outro aparelho eletrônico qualquer, corre o risco de falar impropriedades se não estiver atento. Todo cuidado é pouco para evitar tais situações repreensíveis. Comentários inapropriados têm o poder de derrubar qualquer um.

O *Jornal da Globo*, inclusive, já tinha sido palco de outro vazamento histórico, resultando na queda de um influente personagem público. O caso aconteceu em setembro de 1994 e ficou conhecido como o "Escândalo da Parabólica". Aliás, as condições do vazamento se assemelharam muito às de Waack.

O embaixador Rubens Ricupero, então ministro da Fazenda, concederia entrevista ao repórter Carlos Monforte, que, além de jornalista, mantinha laços pessoais com Ricupero. Era seu cunhado.

Eles se preparavam para entrar ao vivo pela televisão aberta. Houve, contudo, um detalhe esquecido pelos dois. Quem assistia à programação por antena parabólica, via a retransmissão direta das imagens do telejornal, por não acessar os intervalos comerciais.

Ao achar que não estavam sendo assistidos por ninguém, Ricupero, de forma informal, comenta com Monforte: "Eu não tenho escrúpulos. O que é bom a gente fatura, o que é ruim a gente esconde." Formou-se, nesse instante, o cenário da crise. Os telespectadores viram sua afirmação.

Apesar de tudo ter acontecido em tempos pré-internet, a frase correu o país como rastilho de pólvora. Foi um escândalo. O noticiário nacional dos dias seguintes destacava o ocorrido.

Sua presença na Esplanada dos Ministérios tornou-se insustentável. Ele se viu obrigado a renunciar.

O estabelecimento de uma rotina de troca de informação a fim de garantir objetividade na apresentação final dos trabalhos é normal. Sem esquecer que é possível receber chamados dos envolvidos, ou dos gestores da empresa que têm algum interesse neles. São comuns telefonemas de cobranças, fingimentos, ameaças e outras situações que o diretor tem de driblar.

> *Então os poderosos pressionam! Pedem para serrar a cabeça de alguém, vez ou outra*, exclama a gentil senhora.

O ideal é que a redação faça, com periodicidade, reuniões de pauta, momento no qual se decide aquilo a ser noticiado. Isso organiza a apuração dos acontecimentos, faz com que todos tenham uma visão do andamento dos assuntos de interesse do noticiário. Mostra quem está fazendo o que e para quando. Algumas reportagens especiais, porém, são feitas em sigilo. Determinados assuntos em apuração não são compartilhados com outros da equipe para evitar "vazamentos".

Além dos encontros mais operacionais, de pauta, o diretor deve convocar regularmente outra reunião com a equipe, essa, mais delicada, para "lavar roupa suja". O intuito é propor soluções para os problemas cotidianos. Há alguns que ele tem que levar à direção da empresa, como, por exemplo, pedidos de aumento salarial, novos equipamentos de trabalho, auxílio-segurança etc. Por isso, o diretor é o que menos fala e mais escuta.

Os temas mais sensíveis devem ser anotados, com o compromisso de que na próxima reunião haverá resposta. Para isso, é preciso que todos sejam assertivos, não agressivos, e sem perda de foco.

Cada um no Seu Quadrado

O diretor também funciona como "amortecedor" no contato com outros departamentos. Notícia é um produto. Noticiar é uma atividade fim, logo, todos os demais setores da empresa são atividades meio, como informática, técnica, figurino, transporte, entre outros. Inclusive o setor comercial, responsável pela venda no mercado e faturamento para pagar todos, dos jornalistas aos acionistas. Por isso, o contato entre as duas áreas deve ser constante.

DICA

O diálogo do diretor de jornalismo e comercial tem que proporcionar faturamento e credibilidade. Assim, deve ficar claro o que cada um vende. O publicitário vende espaços comerciais, anúncios, pop-ups, *bunners*, *merchandisings*, patrocínio de programas, transmissões esportivas, eventos e tudo o mais que pode ser transformado em um plano de vendas para ser apresentado a agências de publicidade, órgãos governamentais, empresas. Em todos os canais possíveis de faturamento.

O diretor de jornalismo apresenta o portfólio dos produtos que tem à venda. É ele que dá a última palavra se aceita ou não a comercialização de um determinado produto já empacotado pelo departamento comercial, e que também justifica por que uma determinada reportagem foi ao ar e atingiu um anunciante da empresa. Em outras palavras, um vende credibilidade; o outro, espaço comercial.

LEMBRE-SE

É preciso que fiquem bem claros os limites entre uma coisa e outra. O editorial não está à venda, sob nenhuma hipótese. Há inúmeras formas de se estabelecer espaços comerciais sem arranhar o editorial, garantindo sua credibilidade.

As empresas sabem que, ao melhorar o moral de seu pessoal, a satisfação do cliente, seja o público ou anunciante, também melhora.

Isso bem me lembra a separação da Igreja do Estado. É verdade que quando isso aconteceu pela primeira vez no Brasil eu ainda nem tinha nascido, ainda que toda vez que se fale em idade essa dupla de autores dê um sorriso amarelo, protesta Dona Juventina.

Adeus sem Mágoas

É comum alguém na equipe querer trocar de emprego, nem por isso essa pessoa deve ser hostilizada pelo seu desejo. É preciso acabar com a postura de "se sair daqui para trabalhar no concorrente, nunca mais volta". Uma atitude própria do início da Revolução Industrial, mas ainda praticada por algumas empresas.

O diretor deve saber, é comum alguém da equipe receber convites para mudar de empresa ou carreira. Quando isso acontece, não é preciso marcar uma reunião para falar mal do concorrente. É preferível ser assertivo e exaltar as qualidades da equipe e da empresa.

Respeito ao concorrente é uma das regras básicas de qualquer manual de gerência. Aproveitar as festas para se atacar os ausentes é demonstração de fraqueza, falta de ética empresarial.

O diretor deve estar atento para identificar no grupo quem faz o trabalho e aqueles que só recebem os créditos. Jamais deve se apropriar de ideias de colegas para as apresentar nas reuniões de diretoria como se fossem suas.

Do diretor ao estagiário, todos devem perseguir o trabalho em equipe, reconhecer o sucesso alheio, respeitar o reconhecimento dos erros e fazer a condução geral com integridade.

Um bom diretor se incumbe de fazer as tarefas menos populares e sempre mostra para a equipe a metade cheia do copo, não a vazia.

Mas é preciso ficar atento a atitudes populistas. Quando há aumento de salário, o chefe faz reunião, compra brigadeiros, suco de caixinha, faz até discurso. Mas quando é para anunciar um corte, geralmente, está de viagem. Deixa o "facão" com algum subalterno. Na minha vida, já vi isso acontecer muitas vezes, diz, enfezada, Dona Juventina.

Feedback É Bom

Na cultura brasileira, há dois percalços que colidem com a estrutura organizacional, mas que tendem a mudar com o tempo. Um é aceitar críticas e feedback; outro é ser avaliado.

Comecem pelo último, diz Dona Juventina.

Todos da empresa precisam ser avaliados anualmente. É uma forma de o Departamento de Pessoal aferir o clima organizacional. Assim como os chefes avaliam suas equipes, o inverso também é necessário, os chefes devem ser avaliados por seus subordinados, sua equipe. Não é gostoso receber críticas, ouvir elogios é bem melhor, mas as críticas são necessárias.

São como um chá de boldo para o fígado depois de uma comemoração na padaria da esquina, receita a circunspecta senhora.

A partir daí, faz-se avaliação de todos, e os resultados devem ser trabalhados pela gestão. Constantemente receber e oferecer feedback é necessário, útil para todos.

Sobrevivem os que se adaptam, não necessariamente os mais fortes. Diabos, esqueci quem disse isso antes de mim, filosofou Dona Juventina, aproveitando a deixa.

5

De Olho na Mídia

NESTA PARTE...

Informar é um ato ético. Mas, na prática, o que é ser ético, afinal? Pelo mundo, os grupos de comunicação definem seus códigos de conduta e pedem a seus produtores de conteúdo respeito aos fatos apurados e a seu público. No Brasil, o debate sobre a regulação do setor de comunicação é acalorado e parece estar longe de ser definido. Enquanto isso, os novos magnatas da comunicação surgem entre empresas de tecnologia.

NESTE CAPÍTULO

» **Direitos e deveres dos jornalistas**

» **A construção ética dos jornais**

» **Liberdade de informação**

» **Jornais pelo mundo e suas condutas**

Capítulo 17

A Isenção por Princípio

Conselhos de imprensa e códigos de ética são mecanismos de controle perigosos.

JOHN C. MERRIL

A Argentina criou, em 2012, um organismo público para acompanhar as publicações dos grandes veículos de comunicação. Chamado de Defensoria Pública de Serviços de Comunicação Audiovisual, o órgão tem como missão a promoção, difusão e defesa do direito à comunicação democrática. Ele acompanha a prestação de serviço dos meios de comunicação e recebe denúncias sobre informações consideradas abusivas, discriminatórias, contra pessoas ou grupos específicos de pessoas.

Com seu trabalho, a Defensoria acredita garantir o direito dos cidadãos argentinos, independentemente de sua origem, grupo social, gênero ou qualquer outra forma de identificação. Em suma, o trabalho é pela defesa dos direitos humanos.

Muy bién, hermano, solidarizou-se Dona Juventina, gastando seu portunhol.

Para sua primeira dirigente, a jornalista e professora Cynthia Ottaviano, a maior concentração midiática do mundo acontece na América Latina. De acordo com seus estudos, na região, falta à mídia pluralidade e diversidade, tornando essa característica um atentado à democracia.

No Brasil, há anos discute-se a regulação da mídia. Muitos são contrários à sua implementação. Mas há os que a defendem veementemente.

Os defensores da regulação apontam a concentração da informação nas mãos de alguns meios de comunicação como questão central. Para eles, a partir da regulação, haveria mais circulação de ideias, de opiniões díspares, facilitando, assim, a construção de um cenário de maior diversidade cultural e informativa.

Basicamente, quem se opõe à regulação a vê como instrumento de censura, de cerceamento à liberdade de imprensa. E ameaça à livre concorrência empresarial.

As concessões públicas de comunicação, no caso brasileiro, emissoras de rádio e televisão, seriam as principais instâncias afetadas em se consolidando a regulação do setor. Haveria reflexo da lei para jornais, revistas e sites noticiosos. Mas, por não serem concessão pública, eles estão submetidos a outras regras legislativas empresariais. Entidades, como o Fórum Nacional pela Democratização da Comunicação (FNDC) e Associação Brasileira de Emissoras de Rádio e Televisão (ABERT), debatem o tema.

Direitos e Deveres dos Jornalistas

Jornalistas e difusores de notícias, em geral, precisam estar atentos à importância desse ato. Quem divulga notícia, de qualquer ordem, em qualquer plataforma, tem de se conscientizar dos deveres envolvidos nessa comunicação. Aliás, ato de grande responsabilidade social. Sendo assim, o conteúdo a ser difundido deve ser avaliado constantemente. Está sob escrutínio ininterruptamente.

Como já dissemos, com tantas fontes emissoras de informação, só as com credibilidade sobrevivem. Nem por isso se pode caluniar, difamar ou injuriar pessoas. É bom lembrar que, para se coibir abusos, há o Código Penal.

A Declaração dos Deveres e Direitos dos Jornalistas, aprovada na Alemanha, em 1971, é globalmente aceita como indicativo de bom jornalismo. Por isso, começa com uma declaração de deveres, que congrega:

1. **Respeitar a verdade;**
2. **Defender a liberdade de informação, comentário e crítica;**

3. **Somente publicar informações de origem conhecida;**
4. **Corrigir informação errada;**
5. **Respeitar a vida privada das pessoas;**
6. **Guardar segredo profissional;**
7. **Citar fontes e não plagiar;**
8. **Jornalista não é publicitário. Não vende anúncio;**
9. **Repudiar pressão sobre divulgação de notícia;**
10. **Não usar meios desleais para obter informações.**

Agora, vejamos o outro lado da moeda, os direitos (e como eles são mais "magrinhos"):

1. **Direito de investigar todos os fatos relacionados com a vida pública;**
2. **Direito de rejeitar a linha editorial que contrariar princípios de ética e compromisso público;**
3. **Não é obrigado a vender sua opinião;**
4. **Ser informado de mudanças que afetem seu dia a dia de trabalho na empresa;**
5. **Segurança profissional, trabalhista e moral para executar seu trabalho.**

Órgãos de imprensa e seus códigos de ética particulares

Cada redação, empresa, veículo, plataforma tem seu código de ética. Selecionamos trechos desses códigos para uma visão geral de como alguns dos mais significativos veículos de comunicação, no Brasil e no mundo, abordam o assunto.

Todas as informações utilizadas aqui foram retiradas de seus canais de comunicação externa. Encorajamos os interessados em obter outros detalhes sobre o tema a procurar pelas páginas institucionais de cada um deles na internet.

Folha de S.Paulo

O Grupo Folha alega como sua missão a produção de informação e análise jornalística com credibilidade, transparência, qualidade e agilidade. Para isso, baseia sua ação diária em seus princípios editorias de independência, espírito crítico, pluralismo e apartidarismo, a fim de contribuir para o aprimoramento da democracia e conscientização da cidadania por meio de um moderno e rentável conglomerado de empresas de comunicação.

São princípios e valores do Grupo Folha:

- Independência econômica e editorial
- Compromisso com o leitor
- Ética
- Defesa da liberdade de expressão
- Defesa da livre iniciativa
- Pioneirismo
- Respeito à diversidade

O Estado de S. Paulo

O padrão de conduta do Grupo Estado prevê a manutenção de um ambiente de transparência na maneira de conduzir os negócios. A integridade e a ética sempre constituíram partes importantes de sua forma de agir com responsabilidade. Seu Código ajuda na orientação da conduta de seus profissionais. Ele não é um catálogo de regras específicas de cada local ou tipo de trabalho, nem aborda todas as circunstâncias possíveis, pois para isso existem as políticas da empresa e as orientações dos superiores.

É de responsabilidade de cada profissional ler, entender e praticar as diretrizes mencionadas no Código do Grupo Estado. Não são admitidos desvios de conduta sob a alegação de desconhecimento das orientações.

Todos os profissionais do Grupo devem cumprir as leis, regras e regulamentos onde quer que estejam, em todas as circunstâncias. Os princípios de integridade e honestidade sempre nortearão a conduta do negócio. Cabe ao profissional aplicá-los.

O profissional é responsável por seus atos. Em caso de dúvida sobre a conduta a adotar, em situações inusitadas, deve perguntar. Se alguma situação parecer ambígua, a orientação é recomendada. Há sempre um superior hierárquico para orientar sobre a maneira correta de agir.

É de responsabilidade profissional e pessoal de todos os empregados das empresas do Grupo conhecer as leis, regras e regulamentos relacionados ao próprio trabalho e evitar qualquer atividade que envolva as empresas do Grupo em práticas ilegais.

O Globo

O jornalismo é uma atividade cujo propósito central é produzir um primeiro conhecimento sobre fatos e pessoas. É dessa maneira que o Grupo Globo resume seus "Princípios Editoriais", válidos para seus veículos de comunicação, produtores de informação.

Ao torná-lo público, a empresa ressaltou que tal decisão facilitaria o julgamento das pessoas sobre o trabalho feito por eles, permitindo, de forma transparente, que qualquer um possa verificar se a prática realizada é condizente com a crença adotada.

No documento, é ressaltado que seus veículos jornalísticos devem ter a isenção como objetivo consciente e formalmente declarado. Todos os níveis hierárquicos de profissionais, nos vários departamentos do Grupo, têm de levar em conta esse objetivo na tomada de suas decisões. Entre outras orientações, destaca-se a importância de não haver assuntos tabus. Tudo que for de interesse público, tudo que for notícia, deve ser publicado, analisado, discutido. O trabalho jornalístico deve buscar isenção, correção e agilidade, porque só tem valor a informação jornalística isenta, correta e prestada com rapidez, características estas consideradas, por eles, como os três atributos de qualidade.

Os Princípios foram publicados com um preâmbulo, em que é feita uma "breve definição de jornalismo", e três seções contemplando: Os atributos da informação de qualidade; Como o jornalista deve proceder diante das fontes, do público, dos colegas, do veículo para o qual trabalha das redes sociais; Os valores cuja defesa é um imperativo do jornalismo.

El País

Os princípios editorias deste, que é o maior jornal periódico da Espanha, norteiam a conduta de seus profissionais. O *El País* é de propriedade do grupo de mídia PRISA. A sede de sua redação fica em Madrid, capital espanhola.

O jornal, por seus princípios, compromete-se a resguardar a ordem democrática e de direito estabelecido pela constituição espanhola. É contra qualquer pressão de pessoas, partidos políticos, grupos econômicos, religiosos ou ideológicos que tentem manipular a informação em detrimento de seus interesses particulares.

O jornal destaca, também, que, em caso de erros nos textos informativos produzidos por sua equipe profissional, o autor do conteúdo é o primeiro a ser responsabilizado. É vedado aos jornalistas emitir opinião pessoal nas reportagens em que estão envolvidos.

Toda a publicidade veiculada pelo jornal deve ser totalmente diferenciada, a começar pela tipografia utilizada para a escrita de seus textos.

The New York Times, *NYT*

Um dos mais prestigiados periódicos do mundo, o *The New York Times* dispõe seu código de ética (*Standard and Ethics*) de forma simples e objetiva.

O NYT preza pela equidade em sua cobertura jornalística. Seus profissionais são orientados para serem os mais imparciais possíveis e agir sem medo ou pavor de fontes e fatos apurados.

Adolph Ochhs, patriarca da publicação, definiu: "Deve-se tratar leitores, fontes de notícias, anunciantes e outros, de forma justa e aberta."

O jornal reconhece, ainda, sua responsabilidade ética em corrigir todos os seus erros factuais, sejam eles grandes ou pequenos. Incentiva a integridade de cada autor de conteúdo informativo em se voluntariar para a correção da informação, quando necessário. Eles se baseiam na *Newsroom Integrity Statement* (Declaração de Integridade da Redação, em tradução livre), promulgada em 1999, que aborda, entre outros pontos, a importância da precisa apuração dos fatos, a exatidão no uso das estatísticas, a integridade de fotografias e a aversão por notícias baseadas em fontes anônimas, não identificadas.

O jornal reforça que sua equipe de jornalistas trata seus leitores, telespectadores, ouvintes e usuários online da forma mais justa e transparente possível.

O jornal tenta corrigir seus erros, de maneira clara, no momento em que toma consciência dos mesmos. A orientação é não esperar pela solicitação de terceiros para fazer as correções. O NYT não tolera, tampouco, a prática de plágio, integral ou parcial, de textos, sendo ele, se identificado, passível de punições legais.

The Guardian

Um dos mais influentes jornais europeus, o prestigiado *The Guardian*, do Reino Unido, destaca a confiança entre o jornal e seu público como seu bem de maior valor. Por isso, na divulgação de seu código de conduta, o jornal reforça que seu o objetivo é proteger e promover o vínculo de confiança entre o jornal e seus leitores.

Seu código de ética é um conjunto de diretrizes, mas, ressaltam, não fazem parte do contrato de emprego de nenhum de seus funcionários, tampouco é parte de sua gestão editorial, dos procedimentos disciplinares, promocionais ou de recrutamento de seus profissionais.

No entanto, a observância do Código, pelo seu quadro funcional, protege a independência e reputação de cada um dos envolvidos na produção de conteúdo jornalístico.

Liberdade de Imprensa

É antiga a preocupação sobre a expressão de opinião, por meio de qualquer veículo de comunicação, na sociedade. Remonta ao surgimento da mídia como negócio, mas, desde que o mundo é mundo, falar abertamente sobre o que se pensa é uma questão. Uma séria questão, aliás. A liberdade de expressão é algo caro à humanidade.

Em termos de liberdade de comunicação informativa, os países lidam com esse assunto de forma própria. Estabelecem suas regras.

Ao se observar essa prática nas duas economias mais fortes desse começo de século XXI, Estados Unidos e China, facilmente identificam-se parâmetros opostos nesse tema.

Os Estados Unidos garantem a liberdade de imprensa na primeira emenda da Constituição do país. E procuram, a todo custo, fazer valer o que lá está estabelecido.

Em um texto objetivo, determinam que o Congresso não pode proibir a liberdade de expressão do povo ou da imprensa. O texto garante a prática religiosa, e deixa claro que o Estado não pode, sob hipótese alguma, criar uma religião.

Com uma redação formada, basicamente, por três orações, os norte-americanos garantem distinção entre Estado e as religiões, e asseguram o livre direito de se comunicar.

Por sua vez, a China tem um longo histórico de controle dos meios de comunicação, sejam eles quais forem. Apesar de o país ser considerado por diversas entidades internacionais de promoção dos direitos humanos como um dos mais restritos à liberdade de expressão, de acordo com a *Freedom House* (instituição de acompanhamento de práticas em prol da democracia e liberdade), o artigo 35 da Constituição chinesa garante liberdade de fala, reunião, formação de assembleia e publicação aos chineses.

Quero ver na prática, protesta Dona Juventina.

Mas há um detalhe para essa garantia. Esses direitos só podem ser usados sob supervisão do governo central, comandado pelo Partido Comunista Chinês. Controle exercido por censores indicados pelas autoridades. O trabalho dessas pessoas é enorme.

Há no país, aproximadamente, 2 mil jornais, centenas de rádios e tevês locais. Esses números dão uma ideia do volume de conteúdo produzido. Os servidores da internet estão sob censura. Experimente entrar em um cibercafé na Praça da Paz Celestial, em Pequim, e digitar Tibet. Nada vai aparecer.

Nada como, cara-pálida, ou seria amarela?, pontua Dona Juventina.

Em termos de programas, em rede nacional, é preciso ficar atento para o fato de a única emissora de televisão com abrangência nacional ser a *China Central Television* (CCTV), controlada pelo governo. À noite, horário de grande audiência, as demais emissoras são obrigadas a retransmitir os programas noticiosos da CCTV.

Conduta do setor jornalístico mundo afora

De maneira totalmente discricionária, antidemocrática e rabugenta, selecionamos uma única disposição de alguns códigos de ética para nortear os que querem entender como funciona o jornalismo no Brasil e pelo mundo em termos de regulação.

Brasil

O acesso à informação pública é direito inerente à condição de vida em sociedade, que não pode ser impedido por nenhum tipo de interesse. O Artigo 3º da Constituição do Brasil aponta como objetivos fundamentais da República Federativa do Brasil:

> I - Construir uma sociedade livre, justa e solidária;
>
> II - Garantir o desenvolvimento nacional;
>
> III - Erradicar a pobreza e a marginalização e reduzir as desigualdades sociais e regionais;
>
> IV - Promover o bem de todos, sem preconceitos de origem, raça, sexo, cor, idade e quaisquer outras formas de discriminação.

Estados Unidos

A liberdade de imprensa pertence ao povo. Deve ser defendida contra a transgressão ou assalto de qualquer setor, público ou privado. Jornalistas devem estar constantemente alertas para verificar a condução dos negócios públicos em público, com transparência.

Inglaterra

Embora livres para assumir posições partidárias, os jornais devem distinguir claramente os comentários e conjecturas dos fatos. Deve ser assegurado quando indivíduos ou organizações pedirem retificações de incorreções ou imperfeições. A intromissão na vida privada sem o consentimento da pessoa só é aceitável quando puder ser demonstrado que o assunto é de interesse público.

Suécia

Títulos, manchetes e chamadas devem corresponder ao conteúdo da notícia. O papel desempenhado pela mídia de massas na sociedade e a confiança do público indicam a necessidade de as notícias serem objetivas e exatas. Seja crítico com as fontes de informação. Permita ao público distinguir entre fato e opinião.

Austrália

Notícias obtidas por métodos desonestos e incorretos, ou cuja publicação implicaria em violação de confiança, não devem ser publicadas, a menos que haja interesse público muito forte. Sempre que for publicada uma reportagem prejudicial à reputação ou ao interesse de pessoa, empresa, grupo específico de pessoas, o veículo deve dar oportunidade de resposta imediata, com destaque apropriado e razoável espaço, sempre que a equanimidade o exigir.

Portugal

O jornalista deve combater a censura e o sensacionalismo, e considerar a acusação sem provas e o plágio como faltas profissionais graves. O jornalista deve usar como critério fundamental a identificação das fontes. Não deve revelar, mesmo em juízo, suas fontes confidenciais de informação, nem desrespeitar os compromissos assumidos, exceto se os tentarem usar para canalizar informações falsas. As opiniões devem ser sempre atribuídas. Deve salvaguardar a presunção de inocência dos arguidos até a sentença transitar em julgado.

Apesar de Famílias e Magnatas

A despeito da pluralidade de pensamentos em um meio de comunicação em específico ou em um grupo, é sempre significativo lembrar, meios de comunicação são empresas. Têm razão social, pagam tributos, empregam pessoas. Como toda empresa, se não tiverem lucro, não têm como existir. Para além de qualquer idealização, romantismo ou ideologia, informar é parte de um negócio, e isso não é necessariamente ruim.

Essa característica não se restringe à mídia tradicional, alcança o mundo virtual, também. E como alcança. Os titãs desse mercado, Apple, Google, Microsoft, Facebook e Amazon ostentam lucro na casa dos bilhões de dólares. Poucas outras indústrias têm faturamento tão robusto quanto as representantes do Vale do Silício.

Mas essa tchurma sabe ganhar dinheiro. É dim-dim a rodo, constata Dona Juventina.

Por isso, a concentração na mídia é simples de ser explicada. Jornais, rádios, televisões, revistas, portais de notícias são empresas particulares e como tais, têm dono; ou são negócios pertencentes a uma holding, com ações negociadas em bolsas de valores, com formação de carteira de acionistas.

Governos podem ser proprietários de veículos de comunicação, como a BBC, ligada ao governo britânico; a France Press, da França, ou a TV Cultura, do estado de São Paulo. Nessa história, a análise das emissoras públicas é outro capítulo.

Mas a mídia de cunho privado sempre foi comandada por famílias ou empresários, que fizeram fortunas extraordinárias e passaram a ser chamados de magnatas da comunicação. Com a consolidação dos negócios online, esse clube de famílias e magnatas se amplia.

Um dos mais renomados, desde o fim do século XX, é o australiano Rupert Murdoch. Nascido em 1931, é acionista majoritário de um dos maiores grupos de mídia do planeta, composto pela News Corp. e 21st Century Fox, empresas criadas em 2013, a partir do desmembramento da News Corporation, após o escândalo envolvendo o *The News of the World*, até então um dos principais tabloides do Reino Unido, uma das propriedades de Murdoch, como já explicamos.

Murdoch, por sua vez, não é estrela solitária na constelação de milionários da mídia. Até nos Estados Unidos, o mais forte mercado midiático do mundo, portanto, extremamente competitivo, há pessoas que se destacam.

Nascida em 1919, Anne Cox Chambers é a controladora de um dos maiores grupos de mídia norte-americanos, a Cox Enterprises. Seu patrimônio pessoal, por estimativa da revista *Forbes*, está acima de 12 bilhões de dólares. Dinheiro resultante de dividendos de emissoras de rádios (mais de 60), emissoras (14 abertas e 1 a cabo), jornais (mais de 18), distribuídos por 20 estados, além dos mais de 100 produtos de comunicação online (sites, portais e serviços informativos). O grupo alcança 52 milhões de norte-americanos. Quem iniciou esse império foi seu pai, James M. Cox, em 1898.

GRAVAÇÕES ESCANDALOSAS

Em 1984, o Reino Unido acompanhou o nascimento do tabloide que, até 2011, se tornaria uma das publicações noticiosas mais lidas da língua inglesa. Era o *The News of the World*.

Com linha editorial dedicada às celebridades, a publicação especializou-se em notícias de cunho popularesco. Escândalos sexuais eram o principal interesse. Descobri-los era garantia de primeira página. Foram muitas as relações sexuais noticiadas por lá. Não havia limites para o interesse noticioso libidinoso. Fossem puladas de cerca de astros de Hollywood, conversas suspeitas da realeza inglesa, condutas sexuais heterodoxas dos políticos ingleses, tudo com alguma conotação sexual ganhava extensa cobertura.

Para conseguir as melhores informações, jornalistas e informantes, literalmente detetives particulares, eram colocados na linha de frente das apurações das reportagens. A função deles era se misturar por entre as pessoas que se tornariam protagonistas das páginas da publicação para conseguir provas (fotos, documentos, vídeos, registros de conversas).

O afã desmedido pela exclusividade do escândalo, contudo, ultrapassou limites éticos. Invadiu a privacidade de muitos. Violou direitos.

A partir de 2006, a polícia inglesa conduziu uma investigação para verificar denúncias de gravações telefônicas ilegais. O resultado surpreendeu. Descobriu-se a gravação ilegal de centenas de milhares de diálogos de anônimos a políticos, passando pela família real e as mais variadas celebridades. A divulgação dos resultados do trabalho policial chocou o público inglês, que passou a boicotar a venda do tabloide.

Pressionados pela opinião pública, os anunciantes sumiram, não queriam ver suas marcas associadas à publicação. Sem venda em banca e sem anúncio, montou-se o cenário da derrocada. Ah, e diversos de seus funcionários foram parar atrás das grades. Alguns dos jornalistas que estavam em seu comando editorial, reconhecidos profissionais, foram trancafiados. A partir daí, seu fim tornara-se questão de tempo, a despeito de o tabloide ter sido significativo à história da mídia britânica.

Originalmente, sua primeira publicação ocorreu em 1843, ainda como um jornal convencional. Seu fundador foi John Browne Bells. Em 1891, Bells o vendeu para Henry LascellesCarr, que o comandou por 79 anos. Em 1969, surgia a figura de Rupert Murdoch. Ele comprou o jornal e seguiu como seu proprietário até 2011.

No México, o grupo Televisa domina o mercado publicitário. Em seu relatório aos investidores, eles se apresentam como o maior produtor de conteúdo em língua espanhola do mundo. Em 2016, produziram mais de 90 mil horas de conteúdo, atingindo grande parte da polução mexicana, que ultrapassa os 127 milhões de pessoas, além do mercado hispânico nos Estados Unidos. O grupo detém 5% de ações da Univisión.

Remigio Ángel González y González é mais um nome da lista de magnatas. Proprietário da Albavisión, com sede na Guatemala, sua influência está em toda a América Latina. Seu grupo possui rádios e emissoras em 13 países da região. São mais de 20 canais de TV e mais de 80 rádios. Sua fortuna supera os 2 bilhões de dólares. Como empresário, teve seu nome envolvido em escândalos de corrupção. Ele é acusado de manter relações suspeitas, de interesse, com políticos na Guatemala, Nicarágua, entre outros países.

Ainda pelas Américas em que o espanhol é a língua oficial, destacam-se a TV Caracol, na Colômbia, com domínio da maioria da audiência e mercado publicitário colombiano; e o Grupo Clarín, da Argentina, principal conglomerado de comunicação daquele país. Colômbia e Argentina são dois significativos países no continente.

Em terra brasilis

No Brasil, algumas famílias dominam o mercado. A TV Globo é a líder no principal meio de comunicação dos brasileiros, a televisão.

De propriedade da família Marinho, a Globo integra o Grupo Globo de Comunicação, que frequentemente é listado por agências internacionais de acompanhamento de marketing e mercado publicitário como um dos 20 maiores conglomerados de comunicação do mundo, ao lado de gigantes digitais, como Facebook, Google, e de empresas tradicionais, como a Walt Disney Company. A Globo é a única representante da América Latina em rankings desse tipo. Não à toa.

Quase 40% do mercado brasileiro de televisão é dominado por eles. Em números absolutos, isso representa mais de 80 milhões de telespectadores. Em seguida, a uma constante disputa entre a Igreja Universal do Reino de Deus, acionista da Rede Record, e Silvio Santos, proprietário do Sistema Brasileiro de Televisão, o SBT.

Há, ainda, as famílias controladoras dos jornais impressos de maior circulação no país: Frias (*Folha de S.Paulo*) e Mesquita (*O Estado de S. Paulo*). Ambas as famílias possuem rádios e serviços noticiosos online. O UOL, maior portal de notícia do país, por exemplo, é propriedade do Grupo Folha.

No mercado editorial das revistas, aparece a família Civita, controladora do Grupo Abril, detentora de alguns dos principais títulos do mercado, como a revista *Veja*. Mas, lembrando, o Grupo Globo está presente em todos esses segmentos, e suas empresas também disputam a liderança deles.

Domínio alemão

Na Europa, a liderança do mercado está na Alemanha. Mais especificamente, com a Axel Springer, considerada a maior produtora de conteúdo digital do continente. Mas sua influência é abrangente. Eles são os produtores do jornal *Das Bild* (que chega a 12 milhões de leitores por dia) e do *Das Welt*, ambos publicados na Alemanha.

A empresa está presente em 40 países, com mais de 200 jornais e dezenas de televisões e estações de rádio. Suas receitas superam 3 bilhões de euros.

A empresa foi criada em 1946, pelo jornalista alemão Axel Springer. Tornou-se de capital aberto e tem ações negociadas na bolsa de valores.

NESTE CAPÍTULO

» **Isenção e ética**

» **Textos copiados, sem os devidos créditos, é roubo**

» **Ser ético é mais que ser bonzinho**

» **Conduta ética pode ser listada**

Capítulo 18

Ética

O jornalismo produz um primeiro rascunho da história, não a última palavra sobre os acontecimentos.

MICHAEL SCHUDSON, PROFESSOR DE JORNALISMO

O que é a verdade, afinal? Será possível responder a esse questionamento de forma inconteste? Repetimos essa pergunta por sua importância para a reflexão do fazer jornalismo.

Se quisermos ficar com uma resposta objetiva e dicionarizada desse questionamento, pode-se entender a verdade como a propriedade de estar conforme os fatos reais. É importante frisar o estar conforme os fatos reais da definição dos dicionários. É essa a ideia da expressão do significado da verdade para a linguagem. As coisas precisam ter acontecido. Tem de ter a materialidade. Precisam de comprovação. Do contrário, afirmações tornam-se ilações, conjecturas, fantasias, manipulações, mentiras.

Cabe ao emissor da notícia assegurar para seu público, em qualquer plataforma, a construção de narrativas em conformidade com os fatos, eliminando-se invencionices.

PARTE DA DEFINIÇÃO DA VERDADE PELO DICIONÁRIO HOUAISS

Substantivo feminino

1. propriedade de estar conforme com os fatos ou a realidade; exatidão, autenticidade, veracidade;

1.1 a fidelidade de uma representação em relação ao modelo ou original; exatidão, rigor, precisão;

2. coisa, fato ou evento real, verdadeiro, certo;

3. qualquer ideia, proposição, princípio ou julgamento que se aceita como autêntico, digno de fé;

4. procedimento sincero, retidão ou pureza de intenções;

5. opinião expressa de modo sincero e às vezes não muito cordial;

6. o que caracteriza algo ou alguém;

7. correspondência, adequação ou harmonia passível de ser estabelecida, por meio de discurso ou pensamento, entre a subjetividade cognitiva do intelecto humano e os fatos, eventos e seres da realidade objetiva;

8. no nietzschianismo e pragmatismo, pluralidade inesgotável e freq. contraditória de enunciados ou discursos que, em vista de suas consequências práticas, se revelam úteis ou favoráveis aos interesses de indivíduos, grupos, ou da humanidade em geral.

CUIDADO

Quem se predispõe a executar a tarefa de informar convive, diariamente, com o dilema da verdade. Como fazê-la vir à tona? Como não ser ludibriado por fontes? Como assegurar elementos para comprovar o que se está narrando?

Afinal, alguém diz a verdade? Ou o que se conta é algo de interesse, entendimento unilateral do mundo? Projeção de crenças?

Como vivemos em uma época em que pessoas ainda são os principais emissores de informação, dilemas humanos permeiam o cotidiano profissional de quem trabalha com notícia. Permeiam, também, o imaginário dos receptores da informação. Não raro, veículos de comunicação e seus profissionais são apontados como parciais, por agirem por interesse de tal ou qual entidade. Plataformas digitais, também.

> *Todos os dilemas humanos que vejo da janela de meu casarão, eu divulgo,* diz a repórter da Rua do Hospício.

É possível exercer a profissão sendo isento? Acreditamos que sim, mas, para isso, o uso da transparência é fundamental. Ser honesto no trato da informação e na maneira de noticiá-la. É bom lembrar, é impossível viver em um estado de isenção absoluta, pura, isso porque só o fato de escolher o uso de uma palavra em detrimento de outra torna o emissor da informação alguém parcial, afinal, ele escolheu uma palavra específica. Essa condição por si não significa comprometimento de seu trabalho como emissor da informação, tampouco manipulação da notícia.

Isso nos leva a pensar se é possível fazer jornalismo sem vítimas. Estranho pensamento, não?! Como assim, jornalismo fazendo vítimas?

PAPO DE ESPECIALISTA

Todo emissor de notícias faz vítimas ao publicar um fato sem a devida acurácia. Ao não procurar os envolvidos nos acontecimentos para ouvir distintas versões dos acontecimentos. Quando age por preguiça, maledicência. Quando deturpa declarações, ou cria situações para justificar o que se passou. A lista de estragos decorrente dessas atitudes é imensa. Como resultado prático, vidas se acabam, empresas quebram, governos são derrubados.

A Teoria da Carroça, ou a Ética no Jornalismo

Há uma máxima no budismo que diz que uma carroça, para andar, precisa de duas rodas. Um pássaro, de duas asas. O jornalismo precisa também. Uma é a isenção, a outra é a ética. A carroça é o interesse público. Portanto, não há jornalismo sem ética. Nessa profissão, mais do que em qualquer outra atividade, os fins não justificam os meios.

Empresas de comunicação, escolas, professores de jornalismo, listam uma série de condutas que consideram éticas, esse conjunto é chamado de código de ética. Porém, não existe apenas um único, como o código de Hamurabi (compilação de leis da antiga babilônia, datado de 1772 a. C). No caso do jornalismo, são diversos os seus códigos de ética. Eles variam de acordo com cultura, desejos, comprometimentos, utopias, escolhas pessoais ou coletivas.

É bom saber que nenhum jornalista vai para a cadeia por não ser ético. No código não há tal pena. O jornalista não é obrigado a seguir o que está pactuado, por isso diz-se que ele é deontológico, ou seja, segue se entender o código de ética da empresa em que trabalha como orientação adequada para a busca do bem e da virtude.

Outras profissões têm códigos estabelecidos na legislação, caso do médico, advogado ou arquiteto. O descumprimento de seus códigos profissionais pode resultar em diversas penalidades, desde a admoestação verbal até a perda da licença para o exercício profissional.

O jornalismo, por sua essência, não admite leis de controle, pois isso, pode facilmente descambar para a coerção da liberdade de expressão e de imprensa. Duas situações rigorosamente adversas à vida em uma sociedade democrática. Nesse sentido, ao se assegurar a livre conduta jornalística, garante-se o funcionamento pleno de sociedades democráticas.

Durante o século XX, o jornalismo passou a ser definido por teóricos de distintas áreas como o "quarto poder" das Nações, ao lado do Executivo, Judiciário e Legislativo. A força da prática profissional de apurar fatos, prestar serviços informativos, analisar situações foi reconhecida como um poder social, a despeito das críticas e do desvio de conduta nesse caminho.

Mas é preciso não confundir conduta ilegal com antiética. Às vezes, essas situações andam juntas, mas não necessariamente. Por má conduta, como prática de calúnia, difamação ou injúria, o jornalista pode ser punido penalmente, nem por isso as liberdades de expressão e de imprensa correm risco. Claro, estamos falando de sociedades democráticas, e não de ditaduras de qualquer jaez.

Os códigos de ética jornalísticos são abrangentes e atingem a todos, dos recém-chegados à profissão aos já calejados pelos anos de labuta (caso dos autores em questão). E, sem dúvida, na introdução de qualquer código de ética em jornalismo é preciso constar: duvidar é dever ético do jornalista.

É preciso duvidar sempre. Se outro ente publica uma notícia, a informação precisa ser checada antes de sua reprodução. É preciso dar a fonte do fato. Esconder a fonte é uma conduta antiética.

O Perigo do Ctrl+C, Ctrl+V

Desde o melhoramento dos editores de texto, tornou-se comum, para alguns, escrever a partir do roubo do trabalho de terceiros. É um desrespeito, para dizer o mínimo, em qualquer área, a apropriação indevida da produção intelectual de outros profissionais. No jornalismo, essa prática é totalmente condenável, até porque existe a possibilidade de se citar a fonte da informação. Ao não fazê-lo, incorre-se em um erro gravíssimo.

Imagine subir em uma alta torre e soltar todas as penas de um travesseiro de penas de ganso. Depois, descer correndo e tentar pegar todas de volta para encher o travesseiro. Impossível, muitas vão se perder, levadas pelo vento.

É inadmissível profissionalmente:

- Publicar fatos que não aconteceram.
- Publicar primeiro. Checar depois.
- Usar acintosamente o "Ctrl+c/Ctrl+v".

Imagine publicar uma notícia inverídica na internet e depois tentar dizer para o mesmo público que tomou conhecimento da primeira versão que ela é incorreta. Será que mesmo com um desmentido, ou direito de resposta, todos serão atingidos pela versão correta?

Será que dá para recolher todos os bits e bytes?, pergunta-se Dona Juventina.

Direito de resposta é um reconhecimento ético de um erro cometido e que precisa, na medida do possível, ser reparado. Segundo a Constituição, é também um direito de todo cidadão. Assim, para não se misturar conduta ética com lei, o ideal seria a existência de um conselho de autorregulamentação jornalística para julgar com celeridade os pedidos de direito de resposta. Recorrer à justiça, só em casos extremos. Pelo menos essa é a nossa opinião.

Mas, Afinal, o que É Ética?

Ética é daquelas coisas que todo mundo sabe o que é, mas sua explicação pode ser um labirinto sem volta. Um conceito quase impossível de ser atingido. Aqui, porém, não nos fizemos de rogados. Escrevemos para trazer algum esclarecimento sobre o tema. Ao menos, para tentar expor sua complexidade para reflexão.

Segundo Aristóteles, sábio grego do período clássico, a ética está na conduta, no dia a dia, chamada por ele de *práxis*. Portanto, a noção de ética baseia-se em uma teoria de suporte à racionalidade, liberdade e responsabilidade individual ou em sociedade.

A ética se confunde com o que é bom, justo, honesto, e pode ser representada pela integridade da conduta nas atividades humanas. Em alguns momentos, confunde-se com a prática da cidadania, que, por sua vez, tem a ética embutida em si. A conduta ética tem reflexos individuais e sociais.

DICA

Agir eticamente é construir o próprio caráter em direção à virtude. Constrói-se, também, o bem comum, alicerçando-se em uma sociedade mais humana e justa. De certa forma, ética e moral são sinônimos, ainda que a moralidade seja moldada por uma legislação específica, como um código civil.

Não é possível construir reputação sem a prática da ética. O mesmo se dá com a credibilidade e admiração de pessoas e instituições públicas e privadas. Portanto, isso vale para os jornalistas e para as plataformas de comunicação, indiscriminadamente.

Se nós, os jornalistas, estivéssemos atentos a isso, não teríamos cometido a barbaridade conhecida como o caso Escola Base, quando, em 1994, professores e dirigentes de uma escola infantil, na capital paulista, foram acusados, injustamente, de estarem envolvidos em práticas sexuais com seus alunos, crianças de seis anos, aproximadamente. A mídia deu ampla cobertura para as acusações, afirmando que os investigados teriam abusado sexualmente dos menores. No decorrer das investigações, porém, a denúncia foi constatada como improcedente. Era tarde demais. A escola já havia sido destruída, junto com a reputação de todos os envolvidos.

Pelo código de conduta da empresa de comunicação britânica BBC, a notícia só é publicada depois de três fontes confirmarem o fato ocorrido.

Mesmo com tal precaução, a emissora comete erros. Imagine, então, o que se comete por aí em outros lugares, sem o nível de exigência da BBC?! Muitos são tidos como mortos, apesar de ainda estarem vivos. Milhões viram bilhões. Confúcio vira "Pafúncio", e por aí vai.

Nossa! Até isso vocês confundem, fica inconformada Dona Juventina.

Como se dizia no século passado, não custa nada dar uma olhada no "pai dos burros", agora digital e com versões gratuitas, para entender, ao menos, o sentido dicionarizado da palavra ética.

> *(...) Ser a ética o estudo dos juízos de apreciação que se referem à conduta humana susceptível de qualificação do ponto de vista do bem e do mal, seja relativamente à determinada sociedade, seja de modo absoluto.*

Mas se hoje tal expressão lhe soar antiga demais, dá um Google para constatar que:

> *Ética é o estudo dos juízos de apreciação e se referem à conduta humana, susceptível de qualificação do ponto de vista do bem e do mal, seja relativamente a uma sociedade, seja de modo absoluto.*

Ser ético é ser bonzinho?

A nossa teoria da carroça do interesse público precisa de ética e isenção. Mas, ATENÇÃO: todos os jornalistas são seres humanos! Têm família, time de futebol, gosta de uns, não gosta de outros, vota nas eleições e pode até estar filiado a um partido político, por que não? É um direito da cidadania.

O que não pode é esconder de seu público suas preferências, jogar por baixo dos panos, como diz o Ney Matogrosso. É preciso exercer a isenção na concepção, elaboração e publicação da notícia, indiferentemente à plataforma.

DICA

Transparência e isenção ajudam a construir a reputação que tantos almejam, reforçam o caráter e a moral. Sem essa prática, a carroça desanda para outras bandas que não o jornalismo. Sem esses princípios, não se faz jornalismo, ainda que muita coisa seja publicada sob esse nome.

Fofocas de celebridades, especulação sobre a vida de jogadores de futebol, intrigas no mundo das modelos, a vida íntima de cantores, atrizes, fatos bizarros, não são jornalismo.

Violência, sensacionalismo, sangue que corre à solta, pedidos de linchamento, câmeras escondidas propositadamente, discursos moralistas contra este ou aquele, isto ou aquilo, comentários policialescos ou circenses não são jornalismo. Não temos nada contra. O público é que, em última análise, escolhe o que deseja ver, ouvir, ler. O dobro do nada é o nada dobrado. Como se vê, também temos nossa veia filosófica.

Vamos acabar dizendo que a palavra *etos* veio do grego e significava costumes, sentido mais próximo da ideia que temos hoje de virtude e moral. Assim, podemos dizer que a ética no jornalismo envolve a preocupação com atitudes éticas e moralmente corretas que afetam ou venham a afetar todos os envolvidos em uma reportagem. Assim, é possível fazer jornalismo esportivo, de entretenimento, artes, espetáculos, moda, sexo, enfim, todas as atividades humanas são passíveis de ser tratadas nas quatro linhas do gramado da ética. O resto é talk show, divertimento, ou seja lá o nome que se queira dar.

Vocês estão se repetindo. Já falaram isso, reprova Dona Juventina.

O jornalismo precisa andar ao lado da promoção de valores e comportamentos morais que respeitam os padrões universais de direitos humanos, da cidadania e da democracia. Subentende-se o respeito à pluralidade, tenha ela a extensão que tiver.

Por essas e outras se entende o jornalismo como um ecossistema. Assim, tem o dever ético de dar toda contribuição possível para a sobrevivência das gerações futuras, e que elas possam usufruir de bens que hoje usamos. Jornalismo tem tudo a ver com sustentabilidade: das finanças públicas ao planeta Terra.

CÓDIGO DEONTOLÓGICO

Por norma, nenhum jornalista é obrigado a ser ético. O jornalista procura a ética por decisão pessoal, por isso, seu código de ética é chamado de deontológico. Em outras palavras, os jornalistas agem de acordo com o código de ética estabelecido em seu local de trabalho. Aquilo estipulado pela empresa para a qual estiver prestando serviço é o norte para a conquista da ética em seu trabalho diário. Mesmo assim, ninguém é punido se não for ético. Mas é importante reafirmar, **não é possível fazer jornalismo sem ética**, ela pressupõe qualquer ação que se transforme na divulgação de informações e notícias. É por isso que se divulga que jornalista não é delegado, juiz, promotor nem executor. Tem seus limites éticos. Não deve violar os direitos humanos, o princípio da inocência, o direito de defesa e de resposta e buscar a isenção, que vamos falar em outro capítulo.

Atitudes desejadas

Listamos algumas sugestões de conduta ética. O jornalista é livre para acatá-las (ou não).

1. **O jornalista só deve dizer a verdade e resistir às pressões que o possam desviar desse rumo.**
2. **Boatos e rumores não substituem fatos. Jornalista não pode acreditar em tudo o que ouve ou vê.**
3. **É dever do jornalista duvidar sempre.**
4. **Deve ir além da busca de dois ou mais lados da notícia. Precisa apurar, investigar e formar convicção sobre os fatos antes de publicá-los.**
5. **É obrigação do jornalista corrigir qualquer informação errada que divulgar, e tem de respeitar o direito de resposta dos citados.**
6. **Não se grava entrevista sem o conhecimento da fonte.**
7. **Respeitar a privacidade de todos. Mesmo pessoas públicas têm direito à privacidade.**
8. **É dever do jornalista combater o preconceito e procurar o máximo de objetividade na apuração e narração dos fatos.**
9. **O jornalista denuncia crimes à sociedade. Quem apura e pune, se for o caso, é o Estado.**

10. **Qualquer pessoa acusada de delito goza da presunção da inocência até que sua culpabilidade seja legalmente comprovada.**

11. **Respeitar o *off* da fonte, desde que esta não seja apontada pela justiça como transgressora das leis.**

Puxa, tava até pensando que essa história toda era sobre o impeachment de Dona Dilma, comenta surpresa Dona Juventina.

IMPEACHMENT JÁ!

Golpe! O golpe se alimenta das próprias entranhas do país. Esgueira-se sem freios pelos corredores do senado da pátria! Senta-se nas altas esferas da comunidade financeira; lança sua sombra sepulcral contra o próprio umbral do templo da liberdade. Ouça, vozes proféticas soam em meus ouvidos e, haha, entoam o réquiem da grande república. Sua ruína foi selada! Ressuscitado o Lázaro do impeachment. O senado reuniu-se à noite, e o invulgar espetáculo do prédio iluminado atraiu todo olhar e imprimiu, em toda mente, uma espécie de certeza de que seus augúrios e suas profecias tinham cabimento.

Dessa treva política, o frio cadáver do impeachment saiu outra vez andando. No palácio, uma recepção ocorria simultaneamente. O presidente apertava a mão de um convidado, lançava olhares pesarosos e parecia abandonado e sem amigos. Não há homem na face da Terra que poderia ocupar o lugar do presidente e estar tranquilo e contente.

Na manhã seguinte, essa palavrinha, impeachment, estava na boca de todos. Até o mais simplório dos homens sabia que aquele memorável agosto provavelmente seria um desses meses portentosos que se elevam por sobre a história de uma nação como uma montanha em um deserto. Em vez de se abster de sua faina em reverente respeito à memória do Patriarca, costume honrado nessa data natalícia há décadas, o congresso resolveu reunir-se — e trabalhar!!! O presidente do senado instruiu a plateia a evitar qualquer manifestação e satisfação ou desacordo, sob pena de expulsão imediata, e a guardar rigoroso e respeitoso silêncio. "O presidente vai ser destituído por graves crimes e delitos", disse ele.

A multidão de desconhecidos estava à espera do impeachment. Não sabia o que era impeachment, exatamente, mas tinha uma vaga noção de que viria na forma de uma avalanche, ou de uma trovoada, ou quem sabe até de um teto desabando.

Começaram então os discursos, e o ressuscitado Lázaro do impeachment logo deu mostras de uma força e um vigor que jamais possuíra em sua encarnação anterior. O povo queria ouvir a importantíssima votação. Ouviram contundentes discursos de situacionistas e protestos furibundos dos oposicionistas — embora o tom destes últimos não fosse confiante. Os votos "sim", em quase todos os casos, vieram em voz clara, mas muitos dos "nãos" eram inaudíveis da galeria dos repórteres. O presidente teria que depor no senado.

A sorte foi lançada. Chegavam mensagens de incentivo ao presidente. Em outra região, as massas reunidas pediam o impeachment. A maior cidade do país ameaçava matar e verter sangue pelo presidente. Mas o Congresso está decidido. Alguém diz que, se o congresso titubear desta vez, vai pedir uma verba para revestir os senadores de chapas de ferro para que a nação possa os mandar a pontapés do senado ao palácio presidencial sem que saiam arranhados. Nesse tal de correr ao Congresso ver a briga do impeachment, aos hotéis para ouvir a opinião pública, o jornalista perdeu a noção do tempo. Em tempo, por um voto, o presidente não foi cassado!!!!

(Trecho da genial reportagem de Mark Twain, o presidente Andrew Jackson é o personagem do impeachment.)

No que Eles Se Parecem

Selecionamos alguns itens dos códigos de ética de algumas instituições ligadas à comunicação para uma pontual comparação. Veja como um parece dar prosseguimento ao outro:

Brasil

Código de Ética da Federação Nacional dos Jornalistas (FENAJ).

I – Do Direito à Informação

Art. 1 – O acesso à informação pública é direito inerente à condição de vida em sociedade, que não pode ser impedido por nenhum tipo de interesse.

Art. 2 – A divulgação da informação precisa ser correta, é um dever dos meios de comunicação pública, independente da natureza de sua propriedade.

Código de Ética da Associação Brasileira de Rádio e Televisão (ABERT):

Princípios gerais:

- » Destina-se a radiodifusão ao entretenimento e à informação do público em geral, assim como à prestação de serviços culturais e educacionais.
- » A radiodifusão defenderá a forma democrática de governo e, especialmente, a liberdade de imprensa e de expressão do pensamento.

Estados Unidos

American Society of Newspapers Editors

Responsabilidade: O propósito de coletar e distribuir notícias e opiniões é o de servir ao bem-estar geral, informando as pessoas e possibilitando-as fazer julgamentos sobre os assuntos da época. Os jornalistas que abusam do poder de seu papel profissional por motivos egoístas ou propósitos pérfidos são indignos dessa confiança mútua.

Associated Managing Editors of the United States

Responsabilidade: Um bom jornal é imparcial, acurado, honesto, responsável, independente e decente. A verdade é seu princípio guia. Ele evita práticas que entrariam em conflito com a habilidade de relatar e apresentar as notícias de maneira imparcial e não tendenciosa.

Portugal

Código Deontológico do Jornalista

O jornalista deve relatar os fatos com rigor e exatidão, e interpretá-los com honestidade. Os fatos devem ser comprovados, ouvindo as partes com interesses atendíveis no caso. A distinção entre notícia e opinião deve ficar bem clara aos olhos do público.

Inglaterra

Jornais e revistas devem ter cuidado para não publicar material impreciso, enganoso ou distorcido. Sempre que reconhecerem um erro significativo, uma reportagem distorcida ou declaração enganosa, devem corrigir-se prontamente, dando o mesmo destaque que foi dado à matéria original. Um pedido de desculpas deve ser publicado quando for apropriado. Quando um jornal ou revista estiver envolvido em uma ação de difamação, deve sempre notificar o fato de forma precisa.

Austrália

Conselho de Autorregulamentação dos Jornais

É direito dos leitores de jornais que notícias e comentários lhes sejam apresentados de maneira honesta e equânime, respeitando a privacidade e o sentimento das pessoas.

Notícias obtidas por métodos desonestos ou incorretos, ou cuja publicação implicaria na violação da confiança, não devem ser publicadas, a menos que haja interesse público muito forte.

Comunidade europeia

Declaração de Deveres:

Deveres essenciais do jornalista, na coleta de dados, redação e comentário dos acontecimentos são:

» Respeitar a verdade, quaisquer que sejam as consequências para si mesmo, em razão do direito público de conhecer a verdade.

» Defender a liberdade de informação, do comentário e da crítica.

Suécia

Conselho de Imprensa

O papel desempenhado pela mídia de massas na sociedade e na confiança do público nessa mídia indicam a necessidade de as notícias serem objetivas e exatas. Seja crítico com as fontes de informação. Cheque os fatos tão cuidadosamente quanto o possível à luz das circunstâncias. Permita ao público a possibilidade de distinguir entre fato e opinião.

Ainda sobre Notícias Falsas e Ética

DICA

A publicação de notícias falsas é uma das ameaças à ética jornalística, por isso, precisa ser perseguida incansavelmente.

O professor Michael Schudson, citado na abertura deste capítulo, listou passos para a busca de uma reportagem ética: disposição de retratar-se, corrigir e implícita ou explicitamente pedir desculpas por informações equivocadas.

A ética profissional inclui: ser exato.

- » Grafe nomes corretamente.
- » Dê o endereço certo.
- » Não há espaço para "tudo é relativo".
- » Redija um texto que conta o que aconteceu, não o que você acha que aconteceu.
- » Busque evidências em contrário. Na apuração, vá contra as próprias suposições.

Jornalistas confiáveis também adotam certos recursos literários identificáveis, como:

- » Exibir calma e ser declaratório.
- » Nada de histeria.
- » Apresentar vários lados ou pontos de vista em uma matéria caso o assunto seja controverso.
- » Identificar suas fontes sempre que for possível.
- » Investigar evidências e pistas, suas paixões e suas referências, e quando essa evidência for irrefutável, dê a ela espaço adequado em sua matéria.

> *Puxa, como é complicado esse jornalismo. Melhor seria vocês terem escolhido outra profissão*, diz Dona Juventina.

Nada justifica atropelar princípios éticos, nem a fragilidade econômica de quem publica a informação, nem a busca desesperada pela audiência.

Ainda, de acordo com o professor Schudson, um jornalista responsável não produz notícias falsas, exageradas ou corrompidas. Não subordina o relato honesto à coerência ideológica ou ao ativismo político. Não tenta agradar anunciantes ou se ajustar aos interesses comerciais do veículo – nem às preferências do público.

NESTE CAPÍTULO

» A importância em ser notório

» A quebra de monopólio na pesquisa de audiência brasileira

» Rádios comunitárias

» O esquema Proconsult

Capítulo 19

A Senhora Medição

Comunicação não é o que se diz. É o que se entende.

DAVID OGILVY

Audiência é uma das variantes que executivos de comunicação analisam quando estão pensando no setor como negócio. Decidindo investimentos, elaborando estratégias de marketing.

Todos os produtos de comunicação, entre eles o jornalismo, são afetados pela pesquisa de público. O que as pessoas acessam na internet, assistem na televisão, qual jornal leem, em qual rádio sintonizam, e por aí vai.

Isso acontece porque na comunicação, como setor produtivo, é preciso ser acessado, visto, ouvido ou lido pela maior quantidade possível de pessoas. Assim, garante-se influência e verba publicitária. Hoje, os *likes* valem dinheiro no Facebook, sites, canal no YouTube etc.

A continuidade de um programa, de um jornal, independentemente do local de sua veiculação, está atrelada à audiência. Simples assim.

É a audiência, inocentes, resmunga Dona Juventina.

A partir desse contexto, entende-se a força dos institutos de pesquisa no mercado. A eles cabe a palavra final sobre quem está vendo o quê, lendo qual jornal, escutando determinado programa de rádio.

Há uma série de protocolos necessários a serem seguidos para se garantir a idoneidade desse processo. Esses dados se tornaram negócios autônomos. É quase impossível fugir deles. Por décadas, o Brasil viveu nessa seara do monopólio de uma empresa.

De Olho no Ibope

A palavra Ibope virou substantivo, assim como Gillette, Modess, entre tantas outras em Terra Brasilis.

O Instituto Brasileiro de Opinião Pública e Estatística é uma empresa privada que mede a audiência dos veículos de comunicação de massa, em suas várias plataformas.

Foi criado em 1942, em São Paulo, pelo radialista Auricélio Penteado e por Arnaldo da Rocha e Silva, sob exemplo e influência do trabalho desenvolvido por George Gallup, fundador de um dos maiores institutos de pesquisa dos Estados Unidos.

Ao longo de todo o século XX, reinou absoluto. Tornou-se uma das maiores empresas de pesquisa da América Latina. Sua presença no imaginário da sociedade é tanta que seu nome virou verbete dicionarizado. É sinônimo de pessoa popular, famosa e audiência.

O Ibope fornece informações e estudos sobre mídia, opinião pública, intenção de voto, consumo, marca, comportamento e mercado. Em termos de mídia, o ibope da televisão é um dos seus produtos mais importante.

Outras empresas tentaram entrar no mercado de medição de audiência, sem êxito. Os custos são muito altos e, mesmo com o apoio de empresas de comunicação, não conseguiram desbancar o Ibope, muitas vezes acusado de manipular os números de audiência em favor da Rede Globo de Televisão.

Com a concorrência das mídias sociais e a difusão de conteúdo no cabo, o Ibope já não tem mais a importância do passado. A empresa foi comprada por um grupo internacional e se dedica a outros campos, como pesquisas eleitorais e empresariais.

O mundo da publicidade também foi impactado. Perdeu-se a exatidão do passado acerca do alcance de um anúncio televisivo. Os números da audiência ficaram mais incertos. Não se sabe exatamente quantas pessoas foram alcançadas. A quantidade de telespectadores tornou-se uma estatística mais referencial, apesar de ainda ser de significativa importância.

Tudo mudou com o advento do volume de informação gigantesco, o *Big Data*, proporcionado pelas mídias online, e a promessa é de precisão na informação. Facebook, Google, entre outras empresas do mundo virtual, garantem informar, com exatidão, quantos internautas clicaram para ver um anúncio. Essa reviravolta estremece o ecossistema jornalístico e as empresas de comunicação, de modo geral.

A televisão aberta, a despeito dos novos tempos, ainda é o meio de comunicação de massa de maior alcance no Brasil. Ela abiscoita mais da metade das verbas publicitárias, mesmo com as recentes mudanças no setor, quando o interesse das pessoas está sendo conquistado por outras plataformas de comunicação, como tevê por assinatura e canais na internet.

A migração das verbas publicitárias para outras plataformas é um fenômeno mundial. E, aproximadamente, 65% de todo o investimento nesse setor é abocanhado pelo Google e Facebook.

O Ibope é um dos indicativos para a decisão de se anunciar ou não no canal, em qual programa, em que horário, para qual o público-alvo e de qual é o custo por mil na tevê tradicional.

O exemplo clássico é de um anúncio de 30 segundos no *Jornal Nacional*, principal produto jornalístico do país, que custa um dinheirão, mas atinge milhões de pessoas.

A maior rede de televisão do Brasil, a Rede Globo, lidera o Ibope incontestadamente e, quando perde pontualmente para a concorrência, vira notícia.

A liderança da emissora dos Marinhos, em audiência, lhe dá certo conforto. Certa vez, uma agência de publicidade divulgou um anúncio em todas as emissoras de televisão de Curitiba. Menos na Globo.

No dia seguinte, fez uma enquete e perguntou às pessoas se elas haviam assistido à publicidade. Os que responderam positivamente, disseram tê-la visto pela afiliada da Globo na cidade, a Rede Paranaense de Comunicação — RPC. Ironicamente, a única excluída da retransmissão.

Essa história exemplifica apenas a forte presença da Vênus Platinada no inconsciente da sociedade brasileira. As demais empresas do mercado disputam ponto a ponto a audiência pelo segundo lugar. Nessa corrida, entram Rede Record, SBT e Bandeirantes.

Agora, com o crescimento do bicho-papão das plataformas sociais, essas empresas não estão mais tão confortáveis com seu faturamento financeiro. O reflexo dessas mudanças se nota pelos constantes cortes de investimento, pelo enxugamento no quadro de funcionários, pela automatização.

Medição online

Os programas televisivos de maior repercussão popular são os de entretenimento, com seus apresentadores/celebridades, como Fausto Silva, Rodrigo Faro, Ana Maria Braga, Sabrina Sato, Gugu, Xuxa, Fátima Bernardes, entre outros.

Já o programa jornalístico de maior audiência é o *Jornal Nacional*, comandado por William Bonner desde 1996, já tendo dividido a bancada com Lilian Wite Fibe, Fátima Bernardes, Patrícia Poeta e, mais recentemente, Renata Vasconcelos.

Na Record, o *Jornal da Record* é apresentado por Celso Freitas e Adriana Araújo. O SBT Brasil tem como apresentadores Joseval Peixoto, Raquel Scheharazade e Carlos Nascimento.

A medição da audiência na tevê aberta é online, e é possível comprar uma assinatura para acompanhar a flutuação de audiência minuto a minuto. O coautor HB tem acesso à dele e, no final de tarde, pode acompanhar tanto o ibope da novela como o do *Cidade Alerta*, da Record.

Vale salientar, a Record News é uma emissora de notícias de canal aberto, não pago, portanto, também aparece na medição online apresentada pelo Ibope.

O concorrente chegou, GfK, mas já foi embora

Quem prometia acabar com o império do Ibope, que passou, aliás, a se chamar Kantar IBOPE Media (em 2015, a Kantar Media, multinacional britânica, tornou-se controladora do Ibope) foi a empresa alemã GfK (*GesellschaftfürKonsum, MarktundAbsatzforschung*) em tradução livre, empresa de pesquisa de consumo, marketing e tendências.

Em 1º de julho de 2016, eles passaram a oferecer ao mercado brasileiro de televisão e agências de publicidades sua prestação de serviço de medição de tevê aberta e fechada.

Entraram no mercado prometendo renovar com mais frequência, em um espaço de tempo menor, os indicadores, as características de sua base de pesquisa do público. Ou seja, uma atualização mais constante em decorrência das mudanças de perfil dos consumidores.

Assim, forneceriam dados objetivos a respeito da quantidade de pessoas e mapeariam comportamentos dos telespectadores. Isso seria um de seus diferenciais.

Mas, em 2017, seu então diretor financeiro, Leopoldo Schneider, emitiu uma nota informando a suspensão dos trabalhos da empresa no país. Schneider declarou que a empresa havia se "(...) deparado com um cenário que tornou insustentável a manutenção dos serviços de medição quantitativa contínua de mídia no Brasil".

De Orelha na Audiência

A medição de audiência no rádio tem muito menos importância atualmente. Uma parte dela migrou para as redes sociais, e o "radinho" é o próprio celular, especialmente quando está conectado ao Wi-Fi.

De forma geral, estão segmentadas em entretenimento, música, jornalismo e religião. Esta tomou conta de muitas emissoras de tecnologia em AM, mas também está presente em inúmeras FM.

As rádios musicais disputam com as plataformas na web, Spotify e Youtube, entre tantas outras.

As rádios populares perderam audiência nos últimos anos devido à tecnologia ultrapassada do AM e a concorrência das *webrádios*.

O segmento de notícias está mais forte, especialmente para a audiência nos grandes congestionamentos das cidades brasileiras. A prestação de serviços se alterna ao noticiário, comentários, reportagens, correspondentes etc. Ela busca o público mais qualificado, mas ainda assim a importância de ter bons pontos de audiência é significativa.

Em São Paulo, os radiojornais mais ouvidos pela manhã são os da Jovem Pan, Jornal da CBN, Bandeirantes, Bandnews e Estadão. Há público e anúncio para essa concorrência, sem falar das rádios voltadas exclusivamente para o trânsito, além de outras segmentadas.

Os âncoras da manhã têm grande reconhecimento popular. Alguns dos nomes mais populares nessa segunda década do século XXI são Joseval Peixoto, Milton Jung, José Paulo de Andrade, Ricardo Boechat, Haissem Abaki.

A sua majestade, o rádio

Vai longe o tempo em que o rádio era a plataforma de comunicação de maior presença nacional. A televisão tirou seu protagonismo, desde seu surgimento. Mas não só ela. Quando a internet se tornou popular, não faltaram previsões de seu fim. A comunicação online abriu uma nova avenida para a comunicação só auditiva, que chamamos de rádio. Não se dever confundir o conceito com o eletrodoméstico. Rádio, ou, melhor, a comunicação auditiva, propaga-se também pela internet e, muitas vezes, é também acompanhada por imagem, caso da BandNews, CBN e Jovem Pan.

Portanto, o áudio, ou melhor, o rádio se propaga pelo radinho portátil, pelo aparelho de som, pelo celular, pelo tablet e por aí vai.

> *Meus filhos, não se esqueçam do meu rádio capelinha último modelo. É a válvula*, fala Dona Juventina.

Em 2014, o *Notícia na TV*, que é um espaço de informação sobre o que acontece na televisão vinculado ao UOL, fez um levantamento exclusivo, a pedido da Rádio Jovem Pan de São Paulo, sobre a audiência das emissoras de rádio. E qual foi o resultado?! Pela manhã, o rádio tinha, na época da medição, o dobro de audiência da TV aberta, informava o Instituto Ipsos Brasil, responsável pelo levantamento divulgado pelo *Notícia na TV*.

(...) pesquisa inédita mostra que o rádio tem o dobro da audiência da TV aberta das 6h ao meio-dia, na média de todos os dias da semana. Nessa faixa horário, o rádio tem 1,815 milhão de ouvintes por minuto na Grande São Paulo, enquanto a soma de Globo, SBT, Record e até a TV Canção Nova resulta em 886 mil telespectadores por minuto (...) E mais: *(...) Na faixa das 12h às 14h, o rádio está ainda mais vivo do que de manhã, mas a TV aberta tem um salto para quase 2 milhões de telespectadores (....).* A íntegra desse texto pode ser acessada em: `http://noticiasdatv.uol.com.br/noticia/audiencias/de-manha-radio-tem-o-dobro-da-audiencia-da-tv-aberta-em-sp-3672`.

Diferentemente da tevê, as manhãs sempre foram o horário nobre do rádio. Os principais picos de audiência da televisão aberta acontecem à noite. Muita gente tem, por hábito, acordar ouvindo a programação jornalística dos rádios. Em grandes regiões metropolitanas, no horário das 6h às 9h, as pessoas querem saber como está o trânsito para se chegar ao trabalho ou se há alguma interrupção no transporte público, nas linhas de metrô, trens e ônibus, mesmo tendo a concorrência dos aplicativos de controle de trânsito.

Pelo rádio, também é mais fácil se informar sobre os acontecimentos do fim da noite anterior, ou previstos para o decorrer do dia. Afinal, ouvir rádio não impede que se faça mais de uma tarefa ao mesmo tempo, como correr na esteira.

O final da tarde é outro bom momento de audiência para sua programação. As pessoas saem dos seus trabalhos e se atualizam das notícias ou ouvem sua programação como mais uma forma para evitar contratempos no trânsito. Nós andamos de metrô e muita gente ouve o noticiário das rádios pelos celulares com seus auriculares.

E a força do rádio, aparentemente, ganha novos espaços com o advento de gadgets e diferentes plataformas digitais. Com a ampliação das possibilidades de uso dos celulares, ouve-se, cada vez mais, sua programação por smartphones.

Em setembro de 2017, o Kantar Ibope Media, um dos maiores institutos de pesquisa no Brasil, em atualização dos dados do setor, apontava:

» 14% da população declarava ouvir rádio no celular em um período de dois dias (o equivalente a 8 milhões de pessoas).

» O rádio "comum" seguia como a maior plataforma de consumo, alcançando 58% na pesquisa. O celular chegava a 14%, seguido pelo computador/desktop, 4%.

» 95% do consumo de rádio registrado foi para emissoras FM e AM, independentemente da plataforma utilizada pelo ouvinte.

» 23% dos ouvintes de rádio escutavam o veículo ao mesmo tempo em que usavam a internet. Já 17% escutavam rádio e assistiam à TV simultaneamente. Na sequência, 14% escutavam rádio e liam jornal, e 13% escutavam rádio e liam revistas.

O levantamento do Kantar Ibope foi elaborado a partir da verificação do uso do rádio em 13 regiões metropolitanas do país. À época, indicou que, nas áreas pesquisadas, o rádio alcançava 87% da população, 52 milhões de pessoas, portanto, eram ouvintes de rádio nas áreas da pesquisa; e o celular, como meio para seu consumo, avançava, sendo os jovens seus maiores usuários.

A íntegra dessa pesquisa está em: `http://aerp.org.br/portal/kantar-ibope-media-afirma-que-52-milhoes-de-pessoas-escutam-radio-em-13-regioes-metropolitanas-do-pais/`.

De Repente, o Meio do Dial

A pressão de ONGs, partidos, sindicatos, igrejas para ter um canal de rádio desaguou em uma legislação que instituiu as rádios comunitárias. Há na lei uma limitação a essas rádios, que têm potência de apenas 25 watts, alcance de apenas um bairro, e é dirigida por uma ONG da comunidade.

Essas emissoras não podem fazer proselitismo religioso, político ou de qualquer outra ordem. Nem transmitir em cadeia. Mas há produtoras especializadas nessa mídia, que atinge principalmente a periferia das cidades, com boletins informativos, como os produzidos pela OBORÉ.

SOBRE A OBORÉ

Criada em 1978, a OBORÉ é uma empresa que atua como prestadora de serviço em comunicação popular. Foi originalmente lançada por uma cooperativa de jornalistas e artistas, para colaborar com movimentos sociais e de trabalhadores na produção de jornais, boletins, revistas, campanhas e planejamento de comunicação. Em 1993, iniciou seu trabalho com programas de rádio. E, depois, passaram a ajudar na formação universitária de estudantes de jornalismo em comunidades populares. Seu líder é Sergião Gomes.

Todas as emissoras ocupam uma mesma faixa, 87,5 MHz. Por isso, se uma aumentar a potência ilegalmente, atrapalhará a outra. Porém, com a decisão do governo de migrar todas as AM's para o FM, elas acabaram por ficar em uma melhor posição, uma vez que as novas frequências de FM vão ficar abaixo de 87,5 MHz.

Hoje, a maior parte delas transmite também via web, tem web câmera no estúdio e aplicativos para a comunidade. Eureka! Alcance global via web. Portanto, vai tão longe quanto qualquer emissora comercial ou estatal. Pode ser ouvida em qualquer lugar no planeta. Esse é um dos motivos de comemoração do pessoal da Caramelo Taia, a comunitária de Taiaçupeba, distrito no município de Mogi das Cruzes, localizado na grande São Paulo. Damos uma força lá como voluntários.

Fraude eleitoral

Por falar em pesquisa, medição, público, há um caso emblemático nesse assunto, na cobertura jornalística brasileira, que entrou para a história como "Caso Proconsult".

O Brasil estava começando a engatinhar em seus processos eleitorais democráticos. Os militares haviam indicado o fim de seu governo, e o país passava por um momento de transição, de um regime fechado para a democracia.

O ano era 1982. O sistema eleitoral estava longe de ter a agilidade de hoje das urnas eletrônicas. Os votos eram em cédulas de papel, e a contagem, manual, ocorria voto a voto.

No meio do caminho desse alvorecer eleitoral surgiu, no estado do Rio de Janeiro, uma empresa chamada Proconsult, com a promessa de acelerar a apuração dos votos. Estabelecendo uma metodologia mais confiável e eficiente que a até então utilizada.

Na época, é bom lembrar, computadores eram objetos muito mais afeitos ao universo da ficção científica do que à realidade cotidiana. Pouco se sabia sobre essas novas máquinas, maravilhas de um mundo moderno.

Foi exatamente ao utilizar os tais "objetos estranhos", chamados de computadores, que o esquema de fraude começou a ser desenhado. A intenção era prejudicar, na apuração final dos votos, o então candidato, pelo PDT, ao governo do Estado da Guanabara, representando os oposicionistas, Leonel Brizola, e beneficiar seu oponente, o governista Wellington Moreira Franco, do PDS (posteriormente transformado em PFL, agora DEM).

A Proconsult subtraía votos de Brizola ou os computava em favor de Moreira Franco. Detalhe, a Proconsult era a empresa contratada pelo Tribunal Regional Eleitoral do Rio de Janeiro. Ou seja, todas as suas informações eram oficiais.

Mas no meio do imbróglio eleitoral havia os jornalistas.

Rádio Jornal do Brasil

Foi devido ao trabalho dos veículos de comunicação de acompanhamento da apuração que se começou a desvendar os erros intencionais. Coube à Rádio Jornal do Brasil a descoberta da manipulação dos votos.

A equipe de profissionais da Rádio acompanhou a apuração das eleições com foco na contagem dos votos para governador e senadores, deixando os demais resultados (deputados federais, estaduais e vereadores) em segundo plano.

Com a devida atenção à apuração, eles identificaram a discrepância em relação aos resultados elaborados pela Proconsult e emitidos, como números oficiais, pelo Tribunal Regional.

O esquema não se sustentou. Foi rapidamente desmontado, e Brizola foi eleito governador.

Como gostava daquele homem, suspira Dona Juventina.

Mas a história ainda estava longe de chegar ao fim. Uma vez eleito, Brizola passou a confrontar a Rede Globo. Ele acusava a emissora de fazer parte da manipulação dos resultados para o prejudicar. Fato esse negado veementemente pela emissora.

Jornalismo Também Se Segmenta

O fenômeno da segmentação dos veículos de comunicação começou, *as always*, nos *States*. Primeiro, nas mídias tradicionais; depois, nas plataformas digitais. O público se habituou a encontrar o que queria, se música sertaneja, rap, rock, reggae, culinária, documentário, história, filmes antigos ou qualquer outro conhecimento humano. Tem de tudo ao alcance de todos.

O conteúdo jornalístico não ficou de fora dessa segmentação. Ganhou canais específicos. O primeiro *case* de sucesso foi a *Cable News Network*,

CNN. Ao surgir, com suas 24 horas de noticiário, gerou incertezas. Será que se sustentaria? Conseguiria manter a produção? O público iria assistir? Não tardou e se tornou fenômeno mundial. É vista mundo afora onde há liberdade de imprensa. Há, inclusive, quem espera a notícia ser publicada pela emissora para ter certeza de que, de fato, ela existiu.

O sucesso trouxe concorrentes, Bloomberg, FoxNews, PBS, BBC, Al Jahzeera, Deutsche Welle. Há outras. Todas emissoras de 24 horas de notícia.

Esses canais foram criados para suprir o desejo das pessoas por informação e segmentação. De atividades na política ao mundo da moda, da economia ao campeonato de navegação, da medicina às celebridades, a vida humana é notícia. Vira manchete, rende especial, é documentário.

No Brasil, GloboNews, BandNews, RecordNews são exemplos desse gênero de programação.

O pioneirismo do rádio

O rádio antecedeu a televisão em termos de segmentação jornalística, até por ter um custo de produção mais baixo e atingir com mais facilidade as pessoas. De certo modo, inclusive, a segmentação no dial foi ainda mais radical. Há emissoras retransmitindo ininterruptamente a condição do trânsito ou do tempo na cidade.

A pioneira em 24 horas de notícia, sete dias por semana, foi a Central Brasileira de Notícias, a CBN, das Organizações Globo, criada em 1991. Esta dupla que vos escreve tem participação afetiva e profissional em sua estruturação e desenvolvimento.

A rádio que toca notícia, a CBN foi a primeira no canal FM e, logo em seguida, na web. Outras concorrentes com programação mesclando música e notícia se segmentaram. Jovem Pan, Bandeirantes, Eldorado. Todas com sede no principal mercado de radiojornalismo do país, a cidade de São Paulo.

Anos mais tarde, em 2005, surgiu a BandNews, do grupo Bandeirantes, com programação destinada exclusivamente às notícias. Ao entrar no ar, um de seus primeiros *slogans* foi: *Porque em 20 minutos tudo pode mudar.*

A vez da segmentação online

Como o público sabe onde encontrar canais de rádio e tevê de notícias, sabe, também, quais são os sites ou plataformas digitais de notícia. Mas, no mundo online, a segmentação da informação vai para outro nível de radicalidade. A especificidade na oferta da notícia é incomparável. Qualquer um que tenha morado no Brasil, na segunda década do século XXI, entende perfeitamente sobre segmentação.

O país se dividiu em opiniões antagônicas, com pouco ou nenhum diálogo e ataques mútuos por visões políticas distintas, rivalidades futebolísticas, diferenças regionais. Na arena virtual, coxinhas se digladiavam com mortadelas. Arautos da verdade absoluta se multiplicaram em escala geométrica nas redes sociais. E todas as colocações sendo retroalimentadas por conteúdos sem diversidade. O famoso mais do mesmo. Tudo isso sendo inflamado por notícias com um mesmo viés ideológico, independentemente de qual fosse ele, em sites noticiosos ou não.

Para ampliar a discussão, no que tange às plataformas jornalisticamente reconhecidas, a concorrência deixou de ser regional. As informações circulam sem restrições de fronteira. Claro, nos países com acesso livre à internet. O governo chinês, não custa lembrar, exerce política de controle total aos meios virtuais. Por lá, só é permitido navegar pelas redes sociais autorizadas pelo governo central.

No caso do Brasil, não há restrições políticas ao uso da internet. Nosso acesso, por vezes, torna-se limitado muito mais pela qualidade da internet oferecida, mas isso é outra história.

> *Aqui, em casa, parece que meu computador é uma maria-fumaça. Devagar! Às vezes, ele fica pensando, pensando, pensando. Aquela bolinha não para de rodar nunca na tela dele*, esbraveja Dona Juventina.

A concorrência online global faz o UOL e o G1 disputarem espaço com os sites da RTL, do Financial Times, da The Economist. A lista é longa. São milhares de sites nos mais diversos idiomas. Ter interesse em acessá-los é uma questão de dominar o idioma. Quer dizer, com o desenvolvimento da tecnologia, fica cada vez mais fácil encontrar formas de traduzir o conteúdo escrito de interesse. Até a limitação da língua, aos poucos, deixa de ser obstáculo para a informação.

Com essa profusão de oferta noticiosa, pode-se confrontar a veracidade dos acontecimentos. Contrapor visões. Questionar interpretações, opiniões das notícias, de maneira bem mais refinada. Há quantidade e qualidade de conteúdo jornalístico para todos os gostos. Isso contribui para a democracia, difusão cultural, educacional, ambiental.

Nesse contexto, o noticiário pode ser explorado por texto, áudio, vídeo, fotos, sendo capaz de sensibilizar todos os sentidos humanos.

> *Vixe, mas é muita novidade, mesmo. Como é que dá conta de tudo isso, gente? Preciso de tempo pra ver minha novela e conversar na minha janela*, resmunga Dona Juventina.

O Retorno do JB

Pusemos nosso pescoço a prêmio ressaltando que as mídias de plataforma de tinta e papel estão com seus dias contados. Jornais e revistas passam pelo processo de conciliar suas técnicas e expertise do universo de Gutenberg aos novos meios de se informar propostos pela realidade criada por Zuckerberg.

Como dissemos, as tradicionais bancas espalhadas pelas esquinas das cidades vendem cada vez menos jornais. Já as revistas semanais ficam, dia a dia, mais magrinhas. Mas subitamente, como uma fênix, em 25 de fevereiro de 2018, renasceu das cinzas a edição em papel e tinta do *Jornal do Brasil*. Colocada à venda com tiragem de 30 mil exemplares.

No passado, a marca JB fora ícone do jornalismo brasileiro de boa qualidade. Suas reportagens investigativas abordavam os mais polêmicos e significativos assuntos. Seu posicionamento político contra o Regime Militar vigente era vigoroso. Seu quadro de comentarista reunia alguns dos mais festejados escritores brasileiros, que iam de Carlos Drummond de Andrade a Otto Lara Rezende.

Mas, desde 2010, depois de longos períodos de crise comercial, o JB tornara-se um informativo exclusivamente online. Essa situação perdurou por oito anos. Após esse período, eis que surge em seu caminho Omar Peres, conhecido como Catito, empresário de variada, e por vezes controversa, lista de investimentos. Graças a seu desejo, o JB voltou a circular.

Seu retorno contou com Gilberto Menezes Cortes como diretor de redação e editor de economia. Ziraldo, um dos mais renomados cartunistas do país, comandando a direção de arte. Outros tradicionais nomes da imprensa nacional tomaram parte nesse inesperado retorno, entre eles, Hildegard Angel, Renato Maurício Prado, Tereza Cruvinel.

Saudosistas, madurões, aposentados, são pessoas que lembram do velho e bom JB, e muito provavelmente é público cativo em sua leitura. Porém, se seu relançamento vai conquistar novos leitores, jovens muito mais comprometidos com o acesso da informação pelas redes sociais, ainda não se sabe. Quanto tempo também vai poder sobreviver com a concorrência da publicidade disparada para a internet, também não.

> *Mas, como diz o ditado, meus filhos: a esperança é a última que morre*, falou uma apressada Dona Juventina, à procura da banca mais próxima para comprar seu exemplar do JB.

6

A Parte dos Dez

NESTA PARTE...

Livros e filmes são significativos para a formação de emissores de informação. Aprender nunca é demais. Até cansa, mas ter repertório é fundamental para a construção de textos, para a elaboração de pautas, para a indicação de coberturas jornalísticas. Conhecimento é indispensável para quem se aventura a noticiar.

NESTE CAPÍTULO

» **Dez boas leituras sobre jornalismo**

» **Textos jornalísticos informam**

» **A escrita jornalística precisa de contexto**

Capítulo 20

Dez Livros sobre Jornalismo

Sempre que chegamos a uma palavra certa, o efeito resultante é tanto físico quanto espiritual, e eletricamente instantâneo.

MARK TWAIN.

Nesta parte, tomamos a liberdade para sugerir algumas fontes que podem ajudá-lo a se aprofundar no conhecimento do jornalismo. Se você ainda tiver curiosidade e paciência para olhar, claro.

Este capítulo gerou certa celeuma entre os autores. HB quis indicar, de cara, o livro dele com Paulão (o jornalista Paulo Rodolfo, amigo e companheiro de profissão dos autores), como o melhor da praça. Udo discordou imediatamente, alegando falta de humildade para tal gracejo. Mas o critério de idade prevaleceu.

São inúmeros os exemplos de bons livros escritos por jornalistas ou que tenham o jornalismo como seu assunto. Nesta listagem, e não cansamos de dizer, cheia de lacunas (listas são sempre injustas), destacamos algumas obras voltadas para o entendimento da profissão. Alguns dos livros mencionados são referência para o ensino. Outras obras são exemplos de bom exercício como jornalistas/escritores de obras imperdíveis, caso de Truman Capote e Ruy Castro. O trabalho que realizaram tem valor tanto literário quanto exemplifica a boa execução de técnicas investigativas da profissão. A leitura de *A Sangue-Frio* e *Anjo Pornográfico* é imperdível.

Textos jornalísticos têm compromisso com a investigação do fato. São elaborados para relatar acontecimentos. Porém, no jornalismo, também há espaço para se usar de elementos ficcionais em sua escrita. Essa prática, contudo, limita-se a gêneros, como a crônica, em que seu autor pode estabelecer um diálogo direto com seu leitor. Pode usar de sua imaginação para abordar algum tema do cotidiano. Mas, de maneira geral, o texto jornalístico é objetivo. É escrito de forma direta e impessoal. Seu propósito é informar.

Essa objetividade é um dos diferenciais à escrita ficcional, da literatura. Isso implica em algumas etapas para sua elaboração.

Um assunto, por sua relevância, é definido como sendo o tema a ser investigado, apurado. Na sequência, começa-se o trabalho de investigação, de levantamento da informação. Esse é o momento de ler documentos, entrevistar pessoas, visitar lugares. Com essas informações reunidas, passa-se para a redação em si do assunto. É hora de colocar a apuração no papel. É o tempo para a redação. Por fim, vêm a edição e revisão do material escrito. Analisa-se aquilo que foi redigido, complementa-se a informação, eliminam-se excessos, corrigem-se erros de linguagem. Resumidamente, essa é a dinâmica da escrita jornalística.

Por sua vez, a escrita ficcional é mais livre. Tem, sim, suas regras e técnicas, mas escrever um livro pode ser um ato completamente solitário, em que seu autor depende apenas de sua imaginação e disciplina para dar vida às histórias, criar seus personagens, elaborar seu estilo. Essa é uma significativa diferença para a escrita jornalística, que necessita do outro, do contexto, para existir.

Dez indicações de boa leitura:

Manual de Jornalismo

Paulo Rodolfo de Lima e Heródoto Barbeiro são os autores dessa obra para rádio, tevê e novas mídias. O livro aborda o jornalismo multimídia, webjornalismo, condução de entrevistas, direção de reportagem, produção de programas, técnicas de redação e edição etc. e tal. Ele é o complemento de dois livros anteriores, pela mesma editora: *Manual de Radiojornalismo* e *Manual de Telejornalismo*.

A Regra do Jogo

Neste livro, o mestre Cláudio Abramo dá aulas de ética no jornalismo. Essa obra serve, constantemente, de texto para o ensino de ética em boas escolas de comunicação.

Shownalismo: A Notícia como Espetáculo

Neste livro, o jornalista José Arbex Júnior mostra como os programas sensacionalistas tentam vender a imagem de que fazem jornalismo popular, sem qualquer preocupação com os personagens, e o código de ética, se é que existe algum, é constantemente pisoteado e espancado durante os programas.

Mentira e Caradurismo na Imprensa no Reinado de FHC

É de outro mestre da comunicação, Aloysio Biondi. Nele, seu autor destaca o partidarismo na mídia e como esse comportamento prejudica a difusão de notícias isentas e de interesse público.

A Sangue Frio

É um clássico de Truman Capote. O livro surge, originalmente, como uma reportagem, dividida em quatro partes, elaborada para a revista *The New Yorker* (uma publicação jornalística referência, por sua vez). A narrativa de Capote sobre um homicídio no interior do estado do Kansas, nos Estados Unidos, foi tão intensa, com tantos detalhes, que sua reportagem foi entendida como obra literária. Por esse reconhecimento, a matéria entrou para a história como sendo a primeira do jornalismo literário.

Ética da Informação

É um bom livro para quem deseja se aprofundar nas questões éticas do jornalismo. Nessa obra, Daniel Cornu pontua as diferenças entre o código de ética do jornalista e outras profissões.

Como Escrever Bem

William Zinsser é referência para a formação dos jornalistas nos Estados Unidos. Considerado uma "Bíblia" pelo *The New York Times*, o livro já vendeu mais de um milhão de exemplares e é visto como principal parâmetro no ensino da escrita de textos jornalísticos e não ficcionais.

Anjo Pornográfico

Ruy Castro narra de forma brilhante a vida de Nelson Rodrigues, jornalista, dramaturgo, romancista, cronista. O texto é um exemplo do bom uso e importância da entrevista. Ele ouviu 125 pessoas para compor a obra, que, além das minúcias daquele que é considerado um dos mais brilhantes escritores brasileiro, retrata a mídia e o modo de produção dos jornalistas à época.

A Revista de Jornalismo ESPM

Edição brasileira da *Columbia Journalism Review*, é leitura imprescindível. Nós frequentemente lemos e grifamos os artigos de jornalistas brasileiros e norte-americanos que debatem os rumos éticos e econômicos da profissão. Entre os articulistas, estão Carlos Eduardo Lins da Silva, Nelson de Sá, Michael Schudson, Marcelo Rech, Fernando Schüller, Eugênio Bucci entre outros.

Notícias do Planalto: A Imprensa e Fernando Collor

Não chega a ser um thriller, mas, em suas 752 páginas, sobram momentos de ação, suspense e, por que não dizer, terror. Mário Sérgio Conti relata o aparecimento, crescimento e queda daquele que um dia foi conhecido como o *Caçador de Marajás*. A obra resulta das entrevistas com donos de veículos de comunicação, jornalistas e sua própria vivência junto ao governo Fernando Collor. Ele traz os bastidores das notícias, mostra como a mídia acompanhou a trajetória desse político, que, em um curto espaço de tempo, viu sua trajetória política ruir, tendo como ápice de sua derrocada o impeachment, que o tirou da Presidência da República.

NESTE CAPÍTULO

» Dez filmes instigantes sobre o jornalismo

» Cotidiano de redação de jornal resulta em boa comédia

» Abuso infantil é tema de reportagem, e sua cobertura vira filme ganhador de Oscar

Capítulo 21

Dez Filmes em que o Jornalismo É o Protagonista

Grandes ideias não surgem, evoluem.

JOEY REIMAN

Se você gosta de filmes sobre jornalismo, alguns valem à pena a pipoca. A lista é bem maior do que a dos dez indicados, mas a locadora que ficava perto da nossa casa fechou. Agora, recorremos aos serviços de streaming, internet ou mesmo sessões de clássicos em algum cinema da cidade.

A Fogueira das Vaidades

Até parece briga de apresentadores de tevê. É uma adaptação para o cinema da obra literária de mesmo título, do genial jornalista Tom Wolfe. Sob a direção de Brian de Palma.

Sinopse: Sherman McCoy (Tom Hanks) é um grande corretor de Wall Street que ganha comissões milionárias e tem a sua vida modificada bruscamente quando, ao ir com Maria Ruskin (Melanie Griffith), sua amante, para Manhattan, erra o caminho e vai parar no Bronx. Lá, ele atropela um negro, fazendo com que este fato seja o ponto de partida da sua ruína e também o início da meteórica ascensão de Peter Fallow (Bruce Willis), um jornalista desconhecido. FONTE: ADOROCINEMA.

A Montanha dos Sete Abutres

Um clássico de Billy Wilder.

Sinopse: O repórter veterano Charles Tatum (Kirk Douglas) foi despedido de 11 jornais, por 11 razões diversas. Como está sem dinheiro, pede a Jacob Q. Boot (Porter Hall), dono de um jornal local, que lhe dê um emprego. Entediado no trabalho, vê oportunidade de recuperar sua notoriedade ao descobrir a história de Leo Minosa (Richard Benedict), que ficara preso numa mina quando procurava por relíquias indígenas. FONTE: ADOROCINEMA.

A Síndrome da China

Exemplo de como investigar um fato. De James Bridges.

Sinopse: Ao fazer uma reportagem, numa usina nuclear na Califórnia, Kimberly Wells (Jane Fonda), vê algo estranho e Richard Adams (Michael Douglas), seu cinegrafista, filma discretamente o "incidente". Mas a emissora proíbe a veiculação da matéria. Kimberly e Richard, decidem descobrir a verdade. Os dois recebem ajuda de Jack Godell (Jack Lemmon), engenheiro da usina, que aos poucos, toma consciência da gravidade da situação. FONTE: ADOROCINEMA.

Boa Noite, Boa Sorte

O bonitão George Clooney se sai muito bem como diretor em uma denúncia contra a multinacional do alumínio.

Sinopse: Edward R. Morrow (David Strathairn) é um âncora de tevê que, em plena Era do Macarthismo, luta para mostrar em seu jornal os dois lados da questão. Ele revela as táticas e mentiras usadas pelo senador Joseph McCarthy em sua caçada a supostos comunistas. Mas o Senador prefere intimidar Morrow ao invés de usar o direito de resposta por ele oferecido em seu jornal, iniciando um grande confronto público que trará consequências à recém-implantada tevê nos Estados Unidos. FONTE: ADOROCINEMA.

Spotlight: Segredos Revelados

Uma história real dos jornalistas do *Boston Globe*. Oscar de melhor filme em 2016.

Sinopse: Baseado em uma história real, o drama mostra um grupo de jornalistas na cidade de Boston, Estados Unidos, que reúne milhares de documentos capazes de provar diversos casos de abuso de crianças, causados por padres católicos. Durante anos, líderes religiosos ocultaram o caso transferindo os padres de região, ao invés de puni-los pelo caso. FONTE: ADOROCINEMA.

Todos os Homens do Presidente

Clássico absoluto, com um olhar íntimo à investigação jornalística.

Sinopse: Em 1972, sem ter a menor noção da gravidade dos fatos, um repórter (Robert Redford) do *Washington Post* inicia uma investigação sobre a invasão de cinco homens na sede do Partido Democrata, que dá origem ao escândalo *Watergate*, e derrubou o presidente Richard Nixon. FONTE: ADOROCINEMA.

Cidadão Kane

Sinopse: Dirigido por Orson Welles, o longa conta a ascensão de um mito da imprensa americana. De garoto pobre no interior a magnata de um império do jornalismo e da publicidade mundial. O filme usa como inspiração a vida do milionário William Randolph Hearst. É considerado uma das obras-primas da história do cinema, sendo particularmente elogiado por sua inovação na música, fotografia e estrutura narrativa. FONTE: ADOROCINEMA.

A Hora da Vingança

Tem em seu elenco Humphrey Bogart, como editor de um jornal diário

Sinopse: O jornal *The Day*, de Nova York, está sendo vendido, mas, quando um repórter, seguindo uma pista sobre o gângster Rienzi, é gravemente ferido, o editor Ed Hutcheson sai em cruzada contra a máfia e tenta ligar Rienzi ao assassinato de uma mulher. FONTE: FILMOW.

Quase Famosos

Aborda o universo do jornalismo cultural.

Sinopse: Um fã ávido por *rock and roll* consegue um trabalho na revista americana Rolling Stone, para acompanhar a banda *Stillwater* em sua primeira excursão pelos Estados Unidos. Porém, quanto mais ele vai se envolvendo com a banda, mais perde a objetividade de seu trabalho e logo estará fazendo parte do cenário rock dos anos 70. FONTE: ADOROCINEMA.

O Jornal

Uma comédia com Michael Keaton, leva às telas a rotina de uma redação.

Sinopse: Henry (Michael Keaton) trabalha como editor em um jornal de pequeno porte em Nova York. Mesmo sendo apaixonado pelo seu trabalho, está cansado das longas horas de jornada diária e do baixo salário. Quando Henry recebe uma proposta para editar um jornal de grande expressão, onde ganharia mais dinheiro, trabalharia menos horas e teria mais respeito, ele fica tentado a aceitar. Mas uma história bombástica o confronta a tomar uma decisão. FONTE: ADOROCINEMA.

7 Apêndices

NESTA PARTE...

As mudanças vividas pelo jornalismo ao longo dos anos e como a tecnologia tem sido decisiva para a criação de novos ambientes de trabalho no setor. Apesar das transformações, o jornalismo continua sendo uma profissão que é feita coletivamente. Na esteira das modificações, algumas funções deixaram de existir, outras surgiram; mas, a despeito dos novos tempos, jornalistas continuam tentando exercer seu oficio com autonomia, acreditando em uma produção isenta.

Apêndice A

Ainda Há Vida nas Redações

Não se perca entre títulos e cargos. Definimos aqui, no finalzinho do livro, algumas funções desempenhadas por jornalistas. Nesta listagem, foram citadas as mais comuns, aquelas que, ao longo dos anos, resistem às mudanças do setor e continuam fundamentais para o exercício adequado do jornalismo.

Diretor de Redação ou Diretor Editorial: É o responsável junto à empresa pela produção e organização de toda a equipe jornalística. É um posto de confiança dos proprietários ou acionistas. Estabelece a linha editorial de trabalho. Muitas vezes, é membro da família do veículo de comunicação em questão. Quando esse é o caso, o cargo é ocupado seguindo uma linha sucessória familiar. Com as mudanças de modelo de negócio, tende a ser um profissional reconhecido no mercado por sua credibilidade e honestidade. Ao longo da história, alguns desses profissionais se destacaram, como:

> » Alberto Dines, *Jornal do Brasil* — Evandro Carlos de Andrade, *O Globo* — Claudio Abramo, *Folha de S. Paulo* — Ruy Mesquita, *O Estado de S. Paulo* — Marcos Wilson, SBT — Ricardo Noblat, *Correio Braziliense* — Jorge Escosteguy, TV Cultura — Fernando Vieira de Melo, Rádio Jovem Pan — José Paulo de Andrade, Rádio Bandeirantes — Armando Nogueira, TV Globo — Alice-Maria Reiniger, Globo News.

Editor-chefe: Função abaixo da diretoria, instância para a qual se reporta, é o chefe dos demais editores. Responsabiliza-se pela execução da linha editorial definida e controla a produção jornalística. Sua atuação varia em acordo com o veículo e a plataforma em que trabalha. É mais conhecido como "o" chefe.

Editores: São os chefes dos repórteres, em meios impressos, como revistas e jornais, e online. Acompanham a apuração das matérias, colaboram com a identificação de possíveis fontes, fecham o texto final das reportagens. Têm o poder de "derrubar" os assuntos e modificar o ângulo de abordagem da cobertura jornalística. Nos meios eletrônicos, como tevê e rádio, fazem, ainda, o formato final do material levantado pelos repórteres. Editam imagens, textos e áudios. O mais importante é que escreve a maior parte dos *offs* das matérias, ou seja, o texto que o repórter grava para depois montar o áudio e o vídeo. Isso também pode ser feito a quatro mãos.

Subeditor: É o "segundo no comando". Respondem aos editores e assumem o lugar deles quando estes se ausentam. Em alguns veículos, coordenam equipes de correspondentes e fotógrafos. Facilitam o trabalho dos editores ao encaminhar assuntos administrativos e de conteúdo informativo. A tendência das redações atuais é diminuir muito a estrutura burocrática com tanto chefe.

Pauteiro: São os responsáveis por identificar possíveis assuntos noticiosos, levantar detalhes relacionados aos fatos de interesse, marcar entrevistas, identificar lugares para realizar a matéria. Levantam dados estatísticos. Participam de reuniões com a chefia para convencer da pertinência dos assuntos em questão. Eles pautam os repórteres ao realizar algo como se fosse uma "pré-reportagem". Mas essa é uma atividade em extinção. Diversas redações já eliminaram essa função, investindo em um repórter mais autônomo, que paute a si mesmo.

Redator: Como o nome indica, são profissionais de texto. Redigem o conteúdo final das reportagens, os *offs* de matérias televisivas, as notícias de blogs, entre outros. Há redatores-chefes, função geralmente exercida em revistas, com o objetivo de dar unidade ao texto da publicação, colocando o conteúdo em um padrão preestabelecido.

Repórter: É ele que, fora ou dentro da redação, apura os acontecimentos, escreve as histórias, busca personagens, checa informações, confirma fontes, investiga assuntos, encontra fatos exclusivos, questiona o contexto. Em tese, todo jornalista é um repórter em potencial. Lugar de repórter é na rua, diz um ditado. Hoje, nem tanto; há muita reportagem que é feita na própria redação. Só não vale se esconder do distinto público.

- » José Hamilton Ribeiro, *Revista Realidade* — Guerra do Vietnã, 1968
- » Bob Woodward e Carl Bernstein, do *Washington Post* — Caso Watergate
- » Nick Davies, do *The Guardian* — Caso Wikleaks, News of the World
- » Glen Greenwald, do *The Guardian* — Caso Edward Snowden
- » Ricardo Kotscho — Mordomias
- » Percival de Souza — Crime da Rua Cuba

Produtor: É o responsável pelo suporte na produção de reportagens, programas, cadernos e reportagens especiais. Tem o controle da infraestrutura, acompanha repórteres, âncoras e apresentadores nos programas, dentro ou fora do estúdio. Há os produtores executivos, mais focados na logística dos trabalhos, e os produtores de conteúdo, dedicados ao levantamento dos temas abordados.

Diagramador: É quem faz o molde, a cara, de todos os elementos gráficos em jornais, revistas, sites, entre outros. Todas as publicações impressas necessitam estabelecer uma identidade visual, gráfica. É o diagramador, também chamado de designer gráfico, o responsável por essa identidade, pelo projeto gráfico do produto. Atualmente, está ameaçado de perder o emprego por causa das novas tecnologias, por isso, alguns migram para o *webdesign*.

Âncora: Profissional sênior, é quem apresenta um jornal em qualquer plataforma, tevê, rádio, web etc. Em algumas ocasiões, porta-se de forma mais opinativa, emitindo seu pensamento sobre as matérias retransmitidas. No Brasil, o bordão "Isso é uma vergonha", falado pelo jornalista Boris Casoy, foi popularizado nos anos de 1990, quando ele apresentava o telejornal do SBT. Quando está no ar, o âncora chama a entrada dos repórteres, faz entrevistas. Sobretudo, passa credibilidade em sua atuação. No jornalismo norte-americano, é diferente: não opina, é quem participa de todo o processo de produção e entrega o produto final para o público.

Vale citar alguns dos âncoras de tevê no Brasil, como:

- Ricardo Boechat, TV Bandeirantes
- William Bonner, TV Globo
- Heródoto Barbeiro, Record News *(este que vos escreve)*

No rádio, também são conhecidos profissionais como:

- Milton Jung, CBN
- Joseval Peixoto, Jovem Pan
- Eduardo Barão, BandNews FM

Geralmente, o âncora é também o editor-chefe do programa e responde direto para a chefia de redação.

Apresentador: Como está implícito no nome, apresentadores são profissionais que apresentam programas jornalísticos nos meios eletrônicos.

Narram os acontecimentos. Diferentemente dos âncoras, não emitem opinião. Na tevê, alguns exemplos:

- Celso Freitas, Record
- César Tralli, Globo
- Adriana Araújo, Record
- Sandra Annenberg, Globo

Trainee: São aprendizes, estagiários. Geralmente, são graduandos ou recém-formados que estão no local de trabalho prioritariamente para aprender uma função, para viver o fluxo do trabalho. São os aprendizes dos focas, muito bem retratados no desenho da Disney, *Aprendiz de Feiticeiro.*

Apurador: Função exercida nos meios eletrônicos, principalmente. São os profissionais que buscam os detalhes dos fatos. Que entram em contato com os acontecimentos e fazem os primeiros levantamentos do ocorrido. Geralmente, essa função é a entrada para jornalistas iniciantes. São os *checadores*, que buscam falhas nas reportagens, ligam para confirmar nomes, fontes, órgãos públicos e empresas. São de extrema importância para a exatidão da informação.

Infografista: Elabora infográficos, explicação do assunto traduzido por ilustrações, desenho ou imagens e com textos informativos. Infográficos têm grande utilização nos produtos jornalísticos impressos. Cada vez ganham mais espaços em matérias feitas para todas as plataformas. São os designers gráficos os profissionais aptos à execução dos infográficos. A melhor forma de explicá-lo é vendo um:

Editor de Fotografia: É o profissional responsável pela escolha das imagens, das fotos que serão utilizadas em jornais, revistas, sites etc. Eles coordenam equipes de fotógrafos, decidem a pauta de foto, em conjunto com a equipe de editores dos veículos e coordenam os fotógrafos na rua. São fotógrafos profissionais que geralmente ocupam essa posição. Muitos deles também são formados em jornalismo.

Chefe de reportagem: É o responsável pelo reportariado. Coordena os repórteres na rua e na redação. Seu trabalho é garantir que as matérias sejam feitas dentro dos prazos necessários. Participam do fazer a reportagem desde seu início, em reuniões de pauta, até seu final, muitas vezes auxiliando os editores a encontrar os melhores ângulos para a finalização das matérias.

Revisores: Fazem o trabalho de verificação ortográfica e de gramática dos textos. São importantíssimos para verificar a coerência e concisão do conteúdo. São os primeiros leitores das reportagens e garantem padronização ao material produzido, em conformidade com os manuais de estilo dos veículos de comunicação. Em sua maioria, são formados em Letras. Hoje, concorrem com os corretores de texto dos programas de computadores.

Fotógrafos: Cuidam de toda a parte de imagem dos produtos jornalísticos, sejam eles quais forem. A produção do material fotográfico pode ser feita na rua ou em estúdio. Com o aparecimento de novos programas de transmissão de fotos online, e de câmeras digitais, a profissão ganhou mais dinamismo. De outro lado, com a popularização dos smartphones, popularizaram-se as fotos que são enviadas para os veículos gratuitamente. Em um ambiente jornalístico, o fotógrafo é um repórter. Por isso, é chamado de repórter fotográfico.

Correspondentes: São jornalistas que trabalham em outras cidades, regiões ou países. São, geralmente, repórteres designados pela redação para cobrir permanente ou temporariamente os acontecimentos em localidades distintas de onde está a sede de seu veículo de comunicação. Historicamente, a figura do correspondente de guerra é uma das mais conhecidas. Por causa de problemas econômicos, muitos veículos dispensaram os correspondentes e fizeram acordos com agências internacionais de notícias (Associated Press, Reuters, France Press etc.) ou empresas da dimensão da BBC, CNN, FOX, Deutsche Welle para o fornecimento de notícias de localidades estrangeiras, por vezes, remotas.

Secretário de Redação: São jornalistas de confiança da direção dos jornais. Geralmente, são funções desempenhadas em jornais impressos. Zelam pelo cumprimento da linha editorial de suas publicações. Podem cuidar da logística da produção de textos opinativos, das seções de editoriais.

***Ombudsman*:** É um jornalista sênior que tem a liberdade editorial para realizar críticas ao trabalho jornalístico executado. É o representante do público, do consumidor de notícias. São funções encontradas em jornais impressos e de grande circulação. Funcionam como ponte entre o leitor e a redação do jornal. Esclarecem dúvidas da linha editorial para os leitores e frequentemente cobram das equipes de trabalho os motivos das coberturas jornalísticas realizadas. Tornou-se característica de credibilidade. O termo *ombudsman* é de origem sueca. São alguns de seus significados: mediador, representante do povo, investigador de malfeitos.

Apêndice B

Para que Ser Hermético. O que É o que É

Como em toda profissão, o jornalismo tem lá seus jargões, expressões comumente usadas entre colegas. Assim, como qualquer termo técnico, seu uso pode gerar confusão e incompreensão junto a quem desconhece seu significado.

> *É hora do* deadline*!*
>
> *A fonte falou?*
>
> *Não. Só em* off.
>
> *A edição já sabe que também não terá a fala do porta-voz? Deveríamos ter feito a pauta com um* freelancer, *pois vamos precisar de uma suíte.*

O pequeno trecho acima ilustra no quão hermética, por vezes, a comunicação em redações pode se transformar. Para desvendar um pouco dos hábitos de linguagem de jornalistas, selecionamos alguns termos utilizados com mais frequência. Mas escolhemos poucos, pois não quisemos criar uma lista desgastante.

Artigo: É o espaço destinado à opinião. Seus autores são chamados de articulistas, analisam assuntos de sua escolha ou indicados pelo veículo de comunicação. Os artigos publicados, em qualquer meio, refletem a diversidade de pensamento da sociedade. Não é preciso ser jornalista para escrevê-los. O requisito básico para sua produção é o conhecimento de seu autor sobre o tema abordado.

Clipping: Ou clipagem, é o acompanhamento das notícias publicadas pela imprensa. Na prática, é a identificação de uma notícia e seu consequente arquivamento, que pode ser por recorte (de publicações impressas), gravação (de vídeo ou áudio) ou cópia digital das publicações. Esse serviço é utilizado por assessorias de imprensa, que acompanham seus clientes pela cobertura da mídia. No mercado, há empresas especializadas em clipping, são as clipadoras.

Cobertura: É a expressão utilizada para identificar o acompanhamento de um fato. Geralmente, o termo é utilizado para acontecimentos de duração mais longa ou de eventos sazonais. Fala-se sobre a cobertura do Carnaval, cobertura do futebol, do São João. Notícias de grande impacto ou inusitadas também podem ser chamadas de cobertura. Cobertura sobre a migração dos povos árabes para a Europa. Cobertura sobre os casos de microcefalia no Brasil. Cobertura sobre acidentes aéreos.

***Deadline*:** É utilizado para designar o tempo final de entrega da matéria. Não tem nada a ver com o tempo de vida do jornalismo nesse vale de lágrimas. O *deadline* é o momento em que se coloca fim à produção jornalística, seja ela qual for. De forma geral, em telejornais ou programas informativos no rádio, acontece poucos minutos antes de o programa "ir" ao ar. Nos jornais ou revistas, é o instante que antecede a ida do material produzido para a gráfica. Já nos meios online, a noção de *deadline* foi relativizada pela forma de sua produção jornalística.

Edição: É o ato de cortar, adaptar, modificar, adequar o texto e/ou a imagem final que será publicada. Ao se editar, dá-se sentido para o material produzido. É uma organização do conteúdo para a melhor compreensão de quem o vai ler, ouvir ou ver.

Entrevista: É um dos pilares do jornalismo. Importante não a confundir com debate, discussão, bate-boca ou que tais. O jornalista pergunta, e o entrevistado responde. Não é verdade que foi o bispo Torquemada que inventou essa prática durante a Inquisição Espanhola. É por meio da entrevista que os assuntos são aprofundados. Ao fazê-las, aparecem as versões dos fatos. As entrevistas tornam o conteúdo jornalístico mais diverso. Entrevistar é questionar as pessoas para levantar as respostas mais abrangentes sobre os temas. É preciso de preparo, foco e persistência para obter boas entrevistas.

Foca: É o jornalista iniciante, recém-formado. Como mete o nariz em tudo, sem entender muita coisa, nós, coleguinhas, carinhosamente o chamamos de foca. Na verdade, nem todos gostam muito da alcunha.

Fonte: Não é a companhia de água de sua cidade. Nem aquilo que no passado revertia água limpa e geladinha. É a forma inicial, básica, de onde a informação vem. A fonte pode ser uma pessoa, instituição, local. Para se caracterizar como fonte, o importante é que a informação trazida seja crível, verdadeira. Afinal, a fonte é a instância primária de levantamento dos fatos. É de onde "a informação brota".

***Freelancer* (ou *frila*):** São os jornalistas que prestam serviço para os meios de comunicação de forma temporária. Não os confunda com encanador, eletricista, maquiador e outras honoráveis profissões autônomas. Os *frilas* não têm vínculo empregatício com as redações, mesmo quando são fixos, ou seja, quando prestam serviços com frequência.

Furo: Calma! Ninguém é ou foi fisicamente ferido. Ah, também não tem nada a ver com o pique da agulha no dedo, muito menos injeção na veia. É uma notícia inédita e exclusiva. Geralmente, relacionada a um fato de grande impacto. A antecipação do nome de um novo ministro, a descoberta de malfeitos públicos, a revelação da formação de cartel, são furos jornalísticos. Todo jornalista gosta de dar furos, mas, na prática, não é nada fácil consegui-los. Precisa de muita investigação, dedicação, atenção ao trabalho. E, claro, sorte. Muita sorte!

Gancho: Achou que seria o personagem do Peter Pan?! Não. Aqui, gancho tem outro sentido. É uma deixa, um complemento, para a construção de uma notícia. Dá a ideia de que um assunto leva a outro, contextualiza. É uma relação entre fatos. A falta d'água nos reservatórios do Sudeste pode servir de gancho para se falar sobre a obra de João Cabral de Melo Neto, autor pernambucano, com extensa obra sobre a seca nordestina. O gancho é essencial, mesmo que a redação não se pareça com um açougue.

Informação: É extrato básico de composição da notícia, dos fatos jornalísticos. Ela é matéria-prima. Em uma comparação, é como o minério de ferro para a fabricação do aço. Informação é tudo aquilo que tem valor, substância, para a elaboração de produtos jornalísticos. A informação está em rigorosamente todos os setores da vida das pessoas. Ah, vale lembrar: não a confunda com notícia.

Informe Publicitário: É um texto que anuncia um produto, serviço ou instituição. É uma peça publicitária, de venda. Nunca é ou pode ser visto como produto jornalístico. Pode ser também um comunicado oficial de uma empresa privada, pública ou mesmo do governo. Quando veiculado, sempre é anunciado ao distinto público que é uma matéria paga, para não se confundir com a opinião do veículo. Sabe aquela empresa que tomou um cacete violento porque sua barragem caiu e destruiu o meio ambiente? Ela pode publicar um informe publicitário e dar sua versão do fato. Geralmente, é escrito a quatro mãos, duas do jornalista e duas do advogado da empresa. Há exemplos famosos, dê uma procurada.

Kit de Imprensa: Está longe de ser um estojo de maquiagem levado pelo jornalista em seu cinto de utilidades para ficar mais charmoso em fotos e vídeos. Na verdade, refere-se ao material elaborado e distribuído para jornalistas que foi feito pelas assessorias de imprensa. É composto por textos, vídeo ou áudio. Traz detalhes e indicações, informações, sobre o assunto de interesse da cobertura jornalística. É distribuído em *pressconference*, coletivas, eventos e feiras de negócios.

***Lead*:** É a abertura das reportagens, os parágrafos iniciais dos textos (em todos os seus formatos). Traz as informações mais importantes sobre o fato noticiado. Diz o porquê, quando, onde e como o fato noticiado aconteceu. A Agatha odeia *lead*. A culpada por seu ódio é a Christie, autora maravilhosa daquelas histórias de suspense policial, que vendem milhões de livros pelo mundo, em que no final o culpado é sempre o mordomo. Atenção, não confundir com político que tem cara de mordomo de filme de terror. Em suma, o *lead* revela, logo no começo, o assassino da história, no caso, o mordomo. Perde a graça?! Para Agatha Christie, sim; para *nosotros, no*.

***Mailing*:** Expressão utilizada nas assessorias de imprensa, é uma lista de nomes reunidos para a qual será enviada uma informação. As assessorias enviam textos informativos de seus clientes para *mailing* de jornalistas para divulgar acontecimentos. Em outras palavras, há quem odeie estar no *mailing* de quem quer que seja, a não ser se for o de um resort maravilhoso com descontos de até 89% na alta estação de férias. Se souber de algum, bota nossos nomes lá.

Manchete: É a parte do texto jornalístico feita para chamar atenção. Para resumir o fato descrito na reportagem. As manchetes podem ser escritas com humor. Nós até que tentamos, mas nos falta talento e arte. Por isso, lembramos que *Manchete* também foi o nome de uma revista semanal, com muita foto e pouco texto, que concorria com outra importante revista, o *Cruzeiro*, que era nome de moeda. Bem, esse outro assunto, deixa pra lá.

Matéria: Identifica textos informativos publicados pela mídia. Não deve, sob nenhuma hipótese, ser confundida com aquela definição chata que professores de cursinho faziam o pobre do vestibulando decorar:

- "***Matéria*** é tudo o que tem massa e ocupa espaço.
- Qualquer coisa que tenha existência física ou real é ***matéria***.
- Tudo o que existe no universo conhecido manifesta-se como ***matéria*** ou energia. A ***matéria*** pode ser líquida, sólida ou gasosa."

Haja... É também um jargão para ser evitado. É melhor dizer reportagem, artigo, comentário etcétera e tal.

***Media Training*:** É a capacitação de executivos, celebridades, políticos, feita para que essas pessoas estejam aptas para interagir com a mídia. É realizada por assessorias de imprensa, por meio de profissionais especializados (jornalistas, fonoaudiólogos, consultores de estilo, entre outros). As empresas entenderam que não podem virar as costas para a mídia, por isso, treinam seus porta-vozes para falar com seus stakeholders. (Este último termo não vamos definir. Dá um Google.)

Nota: É um pequeno texto informativo, bastante utilizado por colunistas em jornais e revistas. E, também, por suas excelências, autoridades nas diversas instâncias governamentais, em exercício de cargos públicos — mal remunerados, cansativos. Ainda por cima, são obrigados a ser honestos. Uma chatice. Por isso, em muitas ocasiões, quando são instados pela mídia, ao invés de falarem com os coleguinhas, preferem emitir uma nota, geralmente cirúrgica. Em que cada palavra foi redigida, meticulosamente, para não complicar sua situação. Como sugestão, algumas poderiam começar assim: *Comunicamos que a lava-jato é o nome do posto de lavagem de carros, na Rua dos Bobos Brasilis, nº. o (...).*

Notícia: É uma elaboração intelectual de nossa lavra e que muitas vezes nos custa noites de insônia e perda dos cabelos. A informação é sua matéria-prima de concepção. É uma história, com começo meio e fim. Não pode ter chute, nem se for do Messi, Neymar ou Cristiano Ronaldo. Tudo tem de ser checado, rechecado. Todas as partes, ouvidas. Os dados devem ser consistentes; e o texto, o mais claro possível para ser lido, visto e escutado; ou tudo isso de uma só vez.

***Off*:** Em televisão, refere-se ao texto escrito para ser lido na reportagem. Quem o lê (repórter, locutor, âncora) não precisa necessariamente aparecer no vídeo. Também é termo utilizado quando uma fonte traz uma informação para o jornalista. Mas, atenção, a fonte falou sem a intenção de que a informação ou seu nome fossem publicados. É por isso que se diz "em off". Em tese, essa informação "em off" é utilizada pelo jornalista para a melhor compreensão do assunto. Para contextualizar os fatos. Falar "em off" é sinônimo de pesadelo para assessorias de imprensa. Dez entre nove assessores reiteram para seus pupilos que não deem informações "em off". Já dez entre dez jornalistas amam receber um *offzinho*.

Olho da Matéria: Não confundir com *Olha a matéria!* É mais um jargão da nossa turma para referir-se a um trecho destacado. É um recurso muito utilizado em revistas. O destaque é dado por intermédio de uma diferenciação gráfica, como letra em itálico, caixa-alta, colchete, entre outros. É comum, também, nas mídias eletrônicas, onde é chamado de "na cabeça da matéria".

Pauta: É a preparação da reportagem. Nada a ver com composição musical. Mozart, Beethoven, Bach eram bons de pauta. Pauta musical, diga-se de passagem. No jornalismo, é um texto elaborado para orientar o trabalho de repórteres. Traz o máximo possível de informação para nortear a apuração do repórter na rua. Tem contatos de fontes, horário, locais aonde ir, marcação de entrevista. O bom pauteiro vê coisas que outros jornalistas não vêm. Por isso, sugerem reportagens novas, inéditas, de interesse público. Mas o salário, ó...

Plataforma: É a maneira mais fácil de ficar milionário. É só vender uma para a Petrobras e garantir o descanso eterno no Caribe. No jornalismo, porém, é um termo que ganha força pelo crescimento da difusão da informação online. São ambientes utilizados para a veiculação de produtos jornalísticos, indiferentemente a seu formato (vídeo, texto, áudio). São espaços tecnológicos construídos para auxiliar o trabalho jornalístico.

Porta-voz: É a identificação das pessoas autorizadas a falar pelas empresas, instituições, organizações. Governos também têm seus porta-vozes, aquelas pessoas que, geralmente, não dizem nada e são desmentidas, logo após suas falas, pelas reportagens publicadas.

***Release*:** Texto informativo elaborado pelas assessorias de imprensa. Traz informação sobre atividades, estatísticas, sugere possíveis entrevistas, esclarece assuntos acerca do emissor da informação. São destinados a difundir uma informação nas redações. Atualmente, chegam pelas plataformas digitais. Entopem caixas de e-mails e outros canais de comunicação.

Retranca: É um texto informativo, que esclarece, aprofunda, destaca algum ponto de uma reportagem. São utilizadas, com frequência, em revistas e jornais. Não confundir, porém, com a tática imposta por Felipão à seleção canarinho, que deu no que deu, na Copa do Mundo de 2014, 7 x 1 diante dos comedores de chucrute.

Suíte: É a retomada de um assunto. O desdobramento de um tema. São textos informativos, que dão continuidade a um fato noticiado. Retomam parte ou o todo de uma reportagem após sua publicação. É a forma de dar continuidade ao tema abordado. Quer uma definição mais sofisticada e musical? Aí vai:

> *O termo **suite** (de origem francesa, que significa série ou sucessão) designa um tipo de composição musical que consiste em uma sucessão de peças ou de andamentos instrumentais (geralmente danças), caracterizados pelo seu caráter diferente, mas escritos na mesma tonalidade. A origem desse tipo de composições situa-se nas músicas de dança da Idade Média que associam duas danças de caráter contrastante. No século XVI, associações eram formadas por uma dança lenta em compasso binário e por uma dança rápida em compasso ternário, evoluindo posteriormente para séries de três danças, em que as peças podiam ou não manter uma relação temática. A partir do final do século XVI e início do século XVII, começam a ser compostas suítes para alaúde na mesma tonalidade, mas sem qualquer ligação temática. Em 1611, Paul Peuerl cria uma disposição constante para as suítes.*

Veículo: É a identificação das empresas de comunicação. Os portais de internet, os combalidos jornais, rádios, revistas, televisão são chamados de veículos de comunicação. Mas, com a mudança toda provocada pela internet, estão mais para Ford Bigode do que para Ferrari.

Índice

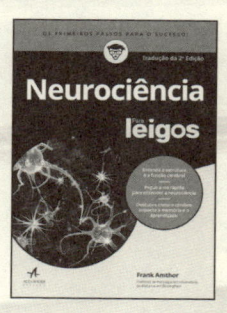

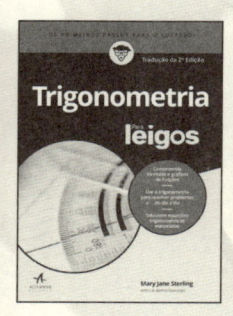

ROTAPLAN
GRÁFICA E EDITORA LTDA
Rua Álvaro Seixas, 165
Engenho Novo - Rio de Janeiro
Tels.: (21) 2201-2089 / 8898
E-mail: rotaplanrio@gmail.com